W9-CHH-149

LM910

Des situations pour intégrer les acquis scolaires

631208356

Pédagogies en développement

Collection dirigée pa
Jean-Marie De Ketel

Comité scientifique internationa
Daniel Chevrolet (Rennes II) ; Claude Tapia (Tours) ; Ben Omar Boubker (Rabat)
André Girard (Québec) ; Claudine Tahiri (Côte d'Ivoire

Pédagogies en développement

Des situations pour intégrer les acquis scolaires

Xavier Roegiers

e édition

réface de Michel Develay

Centre de ressources de la Faculté d'éducation
Université d'Ottawa - University of Ottawa
Faculty of Education Resource Centre

371.39
.R64
2007

Pour toute information sur notre fonds et les nouveautés dans votre domaine de spécialisation, consultez notre site web: www.deboeck.com

© De Boeck & Larcier s.a., 2007   2ᵉ édition
Éditions De Boeck Université
Rue des Minimes 39, B – 1000 Bruxelles

Tous droits réservés pour tous pays.

Il est interdit, sauf accord préalable et écrit de l'éditeur, de reproduire (notamment par photocopie) partiellement ou totalement le présent ouvrage, de le stocker dans une banque de données ou de le communiquer au public, sous quelque forme et de quelque manière que ce soit.

Imprimé en Belgique

Dépôt légal :
Bibliothèque Nationale, Paris : mai 2007   ISSN 0777-5245
Bibliothèque royale de Belgique, Bruxelles : 2007/0074/230   ISBN 978-2-8041-5499-8

Remerciements

Ce n'est jamais qu'à travers une concertation et une collaboration permanentes qu'un tel projet de publication peut voir le jour.

Nombreuses sont les personnes et les institutions, de Belgique et d'outre-mer, qui m'ont procuré le terreau et le terrain de la réflexion. Ces mots sont bien peu pour leur dire ce que je leur dois.

Je voudrais aussi remercier tout spécialement mes amis et collègues qui ont passé du temps à me lire et qui, à travers leurs lectures critiques attentives, m'ont permis d'aller là où je n'espérais pas arriver : Jean-Marie De Ketele, François-Marie Gerard, Christiane Bosman, Mohamed Miled, Christian Lannoye, Pierre Gbenou, Tahar El Amri.

Mes remerciements vont également à toi, Chantal, qui m'accompagnes à tout moment, jusque dans mes escapades pédagogiques les plus insolites.

Avertissement

Le positionnement que nous adoptons dans cet ouvrage est essentiellement celui du *chercheur-méthodologue* [1], qui, par un jeu d'allers-retours constants entre théorie et pratique, analyse un ensemble de pratiques, tente d'en dégager des lignes pour l'action, organise celles-ci en un modèle, qu'il ajuste continuellement à travers de nouvelles confrontations à d'autres terrains. Les pratiques qui sous-tendent cet ouvrage concernent la préparation et la mise en œuvre de supports de situations destinés aux élèves, à des échelles diverses — celle d'un pays, d'une région, d'une circonscription, d'une classe —, dans plusieurs systèmes éducatifs, et dans des contextes variés de révision de curriculums d'enseignement.

Les propositions émises ci-après tirent donc autant — sinon plus — leur pertinence des pratiques de terrain que de leurs fondements théoriques.

Nous avons conscience du fait que certains concepts ou démarches abordés dans cet ouvrage mériteraient davantage de développements sur un plan épistémologique. Le concept de situations interchangeables ou de situations équivalentes peut faire sourire le puriste, pour qui prononcer l'équivalence de deux situations peut prendre toute une vie. Elle peut même ne pas avoir de sens du tout dans la mesure où elle dépend de l'angle d'analyse que l'on prend à son sujet, et — surtout — dans la mesure où elle dépend de la relation que chaque élève entretient avec chacune des situations. Et pourtant, cette équivalence est une réalité de terrain, qui a été approchée empiriquement, tantôt auprès de quelques centaines d'élèves, tantôt auprès de plusieurs milliers d'élèves. Il s'agit d'une équivalence opérationnelle plus que d'une équivalence scientifique au sens strict du terme, dont la validation se fait sur une base empirique.

C'est dans cet esprit que nous invitons le lecteur à aborder l'ouvrage.

L'auteur

---

1. Plus encore que de « praticien chercheur », au sens de Saint Arnaud (1992)

Préface

En intégrant, on incorpore, on insère un élément dans un ensemble dont il devient partie prenante. Intégrer s'emploie en physiologie (le système nerveux intègre en permanence différentes informations en vue d'un fonctionnement harmonieux de l'organisme), en économie (lorsque des entreprises situées à des stades différents du processus de production fusionnent, on parle d'intégration), en informatique (on intègre des données en vue de réaliser une série complexe d'opérations), en mathématiques (où l'on résout des d'intégrales) et même en politique (lorsqu'il s'agit d'intégrer une communauté à la société).

Intégrer, conduit à rechercher une complétude, à viser une harmonie, à ambitionner une cohérence à partir d'éléments hétérogènes *a priori*.

C'est bien de cela dont traite l'ouvrage de Xavier Roegiers. L'auteur s'interroge sur la nature des situations qui permettent de penser les apprentissages scolaires comme une totalité ordonnée et équilibrée permettant d'intégrer des acquis à des situations complexes et sur la manière de construire ces dernières, nommées situations cibles. Ainsi, l'activité de l'enseignant se doit de considérer l'ensemble de la chaîne des situations didactiques et pédagogiques qui, à partir de la confrontation première de l'élève avec une notion, conduit à terme à en viser l'intégration.

Préparer des situations pour intégrer les acquis conduit alors forcément à s'interroger sur les obstacles que l'on souhaite voir franchir aux élèves, sur la nature de la tâche qu'on leur présente pour y parvenir, en termes de contexte, de consigne, de niveau de complexité, de signification, de métrique de situations. L'ambition est grande d'embrasser par une réflexion suffisamment étendue la totalité des paramètres qui peuvent conduire un élève à réutiliser, à intégrer ce qu'il a acquis antérieurement. A des dimensions cognitives, qui figurent dans cet ouvrage, se superposent en effet des considérations affectives, sociales, émotionnelles, qui ne conduisent pas aux mêmes investissements des élèves ayant précédemment assisté aux mêmes enseignements. On le pressent, ce dont il est question au-delà du vocabulaire nouveau suggéré par Xavier Roegiers, est d'envisager la difficile question du transfert dont tous les travaux aujourd'hui montrent l'importance qu'il y a à les penser dans la classe en même temps que l'acquisition des faits, des concepts, des notions, des méthodes, des techniques qui constituent les programmes scolaires.

Le modèle d'apprentissage sous-jacent est constructiviste : apprendre n'est pas redire ou même refaire, mais réutiliser dans un autre contexte ce que l'on a découvert dans un premier contexte. Le maître est celui qui anticipe sans rejeter l'imprévu, celui qui exige le meilleur de ses élèves mais en accepte le pire, afin que ses anticipations ne soit pas des prédéterminations, afin que le prévisible laisse place à l'imprévu.

Cette posture, qui sans doute caractérise la pratique enseignante depuis ses origines, est davantage encore d'actualité dans le cadre des situations d'intégration des acquis. Ces dernières postulent que la maîtrise d'une notion nécessite d'en permettre l'usage dans une situation plus complexe que le moment d'acquisition. Or, il n'y a pas une unique situation qui permette d'intégrer des acquis. Il en existe une infinité.

La pensée du transfert est ainsi une nécessaire et impossible question en pédagogie.

Nécessaire car l'école ne peut pas servir seulement à apprendre des choses un jour, pour les restituer telles quelles le lendemain ; elle a pour fonction d'aider à réutiliser ces acquis en situation scolaire et hors situation scolaire dans des situations forcément plus complexes.

Impossible car on n'a jamais fini d'intégrer ou de transférer. Il existera demain une situation nouvelle qui conduira à intégrer différemment les mêmes acquis. On n'en finit jamais d'intégrer.

Et cheminer entre le nécessaire et l'impossible oblige à beaucoup de sagesse.

La sagesse — la philosophie — de l'ensemble proposé par Xavier Roegiers qui, outre un éclairage sur les questions abordées, propose de multiples exemples illustrant la question de l'intégration ? Savoir adopter une posture d'humilité face à la complexité de la question posée, et simultanément opter pour une attitude volontariste suggérant des possibles. La figure du maître en quelque sorte qui intègre l'abîme de ses ignorances et qui pourtant doit forcément proposer et agir à l'aune de ce qu'il estime réalisable.

M. DEVELAY

Introduction

1. DANS QUELLE LIGNE CET OUVRAGE S'INSCRIT-IL ?

Cet ouvrage s'inscrit dans le courant de l'approche par les compétences de base, qui repose essentiellement sur les travaux de De Ketele à la fin des années 1980, basés sur la notion d'**objectif terminal d'intégration**.

Développée sous le terme **pédagogie de l'intégration** (Roegiers, 2000), l'approche a été opérationalisée progressivement dans plusieurs pays d'Europe et d'Afrique depuis les années 1990, essentiellement dans les curriculums de l'enseignement primaire et moyen [2], ainsi que dans l'enseignement technique et professionnel. Dans ces pays, elle a provoqué un véritable changement de paradigme dans la façon d'envisager un curriculum et les pratiques qui l'accompagnent.

Basée sur le principe de l'intégration des acquis, notamment à travers l'exploitation régulière de **situations d'intégration**, la pédagogie de l'intégration tente d'apporter une réponse opérationnelle aux problèmes d'efficacité des systèmes éducatifs, et à son corollaire que constitue l'analphabétisme fonctionnel. Elle fournit également certains éléments de réponse aux problèmes d'équité de ces systèmes, dans la mesure où le fait de **travailler sur des situations complexes profite à tous les élèves, mais davantage aux élèves les plus faibles** [3].

Les résultats des évaluations, internes et externes, qui ont eu lieu à son propos, sont autant d'encouragements à préciser

---

2. Ce que l'on appelle de plus en plus « l'école de base », qui correspond à la scolarité obligatoire.

3. ROEGIERS, X. (2000). *Une pédagogie de l'intégration*. Paris-Bruxelles : De Boeck Université.

l'approche, à outiller les acteurs des systèmes éducatifs qui la pratiquent, et à la faire partager à d'autres professionnels de l'éducation, dans un esprit d'enrichissement et de complémentarité.

2.   À QUI L'OUVRAGE S'ADRESSE-T-IL ?

Cet ouvrage s'adresse à la fois aux personnes qui préparent des situations-problèmes pour les élèves, qu'ils soient enseignants, auteurs de manuels scolaires ou chercheurs, et aux utilisateurs de ces situations que sont essentiellement les enseignants.

Aux personnes qui préparent des situations, il suggère un certain nombre de pistes pour élaborer des situations intéressantes, motivantes, claires, et adéquates aux objectifs pédagogiques poursuivis.

Les utilisateurs de situations trouveront quant à eux des outils d'analyse pour guider leur choix d'une situation en fonction du contexte de travail, et garantir une exploitation optimale en fonction des objectifs pédagogiques qu'ils poursuivent.

Cela ne veut pas dire qu'il soit nécessaire que la personne qui prépare la situation, qui conçoit son support, soit différente de celle qui la met en œuvre. Au contraire, il est certainement souhaitable — quand c'est possible — que ces deux opérations soient exécutées par la même personne.

3.   DE QUOI EST-IL QUESTION ?

L'ouvrage concerne surtout les situations-problèmes proposées aux élèves pour réinvestir leurs acquis, à la fin d'un ensemble d'apprentissages. Nous qualifions ces situations de « situations d'intégration », ou de situations « cibles ». Pour éviter toute confusion, nous n'avons pas retenu le terme « situation-problème » qui — dans la littérature — évoque plutôt les situations que l'enseignant exploite avec un groupe-classe à des fins didactiques, dans le cadre de nouveaux apprentissages.

La spécificité, les rôles et les fonctions de ces différents types de situations seront précisés en début d'ouvrage.

4.   QUELS SONT LES NIVEAUX VISÉS ?

Sans être exclusif, l'ouvrage concerne davantage la tranche d'élèves comprise entre 6 et 16 ans, c'est-à-dire la tranche d'âge généralement admise comme étant celle de la scolarité obligatoire. Il concerne tant l'enseignement général, primaire et secondaire, que l'enseignement secondaire technique et professionnel.

5. D'OÙ VIENNENT LES EXEMPLES DE SITUATIONS ?

Le champ de la préparation de situations pour l'élève est vaste. Nous n'avons pas voulu présenter des situations « idéales », ou « parfaites », mais donner un échantillon de situations telles qu'elles ont été créées dans différents contextes, à des fins d'exercice ou de publication, et dans différents pays : Belgique, Tunisie, Mauritanie, Suisse, Gabon, Djibouti, Burundi, République Démocratique du Congo, etc.

Nous n'avons fait qu' « emprunter » des supports de situations qui n'appartiennent qu'à ceux qui les ont élaborés, et aux organismes dans le cadre desquels ils ont été publiés [4]. Des variantes de ces situations, créées de toutes pièces par nous-même pour les besoins de la publication, ont cependant été ajoutées.

Le choix de situations puisées dans des pays différents est l'une des illustrations concrètes du principe éducatif de la « contextualisation » du processus d'enseignement-apprentissage. Un modèle pédagogique, aussi bien validé soit-il dans un pays, ne peut prétendre à l'universalité : chaque contexte inspire des aménagements et des régulations qui conduisent à l'ajustement continuel du modèle. Cette contextualisation concerne tout spécialement les situations, qui sont fortement inscrites dans une culture donnée.

6. COMMENT L'OUVRAGE EST-IL STRUCTURÉ ?

L'ouvrage comprend des chapitres à portée plus conceptuelle, d'autres de nature plus méthodologique.

Un **premier chapitre** délimitera la notion de situation-problème, et distinguera, sur le plan opérationnel plus que sur le plan théorique, les notions de situation-problème « didactique » et de situation-problème « cible », ou de situation « cible ».

Un **deuxième chapitre** détaillera les constituants et les caractéristiques d'une situation « cible », et proposera des outils d'analyse s'adressant tant au concepteur qu'à l'utilisateur de situations à des fins pédagogiques, à travers des notions comme celle de situation compliquée et de situation complexe, ou encore celle d'équivalence de situations.

Un **troisième chapitre** proposera une vision disciplinaire des situations, à travers la question : « quelle situation choisir dans une discipline donnée, en fonction du type de profil visé dans la discipline ? ».

Un **quatrième chapitre** proposera une typologie des situations, tant pour le concepteur que pour l'utilisateur de situations.

---

4.   Parmi les institutions, citons notamment le CNIPRE (Tunisie) ; le CRIPEN (Djibouti) ; l'IEF, l'IGEST et l'IPN (Mauritanie) ; l'IPN (Gabon, avec l'appui du projet FED éducation) ; le BER, le BPES et le BPET (Burundi).

Un **cinquième chapitre** tentera de cerner l'ensemble des caractéristiques d'une *bonne* situation « cible ».

Un **sixième chapitre** proposera des pistes pour préparer une situation « cible », que ce soit en sélectionnant un support adéquat, ou en la construisant de toutes pièces. Les développements concerneront plusieurs disciplines de façon ciblée, et s'appuieront sur plusieurs situations commentées, en guise d'études de cas.

L'ensemble des situations proposées à titre d'exemples constituent une banque de situations diverses, de tous niveaux et de toutes disciplines. Ces situations sont numérotées dans l'ordre d'apparition. Le texte y fait fréquemment référence.

De plus, un **glossaire** situé à la fin de l'ouvrage reprend les principaux termes utiles à la compréhension.

Un **index** des principaux concepts et un index des situations aident également à effectuer les liens nécessaires.

Chapitre 1

Situation, problème, situation-problème

1. CE QUE L'ON ENTEND PAR « SITUATION-PROBLÈME »

1.1 Situation et problème : deux notions complémentaires

De façon générale, on peut dire [5] qu'une **situation-problème** désigne un ensemble contextualisé d'informations à articuler, par une personne ou un groupe de personnes, en vue d'exécuter une tâche déterminée, dont l'issue n'est pas évidente a priori.

Deux constituants déterminent la situation-problème : la *situation* d'une part, dont l'apport se résume principalement à un sujet et à un contexte, et le *problème* d'autre part, qui se définit essentiellement à travers un obstacle, une tâche à accomplir, des informations à articuler.

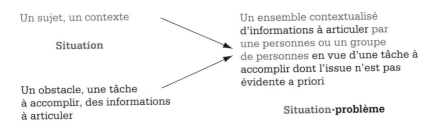

Un sujet, un contexte

Situation

Un obstacle, une tâche à accomplir, des informations à articuler

Problème

Un ensemble contextualisé d'informations à articuler par une personnes ou un groupe de personnes en vue d'une tâche à accomplir dont l'issue n'est pas évidente a priori

Situation-problème

---

5. ROEGIERS, X. (2000). *Une pédagogie de l'intégration*. Paris-Bruxelles : De Boeck Université.

Dans le cadre scolaire, la situation-problème a une fonction précise : elle est au service des apprentissages. C'est à travers un ou plusieurs obstacle(s) à surmonter par les élèves que se réalisent de nouveaux apprentissages (Martinand, 1987).

Avant de revenir sur les caractéristiques d'une situation-problème, détaillons quelque peu ses deux éléments constitutifs que sont la situation d'une part et le problème d'autre part.

1.2   La notion de situation

Dans un sens très général, la notion de **situation** est un terme courant qui désigne les relations qu'entretiennent une personne ou un groupe de personnes avec un contexte donné. Ce contexte se caractérise essentiellement par l'environnement dans lequel les personnes se situent : un ensemble de circonstances, à un moment donné.

Une situation ne pose pas nécessairement problème. C'est par exemple le cas d'une fête de famille, ou d'une promenade entre amis.

Une situation se définit donc surtout par rapport à un sujet (une personne, un groupe de personnes) et à un contexte. A priori, cette notion se prête bien à une complémentarité avec la notion de problème qui, elle, se définit davantage par rapport à un contenu.

Dans le contexte scolaire, le terme « situation » désigne souvent les interactions entre l'enseignant et ses élèves dans le cadre des apprentissages. On peut le montrer de la façon suivante sur le triangle didactique, dans lequel les pôles « élève » et « enseignant » sont saillants.

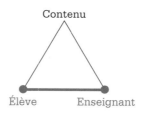

De façon plus précise, le terme « situation » est souvent utilisé dans deux sens différents :

1. Une activité organisée par l'enseignant avec un groupe d'élèves (situation de classe)

   Exemples

   Une leçon, une discussion entre l'enseignant et ses élèves, une recherche, une évaluation, une sortie...

2. Un ensemble contextualisé d'informations qu'un élève ou un groupe d'élèves est invité à articuler en vue d'une tâche déterminée ; dans ce cas, le terme « situation » est pris dans le sens d'une « situation-problème », c'est-à-dire une situation qui présente un obstacle déterminé en fonction d'une suite d'apprentissages.

Exemples

- La situation-problème qui consiste à réaliser la maquette de l'école en utilisant tels matériaux en vue de présenter l'école dans une exposition
- La situation-problème qui consiste à trouver des mesures à prendre face à un problème d'environnement qui se pose
- La situation-problème qui consiste à expliquer une structure sociale conflictuelle sur la base de faits historiques antérieurs

C'est surtout dans ce deuxième sens de « situation-problème dans le cadre des apprentissages » que seront envisagés les développements de cet ouvrage.

Le schéma suivant traduit cette option.

1.3   La notion de problème

Un deuxième élément constitutif de la « situation-problème » est la notion de *problème*.

Le **problème** est défini en général à travers trois attributs (Poirier Proulx, 1999) :

- l'existence d'un écart, d'une distance entre une situation présente jugée insatisfaisante et une situation désirée ou un but à atteindre [6] ; le problème part donc d'un besoin, moteur d'une action à entreprendre ;

___
6.   Déjà mise en évidence par Goguelin, en 1967.

- l'absence d'évidence du cheminement menant à la réduction de l'écart exigeant ainsi, de la part du sujet, une démarche cognitive active d'élaboration et de vérification d'hypothèses sur la nature même de cet écart et sur les moyens possible de le réduire ;
- le caractère subjectif lié à la résolution du problème ; en effet, une même situation fera problème à une personne, qui devra comprendre la tâche à accomplir et élaborer une stratégie de résolution, alors que pour une autre, il s'agira simplement d'exécuter une procédure, si complexe soit-elle.

Au départ du problème, il y a donc un besoin à satisfaire. Ce besoin peut dans certains cas se présenter de façon naturelle : les lampes s'éteignent dans une maison, une personne âgée tombe dans la rue… Il émerge alors au sein d'une situation. Ce besoin peut aussi être virtuel. C'est le cas des problèmes qui n'existent pas dans la réalité, mais uniquement dans la tête d'une personne qui l'a imaginé : un défi intellectuel, un problème construit pour faire appliquer telle ou telle notion, etc. Ce besoin pousse à une action qui n'est pas évidente a priori, et dont l'issue dépend de la personne qui le résout : telle personne décidera d'emprunter tel chemin, telle autre en empruntera un autre. Telle autre pourra aussi décider de ne rien faire parce qu'elle n'en perçoit pas le besoin.

Lorsqu'on évoque la notion de problème, on travaille en quelque sorte sur un double cône d'incertitude, semblable à une fleur de crocus. L'ouverture de cette fleur représente le spectre des réponses possibles au besoin. Cette ouverture dépend de deux paramètres :

- la décision d'agir, débouchant sur une façon de formuler le problème : doit-on agir ou non ? comment traduire le besoin qui se présente, comment formuler le problème ? C'est le spectre des formulations ;
- la solution que l'on va obtenir, liée à celui qui résout le problème : sa démarche de résolution choisie, sa compétence de résolution ; c'est le spectre des solutions.

Le schéma de la page suivante illustre cette ouverture à deux niveaux.

Un spectre très ouvert représente un problème pour lequel il existe de multiples façons d'agir, débouchant sur de multiples formulations, et, à l'intérieur de chacune de ces formulations, de multiples solutions, comme le problème qui consiste à gérer un budget. Selon les personnes, on peut (angle de la décision d'action) décider de le gérer de façon très organisée, ou au contraire décider de le gérer de façon très anarchique, voire de ne pas le gérer du tout, ou d'en confier la gestion à un tiers, ce qui débouche sur un spectre de formulations assez large. De plus, quelle que soit la façon d'envisager la gestion, on peut y mettre toute une série de répartitions de dépenses selon

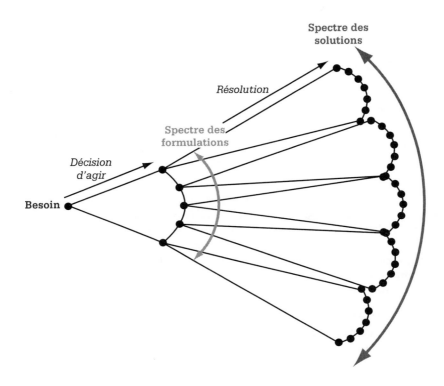

les contraintes et les aspirations de la personne, ce qui donne un spectre des solutions possibles très large.

Un spectre peu ouvert représente en revanche un problème pour lequel il existe un nombre de solutions plus restreint : à la fois le type d'action s'impose, et la façon de s'y prendre également. C'est par exemple le cas du problème de payer 40 euros quand on a en poche trois billets de 20 euros et trois billets de 10 euros : il n'y a pas trente-six façons de décider, ni trente-six façons de résoudre le problème. Ce n'est pas entièrement fermé, ni sur le plan de la décision — on peut toujours décider de payer avec une carte de crédit, ou renoncer à ses achats —, ni sur le plan des solutions — il est toujours possible de payer avec trois billets de 20 euros, en demandant de rendre deux billets de 10 euros —, mais les solutions plausibles sont en nombre très limité, comme le montre le schéma ci-après [7].

---

7.   En ne gardant que les formulations acceptables, et les solutions correctes.

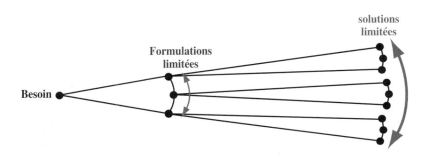

Dans le contexte scolaire, le besoin n'existe en général pas. Il est en général construit. De plus, l'angle de la décision est en général assez fermé, voire nul, dans la mesure où l'élève a rarement le choix du type d'action : le problème est donné sous la forme d'une formulation unique avec, au mieux, l'expression d'un besoin construit qui justifie le fait de résoudre le problème. L'ouverture du spectre des solutions dépend uniquement de l'ensemble des solutions possibles proposées par les élèves.

C'est le cas de la situation (1) Papiers présentée ci-contre. Le besoin qui la fonde (garder la classe propre) peut théoriquement déboucher sur plusieurs décisions possibles (plusieurs formulations) : s'organiser pour nettoyer régulièrement, informer, prendre des mesures au quotidien… Ce qui apparaît aux yeux de l'élève est une formulation unique, choisie pour lui (dans ce cas, la formulation « informer »).

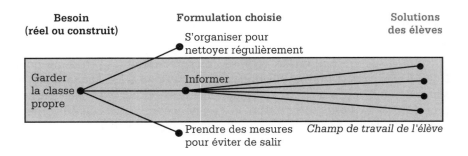

Le fait de choisir la formulation parmi un ensemble de formulations possibles réduit fortement le champ de travail de l'élève : on court-circuite souvent la formulation, pour passer directement à la résolution.

Ce champ se trouve encore réduit lorsque le besoin n'apparaît pas explicitement aux yeux de l'élève, et lorsque la solution est unique, ce qui est

1

SITUATION 1	Papiers

Discipline : langue	*Niveau* : 6 ans	*Provenance* : Djibouti

Compétence visée : produire un écrit signifiant et simple (entre une ou deux phrases), en situation de communication

Écris une phrase pour que le petit garçon ne recommence pas son geste. Tu afficheras ensuite ta phrase sur le mur de la classe.

Tu peux t'aider de ces mots. Attention, il y a des intrus.

par terre	*banane*	*poubelle*	*papiers*

par exemple le cas dans un problème traditionnel en mathématiques (problème fermé).

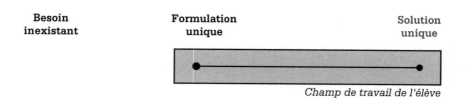

**Besoin
inexistant**   **Formulation
unique**   **Solution
unique**

Champ de travail de l'élève

Un problème exploité dans le cadre scolaire se présente en général en deux temps :

- le problème comme un *support*, c'est-à-dire un contexte, de l'information, une tâche à réaliser ;
- le problème comme un processus, c'est-à-dire la *résolution du problème*.

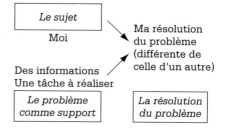

En général, le sujet n'est pas le concepteur du support. Il trouve le support quelque part : dans un livre, sur internet, chez un collègue etc. Parfois, il peut être le concepteur : c'est le cas où il se pose un problème à lui-même.

On voit que, contrairement à la situation, qui n'existe pas sans un sujet, le problème peut être dissocié de sa résolution. Autrement dit, le problème peut être formulé indépendamment du sujet qui le résout, comme le montre le schéma ci-dessus.

On peut représenter ces deux moments sur le triangle didactique, avec le problème-support comme objet d'apprentissage au pôle du savoir. On voit que tout se joue essentiellement sur l'axe « élève — support ».

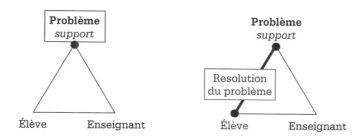

Ces deux aspects débouchent sur un *produit*, qui est une solution que le sujet apporte au problème. Ce produit peut toutefois prendre d'autres formes. Nous y reviendrons en 2.1.5.

1.4   La notion de situation-problème

1.4.1 *Une intention didactique*

De façon générale, une **situation-problème** est une situation qui répond à un problème. Dans la vie de tous les jours, les situations-problèmes sont dictées par les événements auxquels chacun est confronté quotidiennement : la situation-problème de combiner plusieurs rendez-vous, la situation-problème d'avoir perdu ses clés etc. On parle de situations de vie. De même, on parle de situations professionnelles quand celles-ci se déroulent dans le cadre de l'exercice d'un métier, comme le fait de faire face à une panne de machine lorsqu'on est tenu à une échéance de production. Toutes ces exemples sont des situations que l'on peut qualifier de situations naturelles (voir en 1.2.1).

Dans le cadre scolaire, une situation-problème est une situation qui présente ce que Dalongeville & Huber (2001) appellent une déstabilisation constructive. Non seulement la déstabilisation est constructive, mais elle est également souvent construite dans la mesure où le situation-problème prend place dans une suite planifiée d'apprentissages. Il y aura par exemple moins de données parasites que dans une situation de vie, ou encore des données présentées à l'élève dans un certain ordre, pour respecter une certaine progression dans les difficultés à surmonter.

Dans la notion de situation-problème, il y a intention de la part de l'enseignant de faire quelque chose de la situation et du problème par rapport à une suite d'apprentissages : il y a une intention didactique. Autrement dit, la situation-problème couvre les trois pôles du triangle didactique.

D'une certaine manière, la relation « support — élève » passe par l'enseignant, qui joue le rôle de médium entre le support et l'élève : c'est lui qui sélectionne le support, ou le construit, c'est lui qui choisit le moment et la manière de le présenter à l'élève, en fonction de la suite des apprentissages. Autrement dit, il y a un processus de didactisation du problème.

Le schéma suivant met en évidence cette double filiation, du problème et de la situation, et montre que la situation-problème joue sur les trois pôles du triangle didactique.

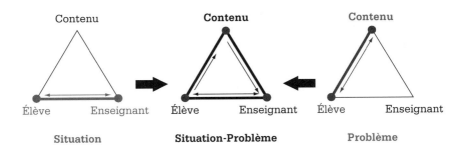

Dans la suite de l'ouvrage, nous utiliserons souvent le terme « **situation** » pour désigner une « **situation-problème** », ceci pour deux raisons essentielles :

- le terme « situation » est un raccourci plus commode à utiliser, surtout quand on lui ajoute un qualificatif : situation cible, situation d'intégration...
- dans les disciplines langagières, on a tendance à parler davantage de « situation de communication » que de « situation-problème ». Le terme « situation » permet d'évoquer en un vocable unique ces deux notions proches.

1.4.2 *Problème de robinet et situation-problème de robinet*

Au-delà de cette intention didactique, il y a également — dans l'idée de situation-problème — le souci de se démarquer de la notion traditionnelle de « problème », ceci pour deux raisons. Tout d'abord, cette notion de « problème » se limite souvent aux mathématiques et à d'autres disciplines scientifiques (physique, chimie), à l'exclusion des autres disciplines. De plus, ces fameux « problèmes » évoquent quelque chose de déconnecté de la vie, de sec, d'ennuyeux, de non significatif, plus proches d'une simple application que d'une véritable situation-problème contextualisée, complexe, intéressante et significative pour l'élève.

C'est une question d'intention, mais aussi de formulation.

En partant de l'exemple bien connu d'un problème de robinet en mathématiques, dégageons quelques caractéristiques opérationnelles de la formulation d'une situation-problème par rapport à celle d'un problème traditionnel.

A. Formulation traditionnelle (« problème »)

> **Problèmes de proportionnalité**
>
> 8. Dans la cour d'une maison, un robinet coule en permanence avec un débit de 2,4 litres à l'heure. Quelle sera la dépense totale en eau de la famille sur une période de deux mois, en sachant que le prix unitaire du mètre cube d'eau est de 62 F pour les 30 premiers mètres cubes, et 102 F pour les mètres cubes suivants, et que le reste de la consommation d'eau de la famille s'élève à 28 mètres cubes ? (1 mois = 30 jours)

B. Formulation alternative (« situation-problème »)

> Ali vient de recevoir sa facture d'eau. Elle montre une forte consommation. Croyant à une erreur, sa première réaction est d'être furieux. Et puis, il se demande : « Au fond, ne suis-je pas responsable ? La cause n'est-elle pas à mon robinet qui coule goutte à goutte ? Si c'est le cas, j'aurais peut-être avantage à le faire réparer. »
>
>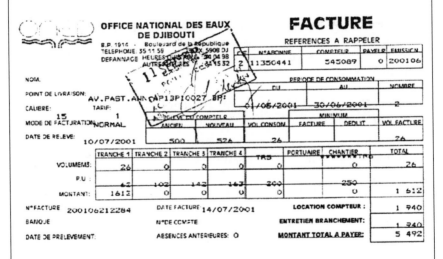
>
> Aide Ali à prendre la décision. A-t-il intérêt à réparer son robinet ? Il a calculé qu'avec ce qu'il perd, il remplit un bidon de 50 litres par jour. Il a appris que le prix de la réparation du robinet est de 2500 F. Aide-toi de la facture ci-dessous.
>
> Y aurait-il d'autres raisons qui pousseraient Ali à réparer son robinet ?

Voici quelques caractéristiques de cette formulation alternative.

- On met en évidence l'enjeu de la situation, le « pourquoi » de résoudre la situation : économiser l'eau, en réparant un robinet qui coule.

- On amène l'élève à se mettre dans la peau de celui à qui se pose le problème, la situation est racontée sous la forme d'une histoire.

- Les valeurs sont présentes : dans cet exemple, respecter l'environnement en économisant l'eau.

- La situation est ouverte, il y a une discussion possible ; dans cet exemple, l'économie ne se répercute pas sur deux mois, mais à plus long terme.

- On se base sur des documents authentiques.

- Les savoirs et savoir-faire à mobiliser ne sont pas connus au départ, mais sont à retrouver par l'élève (on ne dit pas qu'il s'agit d'un problème de proportionnalité).

- Le langage utilisé est un langage plus direct.

- On évite de présenter l'énoncé sous la forme d'un « pavé » unique. La situation se décline en différents morceaux, avec des phrases courtes.

- Des données parasites sont introduites, pour rejoindre autant que possible une situation naturelle. Ici, les données parasites sont certaines données présentes sur la facture.

Il faut voir ces caractéristiques davantage comme des indices d'un état d'esprit adopté par celui qui didactise la situation que comme des caractéristiques devant être obligatoirement présentes pour pouvoir parler de « situation-problème ».

1.4.3 *Situation-support, situation-outil didactique, situation-contrat, situation-action*

Nous avons précisé la double filiation à la situation d'une part, et au problème d'autre part, de la situation-problème. Encore faut-il être au clair sur les opérations qui sont couvertes par le terme « situation-problème » : quand on parle de la situation-problème, parle-t-on de la préparation, de la mise en route, de la réalisation ou encore de la solution ? Pour répondre à cette question, il est nécessaire de s'interroger plus en détail sur ce qu'est une situation-problème, et sur la relation que celle-ci entretient avec le sujet qui la résout.

En effet, nous avons vu que, s'agissant d'un problème, il existe des termes spécifiques pour désigner le support d'une part et l'action d'autre part : le terme « problème » désigne en général le support, et le terme « résolution du problème » désigne l'action de traiter ce support, c'est-à-dire celle de résoudre le problème.

Ce n'est pas le cas du terme « situation-problème », qui peut désigner plusieurs choses.

Tout comme pour un problème, une situation-problème résulte d'une interaction entre un sujet — une personne ou un groupe de personnes — et des informations structurées en fonction d'une tâche à réaliser. Mais cette fois, il y a un médiateur, un « proposeur » de situation, pourrait-on dire, qui intervient comme médium entre un support et un « résolveur » (l'élève). On peut identifier quatre moments principaux dans cette interaction :

- l'émergence d'un besoin, vécu ou construit, d'une intention de réaliser ou de faire réaliser une tâche en fonction d'informations données (t1) ;
- l'organisation, par l'enseignant, de cet ensemble à des fins d'apprentissage (t2) ;
- un contrat à établir avec l'élève pour passer à la réalisation de la tâche (t3) ;
- la réalisation de la tâche elle-même (t4).

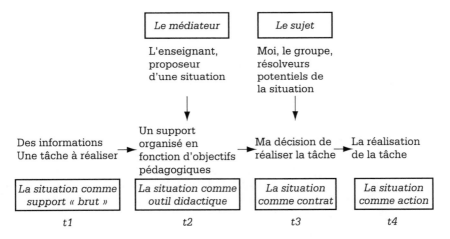

- Dans un premier temps (t1), il y a une tâche à réaliser sur la base d'un ensemble d'informations, et qui invite à agir, de façon générale, sans intention didactique : un problème écrit dans un manuel scolaire, un défi proposé sur un site internet, une énigme posée dans une revue etc. Cette tâche contient en général l'ensemble des informations nécessaires à sa résolution, ces informations étant structurées par le concepteur, ou ne l'étant pas à dessein, parce que cela fait partie du problème. Tant qu'elle n'a pas rencontré un « résolveur », la situation n'existe qu'à l'état de *support*. Ce support n'est encore qu'un *support brut* (voir en 1.2.2).
- Dans un deuxième temps (t2) intervient un médiateur entre le sujet et la tâche. Ce médiateur — l'enseignant —, ou encore le « proposeur » de situation, sélectionne le problème qui convient le mieux dans le cadre d'une suite d'apprentissages, ou construit lui-même un problème, un support à proposer aux élèves. Il y a une intention didacti-

que. La situation n'est plus ce support brut, désincarné, qui pouvait servir à de multiples usages, elle devient un *outil didactique* prêt à être utilisé dans le cadre d'apprentissages bien précis. On peut aussi parler de *support finalisé* (1.2.2), qui traduit ce caractère aménagé d'un support que l'enseignant prépare en vue de le proposer à ses élèves.

> **C'est par exemple le cas de la situation** (2) Moustique, **présentée ci-contre, qui montre en quoi un ensemble de documents a été préparé de façon très minutieuse (niveau de difficulté, articulation des documents entre eux, intérêt pour l'élève...) en vue d'une exploitation précise par l'élève.**

Même s'il s'agit souvent de l'enseignant, le proposeur de la situation peut être un autre acteur, comme le groupe-classe, dans le cadre d'une pédagogie du projet, ou encore une instance extérieure à la classe, qui peut être amenée à soumettre une situation dans le cadre d'une évaluation certificative, ou d'une évaluation de programme.

- Dans un troisième temps (t3), il y a interaction entre le sujet et la tâche, débouchant sur une décision de réaliser la tâche. Une forme de contrat implicite ou explicite se crée entre le « proposeur » de la situation — l'enseignant — et le résolveur — l'élève. Il s'agit d'une concrétisation de ce que Chevallard (1985) et Brousseau (1986, 1990) appellent contrat didactique, qui lie l'enseignant à ses élèves dans le cadre des apprentissages scolaires. Ce contrat est fonction de toute une série de facteurs comme le mode d'organisation de la classe, la motivation de l'élève, l'énergie dont il dispose, le bénéfice qu'il perçoit dans sa réalisation etc. C'est à ce niveau que se situe toute la marge de négociation qui existe au niveau de la résolution de la situation : négociation relative à la consigne, négociation relative aux informations, aux conditions de réalisation de la situation. Il s'agit dans ce cas de la situation prise comme un *contrat*, une décision de passer à l'action. Comme dans tout contrat, elle est vue à la fois comme une contrainte, mais surtout comme une occasion pour l'élève d'acquérir de nouvelles connaissances, de nouveaux savoir-faire, ou d'en tirer d'autres bénéfices encore, sur le plan scolaire ou sur un autre plan.

Plusieurs variantes sont possibles : le contrat peut être un contrat librement consenti, c'est-à-dire que l'enseignant peut laisser à l'élève le choix de s'engager ou non dans la situation, ou lui laisser le choix des modalités de travail (travail seul, par groupes, avec ou sans référentiels...), ou au contraire un contrat implicitement obligatoire dans

SITUATION 2	Moustique

Discipline : sciences — SVT	*Niveau* : 14 ans	*Provenance* : Tunisie [1]

Pour lutter contre la pullulation des moustiques, les habitants de ta cité ont décidé une action de prévention avant l'arrivée de l'été.

1. En te basant sur les documents 1 et 2, émets des hypothèses qui pourraient expliquer les résultats des expériences en rapport avec la respiration. Qu'en déduire ?
2. Émets 3 propositions argumentées pour lutter contre ces insectes. Base-toi sur les documents ci-dessous pour rendre l'action la plus efficace possible.

1. DOCUMENT 1 : LE CYCLE DE VIE DU MOUSTIQUE

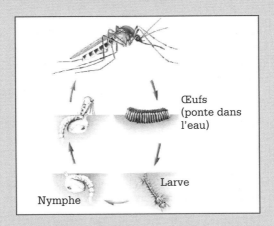

2. DOCUMENT 2 : RÉSULTATS D'EXPÉRIENCES

	Expérience	Résultat
1.	On place les larves dans de l'eau bouillie, puis refroidie	Les larves restent en vie.
2.	Dans un petit bassin d'eau bouillie qui contient les larves de moustique on fait couler de l'huile à la surface de l'eau.	Les larves meurent.
3.	Dans un petit bassin d'eau non bouillie qui contient les larves de moustique on fait couler de l'huile à la surface de l'eau.	Les larves meurent.

---

1. Les adaptations proposées n'engagent que l'auteur.

3. DOCUMENT 3 : TEXTE À PROPOS DE LA NUTRITION DES MOUSTIQUES

La nutrition des moustiques
On sait que la femelle du moustique suce le sang de l'homme ou celui d'autres vertébrés. C'est pourquoi elle pique la peau par le système buccal formé d'aiguilles, et suce le sang. Quant au mâle, il se nourrit de matières végétales comme le nectar de fleurs. Les larves de moustique se nourrissent des êtres vivants microscopiques vivant dans les eaux stagnantes, jusqu'à leur transformation en adulte.

4. TRAITEMENT DES RÉPONSES

4.1 *Consigne 1*

Hypothèse 1 : les larves respirent l'oxygène de l'air atmosphérique (confirmé par les 3 expériences). On voit sur le document 1 que la larve vient respirer à la surface de l'eau. Comme l'eau a été bouillie, on sait qu'elles ne respirent pas l'oxygène de l'eau.

Hypothèse 2 : les larves respirent l'oxygène dissous dans l'eau (contredit par l'expérience 3, puisque les larves meurent malgré le fait qu'elles respirent l'oxygène de l'eau non bouillie)

Hypothèse 3 : les larves respirent l'oxygène dissous dans l'eau et l'oxygène atmosphérique (idem)

4.2 *Consigne 2*

Exemples de propositions acceptées (bien qu'elles soient plus ou moins satisfaisantes du point de vue de l'environnement)

- On peut faire couler de l'huile (ou une autre substance isolante) dans les eaux stagnantes.
- On remplit les eaux stagnantes avec de la terre, ou on les stérilise (par exemple à l'eau de javel) pour empêcher la reproduction.
- On introduit des animaux qui se nourrissent des larves, par exemple les grenouilles (solution biologique).
- On utilise des pesticides.
- On utilise des moustiquaires.

le cadre des apprentissages, dans lequel l'élève a peu ou pas de marge de manœuvre.

- Dans le quatrième temps (t4), c'est la situation dans le sens de la mise en œuvre, ou encore le sujet à la tâche. L'issue de ce processus est lié à d'autres types de facteurs, comme les connaissances du résolveur, ses capacités cognitives, gestuelles, socio-affectives, la façon dont il mobilise ces capacités. C'est la situation *action*, c'est-à-dire la situation vue comme un processus de résolution.

Il existe aussi de nombreuses variantes dans le type de résolution : résolution guidée ou autonome, résolution individuelle ou collective etc.

À partir du triangle didactique, on peut également montrer cette progression en quatre étapes.

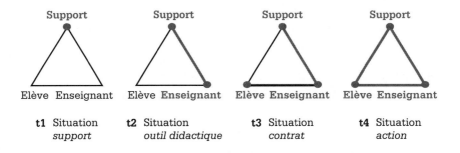

Il faut nuancer le caractère linéaire de ces étapes. Un enseignant peut être amené à proposer une autre situation que celle qui avait initialement été prévue, parce que les élèves n'y sont pas prêts (séquence t1, t2, t1, t2, t3, t4). Il peut décider de changer la situation en cours de résolution, etc.

Certaines de ces étapes peuvent aussi ne pas exister :

- une situation peut être reprise d'une ancienne séquence d'apprentissages (absence de l'étape t1) ;
- une situation peut être donnée telle quelle aux élèves sans intention didactique, par exemple à titre ludique, de détente, de défi… (absence de l'étape t2) ;
- dans le cadre d'une situation proposée dans le cadre d'une évaluation certificative, l'étape du contrat n'a pas beaucoup de sens (absence de l'étape t3) ;
- on a plus difficilement le cas de l'absence de résolution (étape t4). Par contre, il arrive souvent que le processus de résolution ne débouche pas sur une solution, ou sur une production.

1.4.4 *Un choix de se limiter aux situations — outils didactiques*

Dans le cadre de cet ouvrage, nous limiterons le concept de situation au cas où un proposeur de situation — l'enseignant — choisit ou élabore un support, le prépare dans le cadre des apprentissages, et le transforme en un support finalisé, c'est-à-dire en un *outil didactique* en vue de la soumettre à ses élèves, dans le cadre du contrat didactique qui le lie à eux. Nous analyserons essentiellement la façon de créer ou de choisir le support, de le mettre en forme, de le présenter aux élèves, en un mot de le « didactiser » en fonction d'une intention pédagogique.

Par convention, nous désignerons dans cet ouvrage :

- le support brut par le terme « **support** »
- le support finalisé par le terme « **situation** ».

Nous n'entrerons que de temps en temps dans la situation *contrat*, et nous ne développerons pas la situation *action*, qui traduit le processus de résolution de la situation, et qui dépend essentiellement de la façon dont le sujet — l'élève — réagit par rapport à ce qui lui est présenté.

Le schéma suivant délimite le champ dans lequel nous situons cet ouvrage.

Situation-problème vécue dans le cadre des apprentissages = situation - *action*

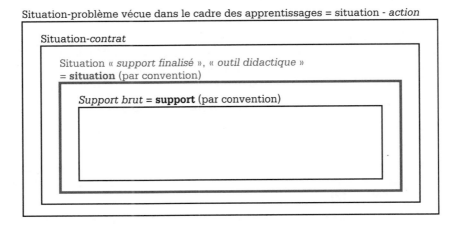

1.4.5 *Des obstacles à franchir*

A. La notion d'objectif-obstacle

Nous avons vu que la notion de situation-problème évoque un obstacle à franchir, correspondant à un objectif poursuivi par l'enseignant. Cet objectif est appelé « objectif-obstacle » (Martinand, 1986 ; Astolfi & Peterfalvi, 1993). L'objectif-obstacle est issu de la confrontation de deux logiques :

- une logique des objectifs qui sont déterminés par l'expert (l'enseignant, les spécialistes de contenus), et qui résultent d'une analyse des contenus ;
- une logique de l'analyse des difficultés que rencontre l'apprenant pour accéder aux savoirs à enseigner à partir de ses propres représentations.

Les objectifs-obstacles tentent de concilier ces deux logiques, la logique de l'expert et la logique de l'apprenant :

- d'un côté, l'objectif est étudié de façon telle que l'apprentissage constitue un progrès intellectuel pour les élèves ;
- de l'autre côté, il est « étudié » de façon à travailler un obstacle qui soit franchissable par l'apprenant.

Il s'agit d'une sorte de négociation de l'objectif.

B. Des obstacles de différentes natures

Les obstacles qui caractérisent une situation-problème peuvent être de natures diverses. Ils peuvent être liés :

- à la compréhension de la situation-problème, à la façon dont elle se présente : un nouveau contexte, une nouvelle façon de poser un problème, une nouvelle articulation de notions connues, de nouveaux termes, des documents nouveaux à décoder, des schémas nouveaux à analyser, des données pertinentes à identifier, des données à rechercher, des données à représenter autrement...
- au processus de résolution : une nouvelle démarche de résolution, ou une démarche de résolution à sélectionner parmi un ensemble de démarches connues, des démarches connues à combiner, des savoirs et savoir-faire à sélectionner parmi un ensemble de savoirs et savoir-faire connus...
- au produit attendu, à l'état souhaité : un produit d'un type nouveau, un produit difficile à construire, un changement à introduire dans une représentation de la réalité, dans une habitude de travail...

Ces obstacles sont exprimés de la façon suivante par D'Hainaut (1983) :

(1) La situation n'a pas été rencontrée antérieurement

(2) La solution exige l'application d'une combinaison non apprise de règles ou de principes appris ou non appris

(3) Le produit et la classe [8] à laquelle elle appartient n'ont pas été rencontrés antérieurement.

---

8.   Pris dans le sens de « catégorie ».

Selon les cas, une situation-problème peut faire intervenir un des trois types d'obstacles (1), (2) ou (3), deux types d'obstacles, voire les trois types. Toutefois, lorsqu'on introduit des éléments relatifs aux trois types d'obstacles, et même de deux types, la situation-problème devient vite insurmontable. On s'efforce souvent — à travers le processus de didactisation — de réduire la difficulté en ramenant un ou plusieurs obstacles à des données, des procédures ou des états plus connus.

Il résulte de ce qui précède que la notion de situation-problème est essentiellement relative, car liée en grande partie à celui qui est chargé de la résoudre : une situation donnée peut être une situation-problème pour un individu, mais une situation tout à fait courante pour un autre. De même, une situation donnée peut être, pour un individu, une situation-problème à un moment donné, et une situation qui ne lui pose plus problème à un autre moment.

1.4.6 *La résolution de situations-problèmes, un niveau cognitif élevé*

De par le fait qu'elle joue continuellement sur la nouveauté, la résolution de problème comprend très souvent une composante cognitive importante. Même une situation-problème de nature gestuelle ou affective va très souvent mobiliser la composante cognitive, pour répondre à la déstabilisation provoquée. Il ne faut cependant pas réduire à la seule composante *cognitive* l'activité mobilisée par l'élève lors de la résolution d'un problème. On y associe de plus en plus la composante *métacognitive*, à travers laquelle l'élève contrôle et régule son activité cognitive. La composante *affective* est très souvent importante aussi, notamment la confiance qu'il a en ses moyens de résoudre la situation-problème. Citons enfin la composante *conative*, la composante « engagement de l'élève », celle de sa motivation à entrer dans la situation-problème.

Parce qu'elle est appelée à gérer la nouveauté — ou plutôt la complexité née de la nouveauté —, cette activité cognitive de résolution de problème est une activité de haut niveau. Un spécialiste des taxonomies des opérations cognitives comme D'Hainaut (1983) n'hésite pas à situer la résolution de problèmes au niveau le plus élevé dans sa taxonomie des opérations cognitives.

Dans la taxonomie de Bloom, la résolution d'une situation-problème est prise en compte partiellement par le niveau qu'il qualifie de « synthèse », du moins dans ses deux premiers aspects :

- production d'une œuvre personnelle
- élaboration d'un plan d'action.

Le troisième aspect, à savoir la dérivation d'un ensemble de relations abstraites, ne relève pas de la résolution de situations-problèmes au sens que nous avons défini, parce que, ne prenant pas en compte la contextualisation d'informations, il se passe à un niveau essentiellement théorique.

Quoi qu'il en soit, on est dans les niveaux supérieurs des opérations cognitives, dans des niveaux bien plus élevés que ceux de la mémorisation (restitution), de la compréhension, de la conceptualisation et de l'application.

> La situation (3) Racisme, proposée par Wolfs (1998) montre bien comment, à partir d'un matériau de base donné (ici, un texte sur le racisme), on peut produire des questions qui relèvent des différents niveaux d'opérations cognitives, de la restitution jusqu'à la résolution de problèmes.

SITUATION 3	Racisme

Discipline : histoire	*Niveau* : 16 — 18 ans	*Provenance* : Belgique [1]

Réflexion sur le racisme : « le racisme à visage humain »

(1) Au moment où le combat contre l'exclusion est le plus urgent, les discours racistes et anti-racistes paraissent parfois tellement proches...

(2) Avant la Seconde Guerre mondiale, le racisme et l'anti-racisme avaient des visages aisément reconnaissables. Aujourd'hui, les physionomies se sont brouillées : c'est autant de perdu pour la vigilance contre l'exclusion et l'intolérance. En voici les raisons.

(3) Le racisme tout d'abord. Il s'agissait d'un discours clair, acéré, provocant[...]

G. Haarscher, Professeur de philosophie à l'U.L.B.
Le Vif/L'Express, 1992

1. **RESTITUTION**

   (1) Selon G. Haarscher, en quoi consistait le racisme d'avant-guerre ?

2. **COMPRÉHENSION (INTERPRÉTATION)**

   (2) Définir : ethnocentrisme et métissage

   (3) Reformulez la phrase suivante en une ou plusieurs autres phrases, en remplaçant les mots soulignés par d'autres et en veillant à faire comprendre clairement l'idée que l'auteur veut faire passer : « Une double transformation a eu lieu, dont témoigne le discours *policé* et *polissé* (sauf *lapsus*) de l'extrême droite contemporaine ».

---

1. WOLFS, J.-L. (1998). *Méthodes de travail et stratégies d'apprentissage*. Paris-Bruxelles : De Boeck Université.

3. **COMPRÉHENSION (EXEMPLIFICATION)**

   (4) Dans quelle catégorie de racisme, classeriez-vous l'apartheid en Afrique du Sud ? Expliquez.

4. **ANALYSE (INFÉRENCE DE RELATIONS)**

   (5) Comparer l'anti-racisme d'avant et d'après guerre.

   (6) Faites le lien entre la lutte anti-coloniale et la revendication du droit à la différence.

5. **ANALYSE (EXAMEN À PARTIR DE CRITÈRES FOURNIS OU À DÉTERMINER)**

   (7) En référence au texte de G. Haarscher, retrouvez les éléments éventuels de racisme dans les articles suivants traitant des problèmes linguistiques et communautaires en Belgique.

   (8) Retrouver dans les prises de position des différents protagonistes de la guerre de sécession (vue aux cours précédents) les arguments de type raciste et anti-raciste.

   (9) Veuillez chercher trois autres textes écrits par d'autres auteurs (philosophes, biologistes, sociologues, historiens, etc.) et répondre aux questions suivantes : les conceptions racistes citées par ces auteurs correspondent-elles bien à celles citées par G. Haarscher ? Pour le savoir, annoter dans les textes retenus les passages où vous retrouvez les différentes conceptions exposées par G. Haarscher, relever également des conceptions qui seraient originales, c'est-à-dire significativement différentes de celles exposées par G. Haarscher. Ensuite, vous communiquerez les fruits de vos découvertes au reste de la classe.

6. **RÉSUMÉ**

   (10) Résumer le texte en dix lignes.

   (11) Quelle est la grande idée développée par G. Haarscher dans son texte ?

7. **SYNTHÈSE**

   (12) Intégrer le message de l'exposition « Le monde d'A. Frank » dans la réflexion développée dans le texte par G. Haarscher.

8. **RÉSOLUTION DE PROBLÈME**

   (13) Rechercher les textes de loi belges traitant directement ou indirectement de la question du racisme. En vous fondant sur la position développée par G. Haarscher, auriez-vous des propositions d'amélioration de ces textes à proposer au législateur ? Argumentez votre point de vue.

1.5   Situation-problème « didactique » et situation-problème « cible »

Dans le monde de l'enseignement coexistent souvent deux utilisations possibles des situations-problèmes. Cette coexistence provoque souvent des confusions.

Il s'agit d'une part des situations-problèmes « didactiques », qui relèvent de ce que Tardif (1999) appelle « tâches sources », et d'autre part des situations-problèmes « cibles », qualifiées par cet auteur de « tâches cibles ».

1.5.1   *Situations-problèmes « didactiques »*

Les **situations-problèmes « didactiques »** sont les situations que l'enseignant organise pour l'ensemble d'un groupe-classe, dans le contexte d'un nouvel apprentissage : nouveau(x) savoir(s), nouveau(x) savoir-faire etc.

Voici la définition qu'en donnent Raynal et Rieunier (1997, p. 295) : « Situation pédagogique conçue par le pédagogue dans le but :

- de créer pour les élèves un espace de réflexion et d'analyse autour d'un problème à résoudre (ou d'un obstacle à franchir, selon la terminologie de Martinand),
- de permettre aux élèves de conceptualiser de nouvelles représentations sur un sujet précis à partir de cet espace-problème. »

De Ketele (1996) appelle ces situations des situations d'exploration [9].

Elles répondent au principe selon lequel les élèves s'approprient mieux des savoirs et savoir-faire qu'ils ont contribué à installer, sur lesquels ils ont pu réfléchir, à propos desquels ils ont pu effectuer une recherche.

On ne cherche pas nécessairement à en vérifier la maîtrise par chaque élève en particulier, mais on cherche à provoquer une efficacité maximale de l'apprentissage auprès d'un maximum d'élèves. Il s'agit d'une situation-problème *processus*, utilisée pour optimiser la qualité d'un apprentissage. Les défis lancés aux élèves, les jeux, les projets, et de façon générale l'ensemble des activités conçues pour faire apprendre de façon motivante, entrent dans cette catégorie. Ce peut être aussi une situation-problème ouverte, et proposée à titre exploratoire (poser des questions à propos de, émettre des hypothèses à propos de...), destinée à préparer un travail ultérieur.

Nous en donnerons plusieurs exemples un peu plus loin. Nous examinerons également de plus près ce qui les caractérise et ce qui les différencie de situations-problèmes qui visent d'autres fonctions.

9.   Voir aussi ROEGIERS, X. (2000). *Une pédagogie de l'intégration.* Paris-Bruxelles : De Boeck Université.

1.5.2 *Situations-problèmes « cibles »*

Les **situations-problèmes « cibles »** — celles qui seront surtout développées dans cet ouvrage — sont d'un autre ordre. Elles représentent l'image de ce qui est attendu de la part de l'élève. Ce sont les situations visées. Elles sont parfois appelées « situation d'intégration »[10] ou « situations de réinvestissement ».

On y recourt surtout en fin d'apprentissage, ou plutôt en fin d'un ensemble d'apprentissages, comme couronnement de ces apprentissages, à la fois comme occasion d'apprendre à l'élève à intégrer un ensemble d'acquis, et de faire le point sur sa capacité à articuler plusieurs acquis.

Une situation-problème « cible » ne consiste pas en la juxtaposition de petits exercices — ce qui serait une simple révision —, mais en une situation complexe dans laquelle l'élève est appelé à articuler, à combiner plusieurs savoirs et savoir-faire qu'il a déjà rencontrés.

Il s'agit à la fois d'une situation-problème *processus*, utilisée pour apprendre à intégrer, et d'une situation-problème *produit*, utilisée comme témoin de ce qui doit être maîtrisé par l'élève.

Pour ne pas les confondre avec les situations-problèmes « didactiques », nous les appellerons « situations cibles ».

Souvent, un même support peut servir à l'une ou à l'autre, mais il est mis en forme différemment par l'enseignant, qui poursuit des intentions didactiques distinctes. Le schéma ci-dessous traduit cette idée d'exploitations différentes d'un même support.

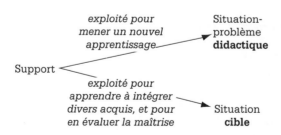

Une situation « cible » est un sous-ensemble de ce que, en psychologie cognitive, on appelle « situation d'exécution ». Une situation d'exécution est une situation dans laquelle les procédures de résolution sont connues de l'individu et applicables directement (Raynal & Rieunier, 1997). Cependant,

---

10. ROEGIERS, X. (2000). *Une pédagogie de l'intégration.* Paris-Bruxelles : De Boeck Université.

une situation d'exécution désigne autant une application d'une notion, une opération habillée, un exercice, qu'une situation complexe qui articule plusieurs notions et savoir-faire. Le terme « situation-cible » ne couvre que cette dernière catégorie, c'est-à-dire celle des situations d'exécution complexes.

1.5.3 *Des exemples pour distinguer les situations-problèmes didactiques et les situations-cibles*

Les exemples suivants illustrent la différence entre ces deux grands types de situations-problèmes.

EXEMPLES

Situations-problèmes « didactiques »	Situations « cibles »
Exemple 1 : Sciences Formule une énigme, un problème à résoudre à partir des documents qui te sont présentés [11]. Bourgeons de pommier Fleurs de pommier Coupe d'une pomme	Mohamed habite pas loin de Nabeul, au Cap Bon en Tunisie. Il veut planter des pommiers pour démarrer une production artisanale de jus de pommes. En te basant sur tes connaissances relatives aux sols, au climat, à la floraison et à la fructification, donne-lui des conseils pour démarrer son exploitation.
Exemple 2 : Histoire **La France entre 1789 et 1791** [12] Sur la base de l'ensemble documentaire proposé, on te demande de présenter, sous forme d'un plan : - les principaux acteurs de la Révolution de 1789 ; - les principaux événements qui secouent la France entre mai 1789 et septembre 1791 ; - les principaux changements politiques qui s'opèrent en France au regard des deux grands modèles de gouvernement que sont le parlementarisme anglais et l'absolutisme français. Cette séquence débouche sur une phase de bilan et ce tant sur le plan méthodologique qu'informatif : - sur le plan méthodologique, il s'agit de faire le point sur la maîtrise des différents savoir-faire impliqués dans cette démarche ;	**Les États-Unis (fin XVIIIe siècle - fin XIXe siècle), terre de libertés ?** [13] Vous êtes journaliste. Le quotidien pour lequel vous travaillez a entrepris de publier une série d'articles autour du thème « Etats-Unis, terre de libertés ? ». Vous êtes chargé de rédiger un article historique consacré à la période qui va de la fin du XVIIIe siècle à la fin du XIXe siècle. Dans ce cadre, vous avez l'intention d'interviewer un grand historien américain. Soucieux de bien préparer votre entrevue, vous avez rassemblé quelques documents pertinents sur l'histoire de cette période. 1. Formulez cinq questions que l'analyse et la confrontation de ces documents vous posent et organisez-les logiquement de manière à préparer au mieux votre entretien. Les questions qui seront posées effectivement à l'historien seront construites sur base de ce premier questionnaire.

Situations-problèmes « didactiques »	Situations « cibles »
- sur le plan informatif, l'élève « sort » de cette séquence de travail en ayant découvert les événements qui secouent la France entre 1789 et 1791 : acteurs, oppositions, initiatives, décisions, changements politiques... Il n'est sans doute pas inutile de faire le point, de s'assurer de la compréhension de tous...	2. N'oubliez pas de faire intervenir un concept vu en classe (colonisation, crise / croissance, migration, stratification sociale, libéralisme, démocratie / autoritarisme). (voir les documents ci-contre)
Exemple 3 : mathématiques	Tu disposes d'un morceau de carton de 1,20 m sur 1 m.
Par groupes de deux, et en vous aidant de votre matériel (carton, ciseaux, colle, …), essayez de construire une enveloppe de cette boîte, en un seul morceau, sans recouvrement. Cherchez différentes solutions possibles. *Situation-problème proposée pour amener les élèves à découvrir les différents développements (« patrons ») d'un pavé droit.*	Pourrais-tu construire les boîtes suivantes (dessinées à l'échelle 1/10), en sachant qu'elles doivent être chacune d'une seule pièce ? N.B. : La longueur du pavé droit est de 35 mm. *Situation-problème proposée pour intégrer des acquis relatifs au développement du cube, du pavé droit et du cylindre, ainsi que la notion d'échelle.*

Ces exemples illustrent en quoi ce qui différencie les deux types de situations-problèmes, ce n'est pas tant les supports en eux-mêmes que la façon dont ils sont exploités : les commentaires, le type de consignes proposées etc. C'est au niveau du support finalisé (voir en 1.1.4.3) que se situe la différence.

Par exemple dans les situations en histoire, les commentaires de la colonne de gauche (« Cette séquence débouche.. ») montrent que cette situation est exploitée à des fins didactiques. Dans la colonne de droite, la consigne 2 (« N'oubliez pas… ») montre qu'elle est utilisée à des fins d'intégration.

La situation cible en histoire (4) Liberté est reprise intégralement ci-contre.

11. SCULIER, D., WATERLOO, D. (2001). *Sciences et compétences au quotidien.* Bruxelles : De Boeck.
12. JADOULLE, J.-L., BOUHON, M. (2001). *Développer des compétences en classe d'histoire.* Louvain-la-Neuve : Unité de didactique de l'Histoire à l'Université catholique de Louvain.
13. Op. cit.

| SITUATION 4 | Liberté |

| *Discipline* : histoire | *Niveau* : 16 ans | *Provenance* : Belgique [1] |

4

Les États-Unis (fin XVIIIe siècle — fin XIXe siècle), terre de libertés ?

Vous êtes journaliste. Le quotidien pour lequel vous travaillez a entrepris de publier une série d'articles autour du thème « États-Unis, terre de libertés ? ». Vous êtes chargé de rédiger un article historique consacré à la période qui va de la fin du XVIIIe siècle à la fin du XIXe siècle. Dans ce cadre, vous avez l'intention d'interviewer un grand historien américain. Soucieux de bien préparer votre entrevue, vous avez rassemblé quelques documents pertinents sur l'histoire de cette période.

Photo : *La Liberté éclairant le monde*, œuvre réalisé par Auguste Bartholdi avec l'aide de Gustave Eiffel de 1876 à 1886. Cadeau de la France à l'occasion du centenaire des États-Unis. Dans sa main gauche, une plaque où figure la date de proclamation de l'indépendance. *Textes et documents pour la classe*, n° 727-728 : 15-31.12.1997, p. 34-37.

1. Formulez cinq questions que l'analyse et la confrontation de ces documents vous posent et organisez-les logiquement de manière à préparer au mieux votre entretien. Les questions qui seront posées effectivement à l'historien seront construites sur la base de ce premier questionnaire.

2. N'oubliez pas de faire intervenir un concept vu en classe (colonisation, crise/croissance, migration, stratification sociale, libéralisme, démocratie/autoritarisme).

---

1. JADOULLE, J.-L., BOUHON, M. (2001). *Développer des compétences en classe d'histoire*. Louvain-la-Neuve : Unité de didactique de l'Histoire à l'Université catholique de Louvain.

LES RESSOURCES : UN ENSEMBLE DOCUMENTAIRE

Doc.1 *Déclaration d'indépendance des États-Unis*
(04.07.1776) : extraits significatifs dans J.L.JADOULLE et A.TIHON, *Racines du Futur*, t.III,
Bruxelles, Didier Hatier, 1992, p. 37.

Doc.2 *Amendements à la Constitution : amendements I, IV et VI* (entrés en vigueur en
1791), dans J.L.JADOULLE et A.TIHON, *op.cit.*, p. 41/*amendement XIII* (18.12.1865) :
abolition de l'esclavage dans A.KASPI, *La vie politique aux États Unis, T.1 : hier*, Paris,
Armand Colin, 1973, p. 65.

Doc.3. *Cartes : évolution des terres à la disposition des Indiens aux États-Unis* (de 1492 à
1977) (A.F.MARTIN, M.VAN DER ELST, Dr. VAN DEN BROUCKE, *Indian Summer. Cahier
Pédagogique*, Bruxelles, Musée du Cinquantenaire, 23.09.99-26.03.00, p. 51).

Doc.4 *Scène de lynchage dans le Sud* (J.GEORGES et J.LEFEVRE, *Les temps contempo-
rains*, Tournai, Casterman, 3ᵉ éd., 1983, p. 196)

Doc.5 *La part de l'immigration dans l'accroissement de la population, Du XVIIᵉ au XIXᵉ
siècle*, Paris, Bordas/Belgique, 1985, p. 211.

DOCUMENT 1 DÉCLARATION D'INDÉPENDANCE DES ÉTATS-UNIS

La révolution américaine

Lorsque, au cours des événement humaines, un peuple se voit dans la nécessité
de rompre les liens politiques qui l'unissent à un autre, et de prendre parmi les
puissances de la terre le rang d'indépendance et d'égalité auquel les Lois de la
Nature et du Dieu de la Nature lui donnent droit, un juste respect de l'opinion
des hommes exige qu'il déclare les causes qui l'ont porté à cette séparation.

Nous tenons ces vérités pour évidentes par elle-mêmes : que tous les hommes
naissent égaux ; que leur Créateur les a dotés de certains Droits inaliénables,
parmi lesquels la Vie, la Liberté et la recherche du Bonheur ; que pour garantir
ces droits, les hommes instituent parmi eux des Gouvernements dont le juste
pouvoir émane du consentement des gouvernées ; que si un gouvernement(…)
vient à méconnaître ces fins, le peuple a le droit de le modifier ou de l'abolir et
d'instituer un nouveau gouvernement qu'il fondera sur de tels principes, et dont
il organisera les pouvoirs selon telles formes, qui lui paraîtront les plus propres
à assurer sa Sécurité et son Bonheur. (…). [Donc], lorsqu'une longue suite
d'abus et d'usurpations, tendant invariablement au même but, marque le dessein de (…) soumettre [les hommes] à un Despotisme absolu, il est de leur droit,
il est de leur devoir, de rejeter un tel gouvernement.
(…).

En conséquence, nous, les représentants des États-Unis d'Amérique, assemblés
en Congrès général, prenant le Souverain Juge de l'Univers à témoin de le droi-
ture de nos intentions, publions et déclarons solennellement au nom et par
l'autorité du bon peuple de ces colonies, que ces colonies unies sont et de droit
doivent être des États libres et indépendants ; qu'elles sont relevées de toute
allégeance à la Couronne d'Angleterre ; que toute union politique entre elles et
l'État de Grande-Bretagne est et doit être totalement dissoute (…).

Déclaration d'Indépendance des États-Unis, 4 juillet 1776
(D'après O.VOILLARD, G.CABOURDIN, F-G.DREYFUS et R.MARX,
Documents d'Histoire contemporaines. I, Paris, 1964, pp. 9-11)

DOCUMENT 2 AMENDEMENTS À LA CONSTITUTION : AMENDEMENTS I, IV ET VI (ENTRÉS EN VIGUEUR EN 1791).

Une déclaration des droits à l'américaine ?

I. Le Congrès ne fera aucune loi qui touche l'établissement ou interdise le libre exercice d'une religion, ni qui restreigne la liberté de parole ou de la presse, ou le droit qu'a le peuple de s'assembler pacifiquement et d'adresser des pétitions au gouvernement pour la réparation des torts dont il a à se plaindre

IV. Le droit des citoyens d'être garantis dans leur personne, domicile, papiers et effets, contre les perquisitions et saisies non motivées ne sera pas violé (…)

VI. Dans toutes les poursuites criminelles, l'accusé aura le droit d'être jugé promptement et publiquement par un jury impartial (…), d'être instruit de la nature et de la cause de l'accusation, d'être confronté avec les témoins à charge, d'exiger par des moyens l égaux la comparution de témoins à décharge, et d'être assisté d'un conseil pour sa défense.

Extraits des dix premiers amendements à la Constitution américaine, 1787

XIII. Section 1 : Ni esclavage ni servitude involontaire, si ce n'est punition de crime dont le coupable aura été dûment convaincu, n'existeront aux États-Unis ni dans aucun lieu soumis à leur juridiction.

Section 2. Le Congrès aura le pouvoir de donner effet au présent article par une législation appropriée.

Amendement à la *Constitution américaine*, 18.12.1865

DOCUMENT 3 CARTES : ÉVOLUTION DES TERRES À LA DISPOSITION DES INDIENS AUX ÉTATS-UNIS (DE 1492 À 1977)

Carte : évaluation des terres à la disposition des indiens aux États-Unis (de 1492 à 1977)

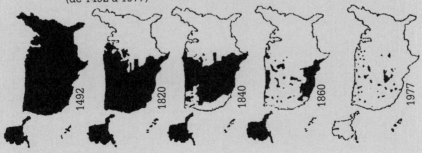

1492   1820   1840   1860   1977

DOCUMENT 4 SCÈNE DE LYNCHAGE DANS LE SUD

Dans les États du Sud, les scènes de lynchage étaient très fréquentes : 2500 lynchages de 1894 à 1900. La ségrégation raciale était pratiquée, au Nord comme au Sud, dans les écoles, les bus, les hôtels et même dans les WC répartis en trois secteurs : *men, women, colored !*

DOCUMENT 5 LA PART DE L'IMMIGRATION DANS L'ACCROISSEMENT DE LA POPULATION

L'accroissement de la population de 1830 à 1910

1830 :	12 886 020	1880 :	50 155 783
1840 :	17 069 453	1890 :	62 947 714
1850 :	23 191 876	1900 :	75 994 575
1860 :	31 443 321	1910 :	91 972 266
1870 :	39 818 449		

Comparer cet accroissement avec celui de la France qui, pour la même période, passe de 27 à 40 millions d'habitants.

La montée rapide s'explique en partie par l'immigration qui fit entrer aux États-Unis :

De 1821 à 1830	150 000	De 1871 à 1880	2 800 000
De 1831 à 1840	60 000	De 1881 à 1890	5 400 000
De 1841 à 1850	1 700 000	De 1891 à 1900	8 700 000
De 1851 à 1860	2 600 000	De 1901 à 1910	8 700 000
De 1861 à 1870	2 300 000		

La situation (5) Orangina, présentée ci-dessous, est un exemple de situation pouvant être utilisée comme situation-problème didactique ou comme situation « cible ».

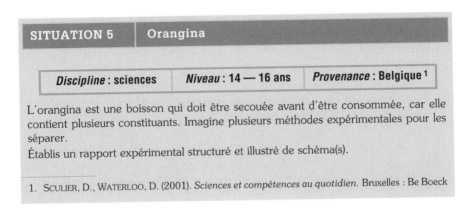

SITUATION 5	**Orangina**

Discipline : sciences	***Niveau*** : 14 — 16 ans	***Provenance*** : Belgique [1]

L'orangina est une boisson qui doit être secouée avant d'être consommée, car elle contient plusieurs constituants. Imagine plusieurs méthodes expérimentales pour les séparer.
Établis un rapport expérimental structuré et illustré de schéma(s).

1. Sculier, D., Waterloo, D. (2001). *Sciences et compétences au quotidien*. Bruxelles : Be Boeck

Cette situation peut être théoriquement exploitée comme une situation-problème didactique ou comme une situation « cible ». Cependant, dans la façon dont elle est libellée, elle prête plutôt à une exploitation comme une situation-problème didactique dans la mesure où il est peu probable que ce soient justement les savoirs et savoir-faire qui viennent d'être acquis qui servent à sa résolution, de façon adéquate.

On pourrait aussi imaginer de l'exploiter comme une situation « cible » qui serait par exemple une situation de réinvestissement de la mise en œuvre de la démarche expérimentale, portant sur des contenus simples.

La différence entre la situation-problème didactique et la situation-cible n'est donc pas liée au support lui-même — que l'on peut souvent exploiter à des fins différentes —, mais cette différence est fonctionnelle, dans la mesure où elle est liée à l'exploitation que l'enseignant envisage de faire de ce support.

1.5.4 *Situation « cible » et travail de recherche personnel*

Une situation « cible » n'est d'ailleurs pas toujours la même pour l'ensemble des élèves : un travail personnel, un travail de fin d'études, un mémoire, sont des exemples de situations « cibles » qui sont différentes d'un élève à l'autre. Si, dans ce type de travail, l'élève réinvestit en grande partie des acquis, il en découvre également de nouveaux : la composante

« apprentissages nouveaux » n'y est donc pas totalement absente. Nous y reviendrons, notamment en 1.1.6. Il en va de même dans certains apprentissages dans l'enseignement technique et professionnel, dans lesquels les apprentissages se réalisent au sein de productions complexes personnalisées : un vêtement, une installation électrique, un feu ouvert etc. Dans un environnement de classe où la coopération est de mise, il peut s'agir de contributions individuelles à une production complexe, comme dans la situation (29) Revue.

1.5.5 *Synthèse des différences entre situation-problème didactique et situation « cible »*

Le tableau suivant synthétise les différences entre les deux types de situations-problèmes. À nouveau, on peut voir que la différence se situe davantage en termes d'exploitation que dans la situation-problème elle-même.

	Situation-problème « didactique »	Situation « cible »
But poursuivi	Favoriser de nouveaux apprentissages (notions, procédures...), en vue d'une meilleure appropriation de ceux-ci par les élèves	Apprendre à chaque élève à intégrer ses acquis, ou évaluer sa compétence à mobiliser des acquis de façon articulée
Type de résolution principalement visée	Résolution par le groupe-classe et/ou en sous-groupes : le conflit socio-cognitif est prépondérant.	Résolution individuelle par l'élève (ou du moins contribution individuelle à une production collective) : la mobilisation (intra)cognitive est prépondérante.
Degré de guidage en cours d'activité	Guidage relativement fort	Guidage faible
Type de savoirs et savoir-faire mobilisés	Certains savoirs et savoir-faire sont nouveaux pour les élèves	Les savoirs et savoir-faire mobilisés sont acquis par les élèves
Quantité de savoirs et savoir-faire mobilisés	Savoirs et savoir-faire en nombre limité (de l'ordre de la durée d'une ou deux leçons)	Ensemble de savoirs et savoir-faire acquis (pendant plusieurs jours ou plusieurs semaines)
Nature de la production attendue	Production « martyr » qui sera exploitée(s) par la suite à des fins didactiques	Production finalisée
Fonction de la situation-problème	Situation-problème souvent construite à des fins pédagogiques, en fonction des savoirs et savoir-faire que l'on veut installer chez les élèves	Situation-problème souvent à caractère fonctionnel, se rapprochant d'une situation que l'on peut rencontrer dans la vie de tous les jours

1.5.6 *L'élève acteur de l'intégration*

Dans la mesure où on vise à ce que chaque élève puisse intégrer ses acquis, la part de la résolution individuelle est importante dans une situation « cible ». C'est notamment dans la possibilité de mobilisation individuelle des acquis de chaque élève que l'on peut déterminer si une situation peut être utilisée comme situation « cible ». Intégrer ne relève pas d'une activité de l'enseignant. Intégrer ne se fait pas à l'échelle d'une classe. **C'est chaque élève en particulier qui intègre**. Cela n'exclut pas certaines formes de travail collectif, coopératif, à certains moments, qui, pour certains élèves, peuvent mieux servir la visée d'intégration des acquis, mais l'important est de s'assurer que chaque élève — en particulier les plus faibles — aient une occasion significative de mobiliser leur réflexion.

Ce travail individuel est important en début de situation, lorsqu'il s'agit de débrouiller celle-ci. Une activité individuelle qui se limite à proposer à l'élève quelques exercices ou quelques prolongements à une activité qui s'est déroulée collectivement pour l'essentiel, est une activité d'un autre type : exercice, application, consolidation. Mais ce n'est pas de l'intégration des acquis. Dans une situation « cible », l'enjeu est d'amener chaque élève **à être acteur à part entière de la situation dès son lancement**.

Le choix d'une résolution individuelle est un choix de départ de l'enseignant, lorsqu'il prépare son support finalisé, c'est-à-dire lorsqu'il didactise la situation (voir en 1.2.2).

> - **Des situations comme la situation (13)** Porte-monnaie, **ou encore le** déroulement de l'étape 3 de la situation (29) Revue **sont des situations qui induisent au départ une résolution collective :** *« Le maître demande aux élèves de faire des remarques... »*, *« Les élèves lisent silencieusement les questions »* etc.
>
> - **D'autres situations, comme la situation (17)** Pharmacie, **la situation (5)** Orangina, **la situation (35)** Hygiène, **la situation (2)** Moustique, **la situation (36)** Clous, **la situation (7)** Appel d'offres, ..., **restent plus muettes sur le type d'exploitation : ce sont en général les situations dont le support est encore un support brut. Tout dépend de ce qu'en fait l'enseignant dans sa classe. Le fait que la consigne soit rédigée à la deuxième personne du singulier est une indication d'un souci de travail individuel de l'élève, mais il faut voir ce qu'en fait l'enseignant.**
>
> - **Des situations incitent assez clairement à un travail individuel. C'est le cas de la situation (12)** Châssis **(production différente pour chaque élève), la situation (23)** Ami **(choix entre deux supports à poser par l'élève), la situation (24)** Fête **(mise en page incitant au travail individuel), la situation (34)** Sida **(variante 2, dans laquelle l'élève doit écrire sa réponse sur l'ardoise), la situation (6)** Magnétoscope **(indication d'une différenciation selon les élèves), la variante de la situation (30)** Budget **(données propres à chaque élève), la situation (10)** Voiturette **(situation préparée pour l'évaluation).**

SITUATION 6	Magnétoscope

Discipline : langue (oral)	*Niveau* : 12 ans	*Provenance* : Burundi

Ta voisine Amélie vient d'acheter un magnétoscope, mais elle n'arrive pas à réaliser un enregistrement automatique.

En te servant de la notice ci-dessous, pose-lui des questions, et explique-lui ce qu'elle doit faire pour remédier à ce problème.

Symptômes	Causes	Conseils
Fonctionnement		
Pas d'alimentation électrique	Le câble de raccordement au secteur n'est pas branché.	...
	Il n'y a pas de courant à la prise.	...
Réception des chaînes TV		
La chaîne TV n'est pas visible sur l'écran.	Le câble de l'antenne n'est pas raccordé.	...
	Le canal vidéo n'est pas réglé correctement.	...
Enregistrement		
Enregistrement impossible	Une cassette vierge n'a pas été introduite dans le magnétoscope.	...
	La languette de protection anti-effacement de la cassette a été retirée.	...
L'enregistrement automatique n'est pas possible.	L'heure n'est pas réglée correctement.	...
	L'heure de début et de fin de l'enregistrement n'a pas été entrée correctement.	...
Lecture		
L'image n'est pas en couleur.	Les têtes vidéo sont encrassées.	...
	La cassette vidéo est vieille.	...
Télécommande		
La télécommande ne fonctionne pas.	La distance est trop importante (supérieure à 5 mètres).	...
	Les piles sont usées.	...
	Il y a un obstacle entre le magnétoscope et la télécommande.	...

N.B. Comme il s'agit d'une production orale, une panne différente peut être donnée à chaque élève pour éviter la reproduction.

La situation (6) Magnétoscope présentée ci-contre est un exemple de situation qui incite chaque élève à être acteur à part entière

De façon opérationnelle, on peut donc reconnaître une situation « cible » davantage à la place et à l'importance des moments de travail individuel de l'élève prévus qu'à son contenu.

6

1.6   En synthèse : situations et apprentissages

On peut proposer la synthèse suivante des différents types de situations.

Donnons-nous deux axes sur lesquels nous allons ranger les différents types de situations que l'on peut rencontrer :

- un axe «proportion de recherche individuelle dans une activité pédagogique » ; cet axe représente la proportion de temps passé à une recherche par chaque élève. Il ne prend pas en compte les exploitations collectives « socratiques », qui interpellent le groupe-classe, ni les temps d'exercices/applications. Il s'agit bien des moments où la mobilisation cognitive **strictement individuelle** est sollicitée aux moments-clés de l'activité.

- un axe « proportion de ressources (savoirs et savoir-faire) connues mises en jeu » dans l'activité concernée.

Si on ne tient compte que des activités d'enseignement-apprentissage contextualisées, on peut distinguer quatre quadrants qui représentent les situations suivantes (en ne faisant figurer que les situations extrêmes) :

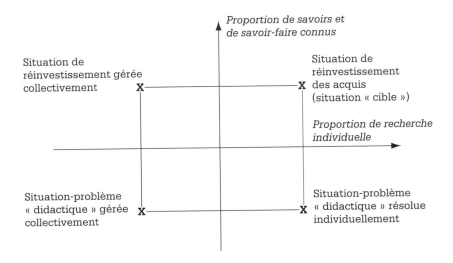

On peut étendre ce schéma à trois plans successifs, le plan présenté ci-dessus étant le plan intermédiaire :

- le plan des activités d'enseignement-apprentissage décontextualisées ;
- le plan des activités d'enseignement-apprentissage contextualisées ;
- le plan des activités d'enseignement-apprentissage en situation naturelle (voir en 1.2.1).

La schématisation de ces trois « plans » fait apparaître un troisième axe, qui est l'axe de la contextualisation des activités d'enseignement-apprentissage.

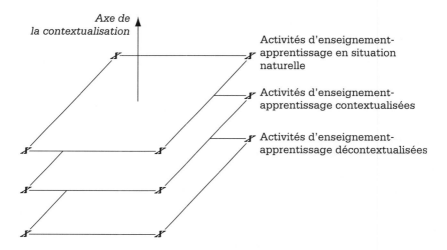

Le plan inférieur, celui des activités d'enseignement-apprentissage décontextualisées, fait apparaître les quatre quadrants suivants, dont seules sont représentées les activités des coins :

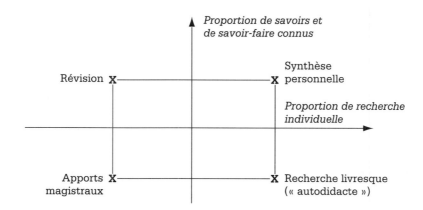

Les activités d'exercices et d'application se trouvent quelque part au milieu, dans la mesure où elles font appel à des savoirs et des savoir-faire en élaboration, plus à gauche ou plus à droite selon l'importance de la proportion de recherche individuelle.

Le plan supérieur, celui des activités d'enseignement-apprentissage en situation naturelle, comprend les quatre quadrants suivants :

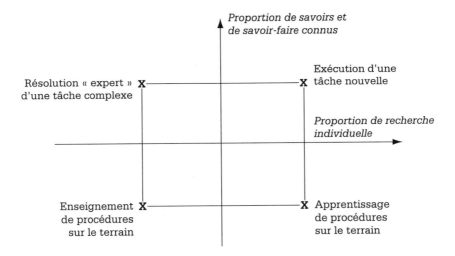

On se situe ici non plus dans le champ scolaire, mais dans le champ des activités quotidiennes et professionnelles, ce que Barbier (1998) appelle le champ de la professionnalisation. C'est le champ des compétences.

Dans chacun de ces trois plans, on trouve toujours dans le coin supérieur droit ce que l'on attend de chaque élève en termes de finalisation et d'évaluation.

Dans le coin supérieur gauche, il s'agit du travail de réinvestissement de l'expert (l'enseignant).

Dans le coin inférieur gauche, il s'agit des apports magistraux, c'est-à-dire des activités d'enseignement au sens strict.

Dans le coin inférieur droit, il s'agit des apprentissages au sens strict, menées individuellement, avec un minimum de guidage de la part de l'enseignant.

Revenons au plan des activités d'enseignement-apprentissage contextualisées (le plan intermédiaire), et détaillons le schéma qui s'y rapporte. On peut situer sur ce schéma différents types de situations évoquées en 1.1.5 :

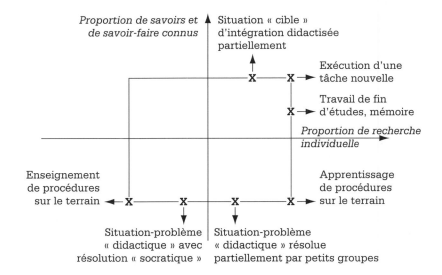

1. Du côté des situations-problèmes « didactiques »
   - Des situations-problèmes gérées par l'enseignant lui-même, de manière collective
   - Des situations-problèmes avec résolution collective « socratique », c'est-à-dire menées avec l'aide de quelques élèves à travers des questions-réponses
   - Des situations-problèmes résolues partiellement en petits groupes
   - Des situations-problèmes résolues individuellement par les élèves.

2. Du côté des situations « cibles »
   - Des situations « cibles » à fonction d'intégration, c'est-à-dire des situations « cibles » dans lesquelles l'élève apprend à intégrer des savoirs et des savoir-faire connus. Elles ne figurent pas à l'extrême droite dans le rectangle, parce qu'elles sont en partie didactisées, c'est-à-dire qu'elles comprennent en général des moments d'exploitation soit en petits groupes, soit collective.
   - Des situations « cibles » à fonction d'évaluation, c'est-à-dire des situations « cibles » destinées à évaluer les acquis de l'élève. Ces situations se situent à la pointe extrême dans la mesure où, dans ce type de situation, on n'introduit pas de nouveau savoir ou savoir-faire, et l'élève travaille individuellement.

- Des situations qui consistent en des travaux de fin d'études, des mémoires, dans lesquels l'activité de l'élève est individuelle, mais qui peuvent faire intervenir certains savoirs et savoir-faire non connus de l'élève.

A nouveau, seules les situations se situant sur le contour du rectangle ont été représentées. On pourrait également en faire apparaître et en commenter un certain nombre qui se situent à l'intérieur du rectangle.

Les zones qui représentent les situations-problèmes évoquées en 1.1.5 se situent donc aux endroits suivants sur le schéma :

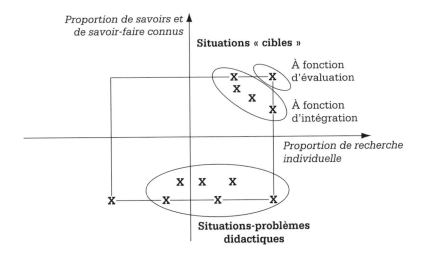

Chacune a sa fonction dans un processus d'enseignement-apprentissage.

Malgré l'intérêt qu'elle représente, nous ne développerons pas la notion de situation-problème didactique en elle-même, même si nous l'évoquerons régulièrement tant elle constitue une composante importante des apprentissages [14]. Les situations-problèmes dont il est question dans cet ouvrage sont en revanche les situations-problèmes exploitées dans leur fonction de « **cible** » (quadrant supérieur droit).

---

14. Les situations-problèmes didactiques ont par ailleurs fait l'objet de nombreuses publications, dans les différentes disciplines, comme dans une perspective interdisciplinaire. Nous pensons également aux disciplines dites « émergentes », à savoir l'éducation environnementale, l'éducation à la santé, l'éducation en matière de population etc.

2.   LES CONTOURS D'UNE SITUATION-CIBLE

2.1   Situation naturelle et situation construite

2.1.1   *Des situations reposant sur des besoins réels*

Une ambiguïté est à lever immédiatement lorsque l'on évoque des situations : parle-t-on d'une situation naturelle, qui repose sur un besoin réel, appelant une résolution effective, une production réelle, par l'apprenant ou par une autre personne, ou d'une situation construite et mise en œuvre dans un cadre scolaire ?

Les situations naturelles sont les situations qu'offre la vie quotidienne et professionnelle, dans toute sa diversité, comme les situations suivantes :

- écrire une lettre dans un but précis, et l'envoyer à son destinataire ;
- mettre sur pied une campagne de sensibilisation qui a effectivement lieu ;
- diagnostiquer et réparer une panne de voiture…
- coudre un vêtement demandé par quelqu'un, pour qu'il puisse le porter effectivement ;
- etc.

On reconnaît une situation naturelle au fait que le besoin existe indépendamment de l'apprentissage : le besoin n'est pas construit à des fins d'apprentissage (voir en 1.1.3). Je peux coudre une robe pour répondre à une commande préexistante. Tant mieux si mes objectifs pédagogiques rencontrent cette commande réelle. Je peux aussi créer un besoin de coudre une robe dans le cadre d'un apprentissage. Même si le produit (la robe) va servir réellement à quelqu'un, je ne réponds pas à un besoin réel. Dans la vie scolaire, il est difficile de trouver des situations qui répondent à un besoin réel. On s'en approche parfois dans des situations telles que la production d'une revue, ou l'organisation d'une fête, d'une excursion.

Aussi intéressantes soient les démarches associées à la résolution de ce type de situations dans le cadre d'un apprentissage, celles-ci présentent une dérive potentielle importante, traduite en particulier par l'évolution des pratiques de formation d'adultes en entreprise (Barbier, Berton, Boru, 1996) : celle de ne pas dissocier le processus de formation de celui de production, c'est-à-dire celle d'obliger à produire tout en apprenant, ce qui revient à limiter fortement le droit à l'erreur dans l'apprentissage.

De par leur nature, ces situations naturelles ne sont pas didactisées. Cela ne veut pas dire que celui qui les résout n'apprend pas — on apprend évidemment à tout âge — mais cela veut dire qu'elles ne sont pas organisées par un tiers à des fins d'apprentissage.

2.1.2 *Des situations de didactisation variable*

On peut reprendre les différents types de situations déjà rencontrées, et les situer les unes par rapport aux autres, des plus didactisées aux moins didactisées :

1. Situations-problèmes didactiques organisées pour des apprentissages nouveaux	2. Situations-cibles exploitées dans un cadre scolaire, pour apprendre à intégrer les acquis et pour évaluer les acquis	3. Situations-cibles naturelles

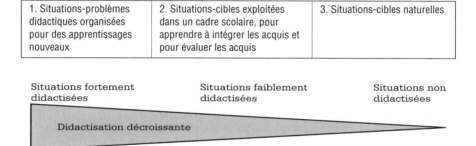

Situations fortement didactisées   Situations faiblement didactisées   Situations non didactisées

Didactisation décroissante

Dans l'enseignement technique et professionnel, il existe en général peu d'écart entre les deux dernières catégories, dans la mesure où on travaille sur des situations concrètes. Les situations répondant à un besoin réel y sont même souvent présentes dans la mesure où on travaille dans une optique de production (fabrication de meubles, réalisation d'habits, réparation de voitures,…). L'exemple ci-dessous, dans le cadre de la formation d'un(e) secrétaire, met en évidence la similitude qui existe entre la situation présentée aux élèves et une situation telle qu'elle pourrait se présenter dans la réalité.

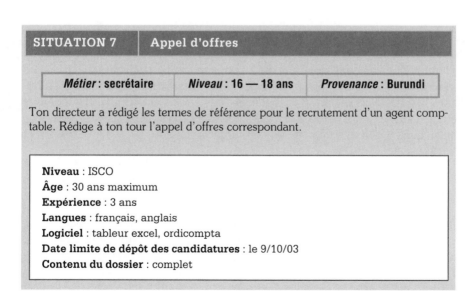

SITUATION 7	Appel d'offres

Métier : secrétaire	*Niveau* : 16 — 18 ans	*Provenance* : Burundi

Ton directeur a rédigé les termes de référence pour le recrutement d'un agent comptable. Rédige à ton tour l'appel d'offres correspondant.

Niveau : ISCO
Âge : 30 ans maximum
Expérience : 3 ans
Langues : français, anglais
Logiciel : tableur excel, ordicompta
Date limite de dépôt des candidatures : le 9/10/03
Contenu du dossier : complet

Dans l'enseignement général, cet écart est plus important. Il est lié au type de profil que l'on vise chez les élèves (voir le chapitre 3) : il varie d'un pays à l'autre, d'une région à l'autre, d'une école à l'autre, d'un contexte à l'autre, selon la place que l'on accorde aux apprentissages fonctionnels, ou au contraire à « l'apparemment inutile », comme l'esthétique, l'abstrait, la culture...

Une situation « cible » est donc une situation que l'apprenant est invité à résoudre dans un cadre scolaire, mais qu'il pourrait aussi être amené à résoudre dans un cadre non scolaire, tout comme n'importe quelle autre personne.

2.1.3   *Le choix d'une démarche de résolution*

Ce caractère faiblement didactisé des situations « cibles », dans lesquelles l'élève est invité à mobiliser ses acquis, est lié à un aspect important, sur le plan du processus de résolution. En effet, pour résoudre une situation « en vraie grandeur », la personne qui y est confrontée a toute liberté de choisir la démarche qu'elle veut : non pas la meilleure, mais celle qui *lui* apparaît comme la meilleure. En effet, dans la mesure où la compétence de résolution de problème est un exercice individuel, il est naturel de respecter la démarche choisie par l'élève.

Cela ne signifie pas que, en cours d'apprentissage, l'enseignant ne puisse pas amener l'élève à adopter une démarche plus efficace, plus rapide, plus fiable. C'est au contraire son rôle d'amener l'élève à s'arrêter et à réfléchir sur la démarche qu'il a choisie. Par contre, cantonner les élèves dans une démarche unique et stéréotypée contribue à leur enlever une ressource précieuse dans la résolution de la situation qu'est leur autonomie face à cette situation. Cette liberté de choix est à nuancer dans certains cas où, pour des raisons autres que des raisons pédagogiques — des raisons de sécurité, d'utilisation à mauvais escient d'un outillage, de gaspillage de matériaux coûteux etc. —, l'enseignant ne peut pas laisser avancer l'élève seul jusqu'à la fin. Plus qu'ailleurs, il doit alors garder un œil sur le processus.

Cette recherche d'autonomie n'empêche pas, bien au contraire, que l'enseignant puisse intervenir — de façon didactique cette fois — auprès des élèves qui n'arrivent pas à résoudre cette situation.

Dans toute résolution d'une situation par les élèves, l'enjeu pour l'enseignant est donc de garder à tout moment les deux yeux sur le processus, même si, consciemment, il doit accepter que l'élève tâtonne et s'égare pendant un moment.

2.1.4   *Situation naturelle et résolution réelle*

On peut pousser plus loin le questionnement : s'il s'agit d'une situation naturelle, est-ce l'élève qui la résout réellement, c'est-à-dire qui agit lui-même sur l'environnement ? Se contente-t-il au contraire d'en simuler la résolution, en proposant une production qui pourrait convenir, ou en émettant des suggestions de solutions à son propos ? Par exemple, s'il s'agit de diagnostiquer et de réparer une panne de voiture, on peut décider de confier effectivement la réparation à l'élève, ou se contenter de lui demander de décrire ce qu'il faudrait faire. C'est la question de *l'enjeu* (financier, et en termes de responsabilité) de la résolution, mais aussi de la *possibilité matérielle* de la résolution, quand par exemple l'ensemble des élèves d'une classe résolvent une situation sur laquelle un seul d'entre eux peut agir concrètement, ou un petit groupe d'entre eux, en se partageant les tâches, mais alors la résolution devient en partie collective.

S'il s'agit d'une situation construite, la résolution peut être réelle ou simulée. Une résolution réelle débouche sur un produit qui est effectivement utilisé à des fins fonctionnelles. Une résolution simulée, même si elle est vécue à part entière par l'élève qui en est l'acteur, est une résolution qui ne débouche pas sur une utilisation effective, à des fins fonctionnelles. Ce dernier cas représente la grande majorité des situations présentées aux élèves dans le cadre scolaire.

Ces considérations nous mènent à envisager essentiellement quatre possibilités à propos du caractère réel ou construit d'une situation.

	Résolution réelle	**Résolution simulée**
Situation naturelle	1. Situation naturelle vécue par l'élève Situation « en vraie grandeur »	2. Situation naturelle dont la résolution est simulée par l'élève
Situation construite	3. Situation construite vécue par l'élève	4. Situation construite dont la résolution est simulée par l'élève

Illustrons chaque case par un exemple :

	Résolution réelle	**Résolution simulée**
Situation naturelle	1. Coudre un vêtement pour quelqu'un en réponse à un besoin réel, à une commande réelle	2. Coudre un vêtement répondant à une commande réelle, mais à titre d'exercice, d'entraînement
Situation construite	3. Coudre un vêtement pour quelqu'un en réponse à un besoin créé à des fins d'apprentissage	4. Coudre un vêtement répondant à des caractéristiques déterminées en fonction d'une suite d'apprentissages

Toutes sont des situations d'intégration, mais la fonction de la situation n'est pas la même.

1. Le premier cas représente la situation *en vraie grandeur*, depuis son origine jusqu'à sa réalisation. Ce cas est assez rare dans un cadre scolaire. En effet, dans une suite d'apprentissages — en particulier dans une optique d'intégration —, les situations à présenter aux élèves doivent répondre à des caractéristiques précises : elles se rapportent à une progression pédagogique précise, et doivent répondre à des paramètres bien précis. Il est rare qu'une situation qui surgit naturellement présente justement les caractéristiques voulues, à moins d'une coïncidence. De plus il se pose souvent un problème pratique : une situation naturelle n'appelle souvent qu'un « résolveur » [15], c'est-à-dire un seul élève. Que faire alors avec le reste de la classe ?

   Ce premier cas est surtout représenté dans des formations professionnalisantes, à travers les situations de stage, dans lesquels l'apprenant prend une part active. Dans l'enseignement général, ce peut être aussi le cas dans certaines disciplines, comme l'éducation physique, les travaux manuels ou l'informatique.

2. Le deuxième cas représente les situations répondant à un besoin réel, qui surgit à un moment donné, mais que l'apprenant ne peut pas résoudre pratiquement, pour différentes raisons (mise en danger de la vie de quelqu'un, risque de gaspillage de matières premières, risque de détérioration d'un outillage ou d'un objet, problème de responsabilité etc.). Ce second cas couvre aussi les situations qui se sont présentées par le passé, et qui restent intéressantes à traiter, comme une étude de cas, bien que ce ne soit plus tout à fait la situation qui s'est posée initialement, puisqu'elle a été aménagée à des fins pédagogiques.

> Ces situations sont plus fréquentes que l'on ne le pense, car souvent les concepteurs de situations partent de supports relatifs à des situations qui se sont présentées par le passé : une petite annonce réellement trouvée dans un journal, comme dans la situation (37) Hôtel, un tableau de vaccination effectivement affiché dans un village, comme dans la situation (38) Vaccination, un appel d'offres pour la mise en couleur de bornes kilométriques, comme dans la situation (8) Borne kilométrique, ci-contre.

---

15. Ce n'est cependant pas le cas dans toutes les situations. La résolution de certaines d'entre elles repose sur la compétence collective d'un ensemble de personnes, comme des situations naturelles interdisciplinaires, qui font appel à des spécialistes de disciplines différentes.

SITUATION 8 | Borne kilométrique

Discipline : mathématiques | **Niveau** : 12 — 14 ans | **Provenance** : Tunisie

Le ministère de l'équipement a lancé un appel d'offres pour peindre les bornes kilométriques de la route Nabeul — Hammamet (15 km). Il reçoit les trois propositions suivantes.

	Main d'œuvre par borne	Matériel global	Main d'œuvre par mètre carré	Coût global
Proposition 1	10 DT	150 DT		
Proposition 2				300 DT
Proposition 3		150 DT	11 DT	

Une borne kilométrique a la forme suivante. Le ministère retient la proposition la moins coûteuse.

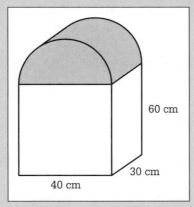

60 cm

30 cm

40 cm

Quelle est la proposition retenue ?

> Encore faut-il, pour que la situation soit qualifiée de naturelle, que l'objec-
> tif initial ne soit pas détourné, comme dans la situation (38) Vaccination,
> dont on exploite un support pour construire une situation scolaire qui n'a
> sans doute rien à voir avec la situation telle qu'elle s'était présentée réel-
> lement, ou dans les variantes de la situation (37) Hôtel, réaménagées à des
> fins didactiques, ou encore dans la situation (8) Borne kilométrique, dont
> les soumissionnaires ont probablement remis des offres plus complexes
> que celles qui figurent dans le tableau à double entrée.

3. Le troisième cas, celui d'une situation construite vécue par l'élève, est
   un cas que l'on rencontre souvent dans le cadre d'une pédagogie du
   projet, dans laquelle on tente de faire coïncider les objectifs pédagogiques aux impératifs de la vie de tous les jours, que ce soit la vie quotidienne ou une activité professionnelle ou pré-professionnelle.
   L'entrée principale reste l'entrée pédagogique, mais on privilégie des
   situations fonctionnelles, qui débouchent sur une production qui a du
   sens pour celui qui en est l'auteur et pour celui qui en est le bénéficiaire. On ne perd pas une occasion de construire des objets qui peuvent servir, ne fût-ce que de cadeau pour la fête des pères ou des
   mères, d'objet utilitaire pour un(e) ami(e), de contribution à une production collective, comme un article du journal scolaire, ou encore un
   morceau de mur « taggé » par chaque élève.

> Des exemples sont donnés par certaines situations de la banque de
> données : la situation (29) Revue si effectivement on publie la revue dans
> l'école, la situation (1) Papiers si on met effectivement l'affiche au fond du
> mur de la classe, la situation (12) Châssis, si le châssis va effectivement
> prendre place dans un bâtiment, la situation (23) Ami, si la lettre est adap-
> tée à un contexte donné, et si elle est effectivement envoyée, la situation
> (30) Budget si le budget est effectivement calculé pour une activité réelle,
> comme un voyage de classe.

4. Le quatrième cas, celui d'une situation construite dont la résolution est
   simulée par l'élève, est nettement le plus fréquent, parce que le plus
   réaliste dans le cadre scolaire, qui permet rarement que des situations
   soient vécues personnellement par les élèves, sauf cas exceptionnel.

Ces situations appellent une construction particulière : un contexte,
des données, une tâche à réaliser, une consigne qui soit clairement donnée
aux élèves. C'est tout le problème de la préparation de la situation, par
l'enseignant ou par des concepteurs spécialisés, dans le cadre de l'élaboration d'un curriculum, de la production de documents d'accompagnement
d'un curriculum, de manuels scolaires, ou encore de la confection d'épreuves
d'évaluation.

> On peut encore affiner le questionnement relatif à cette dernière catégorie.
>
> S'agit-il d'une situation qui ressemble à une situation naturelle, mais qui n'est pas vécue par l'élève, comme les situations (12) Châssis, (30) Budget, (38) Vaccination, (8) Borne kilométrique, (27) Garage, (37) Hôtel ?
>
> S'agit-il au contraire d'une situation entièrement construite, comme les situations (34) Sida, (10) Voiturette, (15) Hôpital, (28) Manuel, (4) Liberté, (3) Racisme ?

Précisons une fois encore que, si le fait de travailler avec des situations construites dans le cadre scolaire est une contrainte, ce n'est pas un obstacle insurmontable dans la mesure où, si l'école *prépare à* la vie, elle n'est toutefois *pas* la vie.

Les développements qui suivent ne concernent que les situations construites (catégories 3 et 4), celles pour lesquelles une mise en forme est nécessaire, à des fins pédagogiques, et pour lesquelles on a besoin de recourir à un « proposeur » de situations. Dans la mesure où les situations de la catégorie 2 sont aménagées à des fins pédagogiques, elles sont aussi concernées par les développements suivants.

2.2   Support et situation

Apportons encore quelques précisions sur la notion de support d'une situation, déjà abordé en 1.1.4, lorsque nous avons précisé ce que l'on entend par « situation-problème ».

Le **support** d'une situation représente l'ensemble des éléments matériels qui sont présentés à l'élève. Le support d'une situation, c'est ce qui figure dans un manuel, dans un fichier, dans un guide pédagogique, sur une feuille polycopiée. La situation, au sens plein du terme, c'est-à-dire au sens de la situation *contrat*, et de la situation *action* (voir en 1.1.4.3), c'est ce qui se vit — par chaque élève et dans le groupe-classe — à partir de ce support.

On peut distinguer deux formes de supports :

* un **support brut**, qui comprend l'énoncé de la situation, avec les illustrations, la consigne, mais indépendamment de ce que l'on veut en faire en classe, de la façon de l'exploiter ;

> Le support de la situation (8) Borne kilométrique, est un exemple de support brut : « *Une borne kilométrique a la forme suivante. Le ministère retient la proposition la moins coûteuse. Quelle est la proposition retenue ?* ». Il n'y a aucune allusion ni au résolveur (l'élève), ni aux conditions du travail, ni à la façon de travailler.
>
> Le support de la situation (27) Garage est un autre exemple de support brut.

- un **support finalisé**, « pédagogisé », qui est le support brut préparé à des fins pédagogiques, en fonction de ce que l'on veut en faire dans une suite d'apprentissages : une exploitation collective, une exploitation par petits groupes, une exploitation individuelle, une évaluation etc. Rappelons que c'est la situation, dans le sens où nous l'entendons dans le cadre de cet ouvrage.

> Comme ces supports finalisés constituent l'objet de la banque de situations, la plupart d'entre eux sont des supports finalisés. Ce caractère finalisé apparaît toutefois particulièrement dans les situations (9) Petit mot, (13) Porte-monnaie, (39) Robinet, (12) Châssis, (10) Voiturette ou de la variante 2 de la situation (40) Lait, où des indications d'exploitation sont clairement données.

Ce support finalisé est un support « prêt à l'emploi ». Selon la fonction pédagogique qu'on veut lui faire jouer, il peut comprendre différentes indications.

> Ce sont par exemple les indications suivantes :
> - l'énoncé de l'objectif pédagogique ou de la compétence visée, comme dans la situation (12) Châssis, où l'on précise que l'élève doit pouvoir « *concevoir, établir les métrés et devis et fabriquer un châssis de fenêtre* » ;
> - un titre qui précise la fonction pédagogique, comme dans la situation (12) Châssis, ou dans la variante 2 de la situation (40) Lait, dont le titre précise : « *Situation d'évaluation de...* » ;
> - des indications sur la démarche, des étapes intermédiaires à respecter pour arriver au produit, comme dans la situation (15) Hôpital, où on dit à l'élève : « *Observe. Complète maintenant par toi-même.* » ; c'est aussi le cas dans la situation (1) Papiers, où l'on dit à l'élève « *Tu peux t'aider de ces mots. Attention, il y a des intrus.* » ; ces étapes peuvent être une aide apportée à l'élève, pour réduire la complexité, ou au contraire une contrainte qui leur est imposée ; c'est le cas de la situation (37) Hôtel, où l'on dit à l'élève « *Dans cette lettre, tu dois en particulier te présenter, ainsi que ta famille* ».
> - des indications sur une décomposition d'une tâche complexe, soit en un ensemble de séquences didactiques comme dans la situation (29) Revue où l'on dit : « *On calcule l'ensemble des dépenses... (séquence 1) ; on analyse les résultats d'un petit sondage... (séquence 2) ; on estime le nombre d'exemplaires... (séquence 3) ; on calcule le prix de vente... (séquence 4)* », soit en un ensemble de questions comme dans les situations (2) Moustique, (22) Courant, (40) Lait, etc. ;
> - une mise en page qui invite l'élève à respecter un modèle de réponse, comme dans la situation (24) Fête ou dans la situation (15) Hôpital ;

- un ensemble de questions ou de consignes, comme dans la situation (40) Lait, ou la situation (39) Robinet, et pas seulement une question ou une consigne unique qui traduit le produit auquel on veut arriver ;

- des indications de durée de l'activité, comme dans la variante 2 de la situation (40) Lait ;

- des indications relatives à la façon dont la production de l'élève va être évaluée, comme dans la situation (10) Voiturette, où l'on fait apparaître les critères d'évaluation ;

- des indications d'exploitation pour l'enseignant, comme dans la situation (9) Petit mot, où l'on dit « *Regarde bien le plan ci-dessous. Écoute encore une fois et vérifie ta réponse...* », la situation (13) Porte-monnaie ; ces indications d'exploitation comprennent aussi des indications sur l'organisation de la classe : la réalisation se fait-elle collectivement, par petits groupes, individuellement ? Combine-t-on plusieurs de ces modes d'organisation ?

- les conditions de réalisation, et notamment les ressources à disposition de l'élève (dictionnaire, notes de cours, manuel de référence...), comme dans la situation (12) Châssis, où l'on précise « *L'apprenant(e) travaille dans l'atelier de menuiserie, dispose des outils et machine disponibles dans l'atelier, dispose du bois donné par le professeur, dispose du cahier des charges.* » ;

- une indication sur le corrigé, ou le type de productions attendues, comme dans la situation (2) Moustique, où l'on précise le type de réponses attendues : « *Exemples de propositions acceptées : on peut faire couler de l'huile dans les eaux stagnantes, on remplit les eaux stagnantes avec de l'eau, on introduit des animaux qui se nourrissent de larves...* » ;

- etc.

Certaines de ces indications s'adressent à l'enseignant, d'autres à l'élève.

Pour passer d'un support brut à un support finalisé, il y a donc une action à effectuer sur le support initial.

Qui élabore les supports ?

Différents cas peuvent se présenter :

- le support brut et le support finalisé sont tous deux préparés par un concepteur extérieur : c'est un peu le « prêt-à-porter » des situations ;

- le support brut est préparé par un concepteur extérieur et le support finalisé est préparé par l'utilisateur (l'enseignant) : ce serait du « demi-mesure » ;

- le support brut et le support finalisé sont tous deux préparés par l'utilisateur (l'enseignant) : c'est le « sur mesure » des situations.

3.   LA FONCTION PÉDAGOGIQUE D'UNE SITUATION-CIBLE

Essayons de cerner de plus près les différentes façons de mettre en forme les situations « cibles », selon la fonction pédagogique qu'elles sont amenées à assurer, c'est-à-dire selon le rôle qu'elles jouent au sein d'une suite d'apprentissages.

3.1   Des situations « cibles » pour apprendre à intégrer et pour évaluer

3.1.1   *Deux fonctions différentes pour les situations « cibles »*

Une même situation « cible » peut jouer des fonctions différentes, selon qu'on l'utilise pour apprendre à l'élève à intégrer ses acquis au terme d'un certain nombre d'apprentissages, ou pour évaluer ses acquis. Ces fonctions ne sont pas nécessairement distinctes : elles peuvent être exercées à partir d'un même support brut de départ. Ce qui peut varier, c'est le support finalisé, c'est-à-dire la mise en forme telle qu'elle apparaît à l'élève.

A. Fonction d'apprentissage à intégrer les acquis

Dans le premier cas, le situation « cible » est proposée à l'élève au terme d'un certain nombre d'apprentissages, pour lui apprendre à intégrer ses acquis. L'élève a le droit à l'erreur. On est dans un processus didactique d'intégration.

> Les situations (13) Porte-monnaie, (9) Petit mot **sont des exemples de telles situations, mises en forme pour être exploitées à des fins d'apprentissage de l'intégration.**
>
> **La situation** (9) Petit mot **est présentée ci-contre.**

On se situe entièrement dans un processus didactique : ce n'est pas parce que l'on travaille sur des situations « cibles » que l'on est dans une optique d'évaluation. Au contraire, des séquences didactiques qui apprennent aux élèves à intégrer sont nécessaires, parce que, pour la plupart d'entre eux, articuler leurs acquis dans une situation n'est pas une démarche naturelle : un apprentissage est nécessaire. Un excellent apprentissage en ce sens, c'est de les inviter à résoudre progressivement des situations « cibles » complexes.

Cette caractéristique distingue de manière fondamentale l'approche par l'intégration de la pédagogie par objectifs : on ne se contente pas de réaliser des apprentissages ponctuels correspondant à des objectifs spécifiques, mais on se préoccupe d'amener les élèves à intégrer ceux-ci, à les réinvestir.

SITUATION 9	Petit mot

Discipline : langue	*Niveau* : 10 ans	*Provenance* : Mauritanie [1]

Compétence visée : Etant donné une série d'événements de la vie quotidienne racontée oralement ou par écrit, l'élève sera capable de compléter, par oral ou par écrit, des messages courts en cohérence avec les éléments de la situation

Sidi rentre de l'école et trouve sur la table un petit mot de sa maman.

9

1. EXPRESSION ÉCRITE

Lis le petit mot de Maman. *Le maître laisse aux élèves le temps de lire le petit mot.*

> Sidi,
>
> Va chercher de l'eau.
>
> Puis allume le feu.
>
> Puis ……………………………
>
> ……………………………………
>
> À ce soir !
>
> Maman

Recopie le petit mot de maman dans ton cahier et complète-le.

2. COMPRÉHENSION ORALE

Sidi a fini son travail. Le téléphone sonne : c'est son nouvel ami Mohamed qui l'invite. Sidi ne sait pas où habite Mohamed. Celui-ci explique le chemin.

1. **Regarde bien le plan ci-dessous.** *Le maître montre l'école, les boutiques, les maisons (A, B, C, D, E)*
2. **Écoute bien le dialogue entre Sidi et Mohamed.** *Le maître/maîtresse lit 2 fois le dialogue de la page suivante. Sur le plan, les élèves suivent avec leur doigt le chemin.*
3. **Écris dans ton cahier la lettre qui correspond à la maison de Mohamed.**
4. **Écoute encore une fois et vérifie ta réponse.** *Le maître/maîtresse relit le dialogue.*

---

1. Institut Pédagogique National (2001). *De la dune au fleuve*, Méthode de français, 4e année fondamental, Nouakchott, Mauritanie

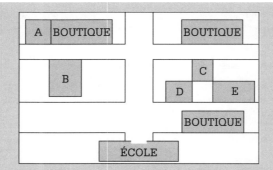

3. EXPRESSION ORALE

C'est le soir. Sidi rentre à la maison. Sa maman l'interroge : chez qui est-il allé ? Qu'est-ce qu'il a fait ? ...

Prépare le dialogue avec un camarade et joue-le devant le maître/la maîtresse.

4. EXPRESSION ÉCRITE

Sidi a bien joué chez Mohamed. Le soir, il écrit à son ami Moktar qui est parti. Il lui parle de son nouvel ami Mohamed et de sa maison.

Recopie la lettre de Sidi dans ton cahier et complète-la.

Sélibaby, le 15 avril 2001

Cher Moktar

Ça va ? Moi, ça va bien.
Aujourd'hui, je suis allé chez mon nouvel ami Mohamed.
Sa maison se trouve ....
Elle est ....
Dans la maison, il y a...
....
Nous avons bien joué.
À bientôt !

                                        Ton ami, Sidi

---

5. TEXTE DE COMPRÉHENSION ORALE

- Bonjour, Sidi ! Tu viens jouer chez moi ?
- Oui, Mohamed, mais je ne connais pas ta maison.
- C'est facile. Écoute ! Pars de l'école, va tout droit, puis prends la deuxième à gauche. Ma maison est à côté de la boutique.
- D'accord, j'arrive !

C'est en cela que l'intégration permet à tous les élèves l'occasion de progresser, **mais plus particulièrement les élèves les plus faibles**. En effet, les écarts entre élèves forts et élèves faibles sont notamment dus au fait que les plus forts sont capables d'intégrer spontanément : ils n'ont pas besoin d'un apprentissage spécifique pour réinvestir leurs acquis. Développer des situations d'intégration profite aux plus forts dans la mesure où elles constituent des occasions d'entraînement, mais encore davantage aux plus faibles dans la mesure où elles constituent pour eux un véritable apprentissage. C'est un apprentissage qu'ils ont rarement l'occasion de faire tant est fortement ancrée l'idée selon laquelle la seule aide pour les plus faibles est de simplifier les apprentissages. C'est certes vrai à certains moments, **mais ils ont autant besoin de revenir ensuite à des moments d'apprentissage de la complexité**.

10

B. Fonction d'évaluation

Dans le deuxième cas, on lui propose une situation « cible » pour évaluer s'il est compétent, soit à des fins formatives, pour déceler ses lacunes, soit à des fins certificatives, pour acter sa compétence à résoudre une certaine catégorie de situations. La résolution est individuelle.

> Les situations (10) Voiturette, (12) Châssis, (40) Lait **(variante 2)** sont des exemples de telles situations, mises en forme pour être exploitées à des fins d'évaluation des acquis des élèves.
>
> La situation (10) Voiturette **est présentée ci-dessous.**

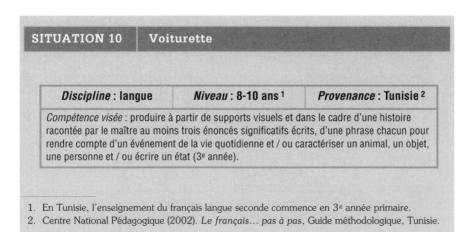

SITUATION 10	Voiturette

Discipline : langue	*Niveau* : 8-10 ans [1]	*Provenance* : Tunisie [2]

Compétence visée : produire à partir de supports visuels et dans le cadre d'une histoire racontée par le maître au moins trois énoncés significatifs écrits, d'une phrase chacun pour rendre compte d'un événement de la vie quotidienne et / ou caractériser un animal, un objet, une personne et / ou écrire un état (3e année).

---

1. En Tunisie, l'enseignement du français langue seconde commence en 3e année primaire.
2. Centre National Pédagogique (2002). *Le français... pas à pas*, Guide méthodologique, Tunisie.

Classe .... Ecole .... DRE	Evaluation des acquis au terme des modules 13 et 14 3e année	Nom .... Prénom ....

1 - Je regarde le dessin. J'écris une phrase.

....

....

....

....

C1　C2　C3　C4

(...) 5 - Je regarde le dessin. J'écris une phrase.

....

....

....

....

C1　C2　C3　C4

6 - Je regarde le dessin. J'écris une phrase.

....

....

....

....

C1　C2　C3　C4

Total des critères minimaux

C1　C2　C3　C4

Critères de perfectionnement
(à apprécier globalement)

C6　C7

Dans les deux cas (fonction d'intégration et fonction d'évaluation), on présente à l'élève des situations nouvelles pour lui, c'est-à-dire des situations qu'il n'a jamais rencontrées, pour éviter qu'il ne se contente de reproduire quelque chose qu'il a déjà résolu, ou vu résoudre. Le schéma suivant synthétise ces éléments.

On peut aussi utiliser une situation « cible » pour orienter l'élève, en début d'année : il s'agit de son utilisation à des fins diagnostiques. C'est le cas lorsqu'on commence l'année scolaire en pro-posant aux élèves une situation complexe afin de vérifier si les prérequis sont des « pré-acquis ». C'est aussi le cas où, en fin d'année, on cherche à savoir dans quelle section orienter l'élève. La situation-cible peut dès lors être mise au service des trois fonctions de base de l'évaluation (De Ketele & Roegiers, 1993), à savoir les fonctions d'orientation, de régulation et de certification.

3.1.2 *Situation pour l'intégration et pour l'évaluation : à la fois identiques et différentes*

Sur le plan de la conception de la situation, il n'y a pas de différence entre une situation préparée pour intégrer et une situation préparée pour évaluer. C'est le même support brut qui peut être exploité à des fins d'apprentissage à l'intégration, ou à des fins d'évaluation (voir en 1.1.5). Ce qui les distingue, c'est leur fonction pédagogique : la première fait partie intégrante des apprentissages, c'est-à-dire qu'elle vient couronner un ensemble d'apprentissages ponctuels, tandis que la seconde est destinée à faire le point sur les acquis des élèves. La différence se marque donc seulement à partir du moment où on prépare le support finalisé de la situation, c'est-à-dire sa mise en forme pour l'exploitation pédagogique.

1. Une situation-cible qui vise l'intégration peut être relativement didactisée, c'est-à-dire présentée de façon à être exploitée au sein d'un groupe-classe. Cela signifie que, même si l'on vise à ce que, à terme,

ce soit l'élève qui résolve tout seul cette situation, on peut prévoir des moments de travail en petits groupes, voire en grand groupe, pour faire jouer les interactions, dans le sens du socio-constructivisme. Comme on est encore dans un processus didactique, même s'il n'y a plus d'apports ponctuels nouveaux, il y a encore une certaine didactisation de la situation : ce n'est pas l'enseignant qui donne aux élève le support, et qui leur dit « débrouillez-vous seuls ». C'est plutôt l'enseignant qui va laisser certains se débrouiller seuls, qui va aider d'autres à démarrer, qui va prévoir des moments de travail en petits groupes, des moments de mise en commun, qui peut même favoriser le travail coopératif — la socialisation à l'école reste une visée fondamentale, à tout âge —, mais en gardant en tête qu'il s'agit de rendre chaque élève capable d'agir seul. Quand ce n'est pas nécessaire, autant éviter de didactiser à outrance : plus la situation à visée d'intégration se rapprochera des conditions de la situation à visée d'évaluation, meilleure sera la préparation de l'élève à l'évaluation.

Cette didactisation de la situation peut, selon les cas, s'exprimer de différentes façons (voir en 1.2.2) :

- se subdiviser en plusieurs séquences d'apprentissage, comme le montre la situation (29) Revue, chaque séquence ayant néanmoins une fonction d'intégration ;
- comprendre des phases de travaux de groupe ;
- faire l'objet de mises en commun, pour que l'ensemble des élèves puissent identifier différentes façons de résoudre la situation ;
- etc.

2. Il en va différemment d'une situation préparée pour l'évaluation. Sur le plan de la mise en forme, celle-ci peut comprendre des éléments spécifiques à un test d'évaluation, comme par exemple :

- un titre rappelant la compétence visée ;
- le temps dont dispose l'élève ;
- le matériel dont il peut disposer ;
- un tableau des critères relatifs à chaque question etc.

> La situation (10) Voiturette et la variante 2 de la situation (40) Lait sont des exemples de situations préparées pour l'évaluation. Dans cette dernière, on le reconnaît notamment au titre « *Situation d'évaluation de la compétence...* », à l'indication de temps « *Tu disposes de 45 minutes...* », au tableau des critères en fin de situation.

Utilisée à des fins certificatives, elle est très peu didactisée, dans la mesure où elle est présentée à l'élève à l'état brut, et c'est à celui-ci de se débrouiller. Utilisée à des fins formatives, elle est relativement didactisée, dans la mesure où sa correction, sa co-évaluation, sa méta-analyse sont réellement mises en œuvre dans le cadre de la classe. En réalité, il y a donc assez peu de différence entre une situation préparée à des fins d'intégration, et une situation préparée à des fins d'évaluation formative, si ce n'est tout le travail sur les critères de correction et les indicateurs.

En tout état de cause, qu'elles visent la fonction d'intégration ou d'évaluation, les situations comportent le même support de départ (le support brut), mais leur mise en forme peut être légèrement différente. Parfois même, dans la présentation d'une situation, on ne peut pas faire la différence entre les deux.

> **C'est par exemple le cas des situations** (37) Hôtel, (3) Racisme, (23) Ami, (24) Fête... qui peuvent être utilisées pour la fonction d'apprentissage de l'intégration comme pour la fonction d'évaluation.

Bien entendu, **on peut choisir de ne pas séparer les deux fonctions**, et d'exploiter une situation à des fins d'intégration et à des fins d'évaluation formative, en s'aidant de critères etc. Les deux fonctions (apprentissage de l'intégration et évaluation) sont alors toutes deux présentes, mais à propos d'une seule et même situation.

Il faut donc voir les fonctions d'intégration, d'évaluation formative et d'évaluation certificative dans un continuum, comme en témoigne ce schéma amorcé en 1.2.1.2 :

1. Situations-problèmes didactiques organisées pour des apprentissages nouveaux	2. Situations-cibles rencontrées dans un cadre scolaire, pour apprendre à intégrer les acquis et pour évaluer les acquis			3. Situations-cibles naturelles
	2a. Fonction d'intégration	2b. Fonction d'évaluation formative ou d'orientation	2c. Fonction d'évaluation certificative	

Situations fortement didactisées   Situations moyennement didactisées   Situations faiblement didactisées   Situations non didactisées

Didactisation décroissante

3.2   Les situations « cibles » comme témoins de compétences acquises

Les développements précédents montrent en quoi la notion de situation « cible » est abordée **dans sa fonction d'intégration et d'évaluation des acquis**. Il s'agit d'une situation que l'élève est invité à appréhender, seul ou avec d'autres, pour réinvestir des savoirs et savoir-faire, dans une optique de **développement de compétences**. La façon dont chaque élève fait face à la situation constitue le témoin de l'acquisition de ces compétences par lui.

Nous entendons le terme « **compétence** » dans le sens suivant (Roegiers, 2000) : la possibilité, pour un individu, de mobiliser de manière intériorisée un ensemble intégré de ressources (1) en vue de résoudre toute situation issue d'une famille donnée de situations (2).

Avant de préciser ce que signifient les termes *ressources* (1) et *famille de situations* (2), donnons deux exemples de compétences.

EXEMPLES DE COMPÉTENCES

- Résoudre une situation qui met en jeu des additions et des soustractions de nombres de 0 à 1000 (soustractions sans emprunt, et additions avec ou sans report).

- À partir d'une situation vécue ou d'un dessin qui met en évidence différents problèmes de pollution de l'eau, de l'air ainsi que de pollution par le bruit, l'élève devra proposer des solutions appropriées aux différents problèmes qu'il aura identifiés au préalable.

(1) Le terme « ressources » a été introduit par Le Boterf (1995). Il désigne l'ensemble des savoirs, des savoir-faire, des savoir-être, des savoirs d'expérience, que l'apprenant mobilise pour résoudre une situation. Les ressources dépendent de la situation posée, mais sont aussi relatives au processus cognitif de l'élève : celles qu'un élève va mobiliser pour résoudre une situation problème ne sont pas nécessairement les mêmes que celles que mobiliserait un autre élève, et elles ne sont pas mobilisées dans le même ordre. Au-delà des savoirs, des savoir-faire, il y a donc un « savoir-mobiliser » qui doit être acquis par l'élève.

(2) Quant à la notion de famille de situations, nous y reviendrons en 2.3.2.

Dans une optique d'intégration des acquis, il est intéressant de limiter le nombre de compétences : on peut en général considérer que 2 ou 3 compétences par année et par discipline constituent un point de repère intéressant [16].

---

16. ROEGIERS, X. (2000). *Une pédagogie de l'intégration*. Paris-Bruxelles : De Boeck Université.

Toute situation liée à une compétence est une occasion d'exercer la compétence. La notion de situation « cible » prend donc tout son sens dans l'approche par les compétences, puisque, tant pour exercer la compétence que pour l'évaluer, il est incontournable de passer par des situations à résoudre au niveau même de l'élève. C'est donc tout naturellement que nous associerons dès lors une situation « cible » donnée à une compétence, dont elle est le reflet.

3.3   Des modèles d'apprentissage sous-jacents

Précisons à ce stade le modèle d'apprentissage sous-jacent à cette conception des différents types de situations. Ce modèle est celui selon lequel l'apprentissage est une succession d'apprentissages ponctuels, d'exploitation de situations d'intégration, et de situations d'évaluation.

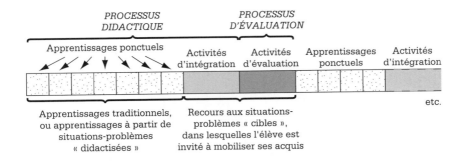

EXEMPLES

- C'est le cas d'apprentissages en langue maternelle, dans lesquels on apporte d'abord certains savoirs et savoir-faire de type grammatical, orthographique, lexical... avant que ces derniers ne fassent l'objet de productions complexes orales ou écrites de la part de l'élève (situations « cibles »).

- C'est le cas d'apprentissages en cuisine (hôtellerie), dans lesquels on apprend d'abord à cuisiner des plats séparés : avocat crevettes, ananas flambé, sauce béchamel... avant d'apprendre à préparer un menu — entrée, plat principal, dessert — (situation d'intégration) pour des convives en fonction d'ingrédients à sa disposition, et d'un budget donné.

- Ce peut être le cas d'apprentissages en mathématiques, lorsque l'élève apprend d'abord des savoirs et des techniques, et qu'il est ensuite invité à mobiliser ceux-ci dans des problèmes complexes.

Notons que ce modèle ne présume pas de la façon dont sont menés les apprentissages ponctuels, que ce soit des apprentissages de concepts, de principes, de lois, de règles, de gestes, d'attitudes (voir par exemple Rieunier, 2002) : de façon traditionnelle, selon une pédagogie du projet, selon la méthode de résolution de problèmes, à travers des situations-problèmes « didactiques », etc. Une fois de plus, on voit que les situations « cibles » ne s'opposent pas aux situations-problèmes didactiques, mais elles leur sont complémentaires.

Ce modèle présente cependant plusieurs variantes, qui traduisent des pratiques pédagogiques propres à la personnalité de l'enseignant, à la culture de l'école, au niveau d'enseignement et/ou à la discipline dans laquelle on se situe :

- Les phases d'intégration ne sont pas distinctes des phases d'évaluation formative.

etc.

- L'intégration se fait de façon progressive, après quelques apprentissages ponctuels.

etc.

Ce peut être le cas d'un travail par paliers d'une compétence (voir en 2.3.4), lorsque par exemple une compétence se travaille pendant toute une année, et que, à 3 ou 4 occasions intermédiaires, on présente à l'élève des situations d'intégration, qui représentent non pas la compétence totale, mais des paliers de cette compétence.

Mais ce peut être aussi le cas de l'enseignant qui, toutes les semaines, ou toutes les deux semaines, exploite avec ses élèves une petite activité qui intègre les derniers savoirs et savoir-faire acquis.

- L'ensemble des apprentissages se fait de façon tout à fait intégrative, avec quelques « poches » d'apprentissages ponctuels.

etc.

C'est le cas du travail par projets successifs, dans le cadre d'une pédagogie du projet.

C'est souvent le cas de certains apprentissages dans l'enseignement technique et professionnel, dans lesquels les élèves sont continuellement soumis à la fabrication d'objets (parfois même un seul objet en une année, comme en ébénisterie). Au cours de ces activités de fabrication, il y a des apprentissages ponctuels, qui à certains moments sont formalisés, comme dans le cas du maçon qui enrichit ses techniques tout en réalisant une construction élaborée.

C'est également souvent le cas dans les disciplines artistiques, comme l'élève en stylisme de mode qui affine ses techniques de dessin ou de couture tout en réalisant des vêtements élaborés, ou encore le musicien qui affine ses accords tout en jouant des morceaux complexes.

C'est enfin le cas dans les pratiques qui privilégient l'interdisciplinarité, qui s'articule souvent autour d'un « projet pédagogique fédérateur et intégrateur » (Maingain, Dufour, Fourez, 2002).

Les apprentissages ponctuels peuvent également se développer en dehors du projet, selon le schéma suivant, où le projet s'arrête provisoirement pour asseoir certains nouveaux acquis.

etc.

En effet, pour garantir une bonne fixation des savoirs et des savoir-faire, une phase de décontextualisation est utile : c'est elle qui permet le réinvestissement de l'acquis dans une autre situation, un autre contexte.

Une situation visant à intégrer les acquis peut donc être proposée même si les élèves ne possèdent pas l'ensemble des acquis, mais il faut alors que les règles du jeu soient claires, c'est-à-dire que les élèves aient le droit à l'erreur dans la réalisation de l'activité d'intégration. Cela demande un contrat didactique clair entre l'enseignant et ses élèves.

- Parfois même, il n'y a pas de séquences d'évaluation distinctes des activités d'intégration.

etc.

- Il y a un moment d'intégration important en fin d'année, ou en fin de cycle. C'est le cas d'une formation universitaire, avec un mémoire, ou un travail de fin d'études. La certification est liée à l'intégration.

etc.

Chapitre 2

Les situations « cibles » à la loupe

Ce chapitre a pour fonction de développer différents aspects liés aux situations « cibles », pour faciliter leur exploitation pédagogique, que ce soit pour le concepteur qui conçoit le support d'une situation, ou pour l'utilisateur qui sélectionne une situation à des fins pédagogiques.

Il abordera successivement :

- les constituants d'une situation-problème ;
- la notion de complexité d'une situation ;
- la notion d'équivalence de situations, et les familles de situations ;
- le caractère significatif d'une situation.

1. LES CONSTITUANTS D'UNE SITUATION

1.1 De quels constituants parle-t-on ?

Une situation est essentiellement composée de deux constituants : un support et une consigne.

1.1.1 *Le support*

Nous avons vu en 1.2.2 que le **support** est l'ensemble des éléments matériels qui sont présentés à l'apprenant : texte écrit, illustrations, photo... C'est un ensemble contextualisé d'éléments, avec une fonction déterminée. Il est défini par trois éléments :

- *un contexte*, qui décrit l'environnement dans lequel on se situe ;
- *de l'information* sur la base de laquelle l'apprenant va agir ; selon les cas, l'information peut être complète ou lacunaire, pertinente ou parasite ;
- *une fonction*, qui évoque le but dans lequel la production est réalisée.

Il s'agit du *support brut* (voir en 1.2.2).

1.1.2 *La consigne*

La **consigne** est l'ensemble des instructions de travail qui sont données à l'apprenant de façon explicite, à partir du support donné (contexte, information, fonction). Elle traduit l'intention pédagogique visée à travers l'exploitation de la situation.

EXEMPLE 1 (SITUATION (4) LIBERTÉ)

Vous êtes journalise. Le quotidien pour lequel vous travaillez a entrepris de publier une série d'articles autour du thême « États-Unis, terre de libertés ? »	Contexte
Vous êtes chargé de rédiger un article historique consacré à la période qui va de la fin du XVIIIe siècle à la fin du XIXe siècle. Dans ce cadre, vous avez l'intention d'interviewer un grand historien américain.	Fonction
Soucieux de bien préparer votre entrevue, vous avez rassemblé quelques documents pertinents sur l'histoire de cette période.	Contexte
1. Formulez cinq questions que l'analyse et la confrontation de ce documents vous posent et organisez-les logiquement de manière à préparer au mieux votre entretien. Les questions qui seront posées effectivement à l'historien seront construites sur la base de ce premier questionnaire. 2. N'oubliez pas de faire intervenir un concept vu en classe (colonisation, crise / croissance, migration, ...).	Consigne
Document 1 **Document 2** **Document 3** **Document 4** **Document 5**	**Information**

EXEMPLE 2 (SITUATION (6) MAGNÉTOSCOPE)

Ta voisine Amélie vient d'acheter un magnétoscope,	Contexte
mais elle n'arrive pas à réaliser un enregistrement automatique.	Fonction
En te servant de la notice ci-dessous, pose-lui des questions et explique-lui ce qu'elle doit faire pour remédier à ce problème.	Consigne

Symptômes	Causes	Conseils	Information
Fonctionnement			
Pas d'alimentation électrique.	Le câble de raccordement au secteur n'est pas branché.		
	Il n'y a pas de courant à la prise		

Dans certains cas, une consigne est remplacée par une question. En 2.1.6.2, nous évoquerons l'intérêt mais surtout les inconvénients de remplacer une consigne par une question.

La consigne fait partie du *support finalisé* [17], qui est le support brut mis en forme pour une exploitation pédagogique précise, dans le cadre d'une suite d'apprentissages.

Support brut	Consigne de travail	Mise en forme
Support finalisé = situation		

De même qu'on distingue le support brut du support finalisé, on peut distinguer les consignes « brutes », à savoir les consignes pour l'acteur de la situation (l'élève) et les consignes pour l'exploitation pédagogique, à savoir les consignes pour l'enseignant.

1.1.3 *La consigne comme la traduction d'une tâche*

Une consigne n'est rien d'autre que la traduction d'une tâche demandée à l'élève. Cette tâche est l'activité de l'élève proprement dite. Elle peut prendre de multiples formes :

- rédiger un texte ;
- réaliser un scénario ;
- trouver la solution à un problème ;
- émettre des propositions ;

---

17. Appelé conventionnellement « situation », dans le cadre de cet ouvrage (voir en 1.5.5).

- réaliser une œuvre originale ;

- etc.

En 2.1.5, nous détaillerons de façon plus exhaustive l'ensemble des tâches possibles.

EXEMPLES

- Dans la situation (4) Liberté, la tâche est de « préparer un ensemble de questions pertinentes en se basant sur des documents inédits ».

- Dans la situation (6) Magnétoscope, la tâche est de « poser des questions en vue d'identifier la cause d'une panne et de formuler des recommandations pertinentes ».

La consigne précise la tâche, elle colore la tâche, elle la limite, elle précise les caractéristiques du produit attendu.

1.1.4 *Le caractère plus ou moins explicite des différents constituants*

Selon les situations, ces différents constituants apparaissent de façon plus ou moins explicite.

Voici quelques exemples qui illustrent ce caractère plus ou moins explicite :

- Le contexte est présent explicitement, mais de façon diffuse, à travers l'ensemble des éléments de la situation.

> C'est le cas de la situation (20) Dévaluation, où le contexte est donné par la première phrase : « *Bizimana tient une boutique de produits divers.* », mais aussi par la phrase « *il apprend qu'une dévaluation... ».*

Souvent, il est cependant décrit dans un texte introductif, une illustration qui plante le décor.

> C'est par exemple le cas de la situation (6) Magnétoscope, où le contexte est donné par la première phrase « *Ta voisine Amélie vient d'acheter un magnétoscope.* » C'est aussi le cas des situations (4) Liberté, (9) Petit mot ou (27) Garage.

- L'information est en général présente dans la situation, mais il peut arriver que l'élève soit invité à rechercher lui-même les informations pertinentes pour résoudre la situation.

C'est le cas de la situation (30) Budget **(version de base)**, où l'on dit **« établir un budget de vacances (hébergement — nourriture — loisirs — transports) pour 15 jours. Prévoir les devises à emporter. »**, sans donner ni le budget, ni la proportion de chaque poste.

- La fonction est souvent implicite, mais elle peut apparaître de façon explicite.

C'est le cas de la situation (40) Lait **(variante 2)** « *Malheureusement, c'est un déchet particulièrement difficile à recycler* », dans la situation (4) Liberté « *Vous êtes chargé de rédiger un article...* », dans la situation (6) Magnétoscope « *Elle n'arrive pas à réaliser un enregistrement automatique* », etc. ; c'est également le cas de la situation (11) Rentrée scolaire « *Y a-t-il assez pour les 5 enfants ?* » (fonction de vérifier que chacun ait son dû). Cette situation est présentée ci-dessous.

11

SITUATION 11	Rentrée scolaire

Discipline : mathématiques	*Niveau* : 6 ans	*Provenance* : Bénin

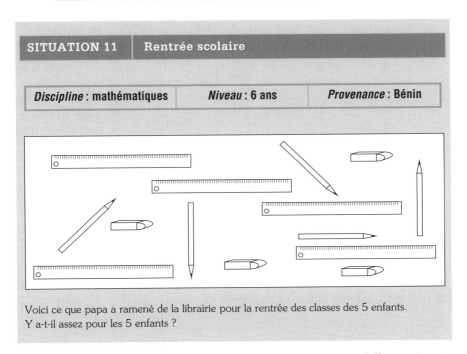

Voici ce que papa a ramené de la librairie pour la rentrée des classes des 5 enfants.
Y a-t-il assez pour les 5 enfants ?

La tâche est souvent cachée dans la consigne, puisqu'elle représente l'activité que l'élève doit exécuter ; elle apparaît au moment de la réalisation : c'est ce que fait l'élève quand il résout la situation.

La consigne est en général explicite, mais elle peut dans certains cas être implicite, parce qu'elle s'impose d'elle-même.

> Par exemple, dans le cas de la situation (8) Borne kilométrique, la consigne « *Quelle est la proposition retenue ?* » n'est pas absolument nécessaire. On peut même s'abstenir de consigne, quand on veut la faire rechercher par l'élève. C'est le cas de la situation (13) Porte-monnaie, qui ne comprend pas de question, puisqu'elle se limite à l'énoncé suivant : « *Hamila part au marché avec 3500 UM dans son porte-monnaie. Elle dépense 1560 UM pour la viande, 735 UM pour le riz et les légumes et 120 UM pour le pain.* »

Rappelons que détailler ces constituants n'a du sens que dans une situation construite (voir en 1.2.1). En effet, dans une situation naturelle, ces éléments découlent naturellement de la situation telle qu'elle se présente :

- la fonction est une fonction opérationnelle, puisqu'on cherche à résoudre un problème qui se pose concrètement ;
- celui qui résout la situation connaît bien le contexte puisqu'il est plongé dedans ;
- les informations découlent de l'analyse de la situation sur le terrain ;
- la tâche est donnée par le type de solution à émettre ;
- quant à la consigne, qui traduit ce qu'il faut faire, elle est même inexistante dans une situation naturelle, puisque qu'aucune traduction de ce qu'il faut faire n'est nécessaire, et qu'il n'y a d'ailleurs pas de « proposeur » de situation. Une fois encore, la situation s'impose d'elle-même.

Développons tour à tour ces 5 constituants d'une situation, dans l'ordre suivant :

- la fonction de la situation ;
- le contexte ;
- l'information, ou les données ;
- la tâche ;
- la consigne.

1.2   La fonction d'une situation

La notion de fonction d'une situation répond à la question : que vise-t-on à travers la situation ? A quoi cette situation sert-elle ?

Cette question se situe à deux niveaux complémentaires :

- Un premier niveau qui répond à la question de savoir à quoi la situation est censée répondre dans la réalité : quelle est sa fonction *opérationnelle* ? Cette question concerne le support brut (voir en 1.2.2).

- Un second niveau qui répond à la question de savoir ce que peut apporter la situation sur le plan des apprentissages : quelle est sa fonction *pédagogique* ? Cette question concerne le support finalisé de la situation (voir en 1.2.2), et son exploitation pédagogique.

1.2.1 *La fonction opérationnelle d'une situation*

La fonction opérationnelle d'une situation est le besoin auquel la situation est censée répondre.

En première analyse, on pourrait dire qu'elle n'a de sens que dans une situation naturelle, puisqu'une situation construite ne répond pas en général à un besoin existant, et que sa résolution ne débouche pas sur l'action, du moins a priori. Nous avons déjà évoqué la question en 1.2.1.

Cependant, dans une optique de donner du sens aux apprentissages, il est également important de tenter de rendre apparente aux yeux de l'élève la fonction opérationnelle des situations construites [18]. En effet, cette fonction opérationnelle pose la question : « Quelle utilité la situation fait-elle apparaître aux yeux des élèves ? ». C'est ce qui distingue une situation purement scolaire, gratuite, d'une situation qui, dans la façon dont elle est rédigée, évoque l'utilité de la mobilisation des acquis.

> C'est le cas de la situation (37) Hôtel qui, même si elle est entièrement construite, fait apparaître l'utilité de la rédaction d'un texte : « *Tu es intéressé par cet avis de candidature... Rédige une lettre d'une page... ».*
>
> C'est également le cas de situations comme la situation (1) Papiers (veiller à la propreté de la classe), la situation (30) Budget (préparer un budget), la situation (7) Appel d'offres (mettre un texte en forme), etc.

S'il est très souvent possible de préciser la fonction d'une situation, on est cependant parfois obligé de sacrifier cette fonction opérationnelle au profit de la progression pédagogique, en particulier dans les petites classes.

> C'est le cas dans la situation (28) Manuel, ou la situation (15) Hôpital, qui mentionnent certaines réalités (le manuel scolaire, l'hôpital), mais qui ne mettent pas en évidence l'utilité de résoudre la situation.

Cette préoccupation peut souvent être prise en compte de façon simple, en ajoutant un but opérationnel à la situation.

---

18. Certains auteurs parlent de « dévolution » de la situation : la situation proposée par l'enseignant devient l'affaire de l'élève.

C'est le cas la variante de la situation (33) Menu, « *Aide-la à préparer un repas, en sachant que Thomas, qui vient de se faire opérer...* ». C'est aussi le cas dans situation (11) Rentrée scolaire, la variante 1 de la situation (30)lait, les variantes 1 et 2 de la situation (39) Robinet.

1.2.2 *La fonction pédagogique d'une situation*

Outre le fait qu'elle puisse avoir un caractère opérationnel ou non, toute situation possède une fonction pédagogique : elle sert les apprentissages d'une manière particulière. On peut dire qu'une situation-problème donnée peut jouer principalement trois fonctions pédagogiques, déjà évoquées lorsque nous avons abordé les différents types de situations-problèmes (voir en 1.1.5 et en 1.3.1).

A. Fonction didactique pour des apprentissages ponctuels

Elle peut jouer la fonction d'apprentissage d'un savoir, savoir-faire ou savoir-être, dans une démarche inductive. Nous avons qualifié de **situation-problème didactique** une telle situation (voir en 1.1.5). On ne cherche pas à finaliser des acquis, à les mobiliser dans des situations, mais à introduire ceux-ci. La nature de ces situations, mais surtout l'exploitation qu'on en fait sont donc très différentes des deux catégories suivantes.

B. Fonction d'apprentissage à l'intégration

Une situation peut également jouer la fonction d'apprentissage de l'intégration. C'est le cas lorsque l'enseignant présente à l'élève une situation dans laquelle il est invité à intégrer ses acquis. L'élève est en apprentissage : il a le droit à l'erreur, il peut apprendre avec l'aide de l'enseignants ou d'autres élèves, même si l'objectif est que, à terme, il puisse se débrouiller seul dans ce type de situation.

C. Fonction d'évaluation en termes d'intégration

Une situation peut enfin jouer une fonction d'évaluation, c'est-à-dire que l'enseignant présente à l'élève une situation à travers laquelle il évalue si l'élève a acquis la compétence, ou encore s'il est compétent pour intégrer ses acquis dans une situation. La situation (12) Châssis présentée ci-contre est un exemple de situation mise en forme à des fins d'évaluation.

Les deux derniers cas (B et C) représentent bien les **situations « cibles »** que nous avons évoquées en 1.1.5. Dans ces deux derniers cas, on peut choisir le même support de départ (le support brut), mais ce support sera souvent exploité de façon différente, selon la fonction recherchée.

C'est la raison pour laquelle, plutôt que de parler de situation d'intégration des acquis, ou de situation d'évaluation des acquis, il vaut mieux *rai-*

SITUATION 12	Châssis

Orientation : menuiserie	*Niveau* : 17 — 18 ans	*Provenance* : Belgique [1]

	Paliers de la compétence [2]
1° E.I.P.	Concevoir, établir les métrés et devis et fabriquer un vantail de porte intérieure
2° E.I.P.	Concevoir, établir les métrés et devis et fabriquer une porte extérieure
3° E.I.P.	Concevoir, établir les métrés et devis et fabriquer un châssis de fenêtre
4° E.I.P.	Dessiner les épures d'un placard
5° E.I.P.	a. Concevoir, établir les métrés et devis et fabriquer un escalier droit b. Dessiner les épures d'un escalier balancé

12

EXEMPLE D'ÉPREUVE D'INTÉGRATION PARTIELLE (PALIER 3)

1. Famille de situations visée : *Concevoir, établir les métrés et devis et fabriquer un châssis de fenêtre*

2. Enoncé de la tâche complexe (situation d'intégration)

> Monsieur Scieur transforme sa maison, 3, Rue des Aubépines à Lechêne. Il nous demande de lui fabriquer un châssis de fenêtre avec un ouvrant tombant et prévu pour poser un double vitrage qu'il posera lui-même.

3. Production attendue

> a) Réaliser le châssis de fenêtre, un ouvrant oscillo battant aux normes CE
> b) Dimensions « jour » : L 600 x H 800 mm. Battée de maçonnerie : 50 mm
> c) Sens d'ouverture : droit (vue de l'intérieur)
> d) Prévu pour poser un double vitrage

4. Conditions dans lesquelles la tâche est exécutée :

> L'apprenant(e) : travaille dans l'atelier de menuiserie
> dispose des outils et machines disponibles dans l'atelier
> dispose du bois (avec peu de défauts) donné par le professeur
> dispose du cahier des charges
> L'apprenant(e) doit : utiliser correctement les outils et matériels
> appliquer les règles de sécurité propres à chaque outil,
> à chaque machine

---

1. Inspiré de « Evaluation des compétences du profil de formation de menuisier-menuiserie — épreuve intégrée de qualification », CCPQ, Jean-Claude Lenfant et Didier Caty, 2002 (document de travail)
2. En dehors de la pose des ouvrages sur le chantier. N.B. La notion de palier est développée en 2.3.4.

sonner en termes de fonction : fonction d'intégration des acquis ou fonction d'évaluation des acquis, pour une situation donnée.

Il arrive souvent qu'une même situation vise conjointement les deux dernières fonctions pédagogiques, lorsque l'on présente une situation à un élève et que, dans le même temps, on exploite celle-ci à des fins d'évaluation formative (diagnostic des difficultés et remédiation). C'est notamment le cas avec des situations coûteuses en temps : par exemple, si le fait d'intégrer les acquis signifie maçonner un feu ouvert, on ne peut pas le faire tous les jours, ni même toutes les semaines : une même production est exploitée à des fins d'apprentissage (d'entraînement) et d'évaluation. Dans ce dernier cas, ce sont à la fois la fonction d'intégration, la fonction d'évaluation formative et la fonction d'évaluation certificative qui sont cumulées. C'est aussi le cas du mémoire ou du travail de fin d'études.

1.3   Le contexte d'une situation

De façon générale, le contexte est l'environnement dans lequel se déroule une situation. De même le concept de situation peut prendre différentes significations (voir en 1.1.4), la notion de contexte se décline de façon différente selon le niveau auquel on considère la situation.

Pour une situation *action*, c'est-à-dire une situation vécue par des élèves dans le cadre scolaire, le contexte est l'environnement dans lequel se déroule le travail des élèves. Il comprend plusieurs composantes : le cadre choisi (ici le cadre scolaire), le lieu dans lequel se résout la situation (contexte spatial), le découpage temporel relatif à cette situation (contexte temporel), mais aussi l'environnement social de la situation, c'est-à-dire le fait de travailler seul, avec tuteur, en équipe (contexte social) etc. (Chevrier, 2000).

Il en va autrement du contexte d'une situation comprise dans le sens de *support*. Le contexte est le contexte de ce support, c'est-à-dire l'environnement dans lequel se pose le problème : un contexte de fête, un contexte de correspondance scolaire, un contexte de défense de l'environnement, un contexte de lutte contre le sida etc. Il est relatif au contenu du problème, et non à sa résolution, puisqu'on peut rarement anticiper les conditions de réalisation celle-ci. Il peut être vécu par les élèves, lorsque la situation se présente d'une façon naturelle (voir en 1.2.1). Par contre, lorsqu'il s'agit d'une situation construite, les élèves doivent faire un effort pour se projeter dans ce contexte qui est un construit extérieur à eux a priori.

C'est en particulier la nature de cet effort qui fera qu'une situation est significative ou non pour l'élève (voir en 2.4).

> Les développements proposés autour de la situation (33) Menu donnent une idée de la façon de réfléchir sur un contexte, en articulation avec une fonction à la situation (voir en 2.1.2). Plutôt que de nommer et classer des aliments de façon théorique, on peut identifier des contextes dans lesquels on peut être amené à le faire :
>
> * on reçoit des amis pour un repas ;
> * quelqu'un que l'on aime bien est tombé malade ;
> * les enfants apprennent la cuisine lors d'un camp de jeunes ;
> * ce qu'on mange à la cantine scolaire…

1.3.1 *Contexte et habillage*

Il ne faut pas confondre le contexte d'une situation et l'habillage d'une question ou d'une situation. Une situation contextualisée, c'est une situation dans laquelle l'élève est invité à articuler plusieurs savoirs et savoir-faire dans un environnement déterminé : les informations, issues du contexte, sont nécessaires pour résoudre la situation. Le contexte porte en lui des éléments nécessaires à la résolution. L'habillage au contraire porte sur autre chose : il constitue un écran à l'approche de la situation. De même qu'un habit, cet écran peut avoir de multiples fonctions. Il peut aider l'élève, en rendant la situation plus accessible à ses yeux, tout comme un habit peut aider à entrer en contact avec une personne. L'écran peut au contraire compliquer la tâche de l'élève, tout comme l'apparence extérieure de quelqu'un peut rendre le contact plus difficile. Cet écran, il faut le déjouer pour aborder la situation, il faut essayer d'en faire abstraction pour résoudre la situation : dans une question habillée, ou une situation habillée, la résolution — du moins prise du point de vue de l'expert — est indépendante de l'habillage.

Distinguons question habillée et situation habillée.

Une *question habillée* est une question déguisée. Elle se présente de façon différente selon les disciplines. Par exemple, en mathématiques, au lieu de présenter une opération comme 6 x 1,25, on dira « Quel est le prix de 6 paquets de biscuits à 1,25 euro pièce ? » (opération habillée). Dans d'autres disciplines, comme en sciences, en histoire, en géographie… on sera tenté de formuler d'une façon nouvelle une question connue de l'élève, en l'habillant tout simplement d'une autre façon. C'est une dérive fréquente qui consiste à préparer une pseudo-situation, qui n'est qu'une formulation nouvelle d'une question traditionnelle — souvent une question de restitution —, connue de l'élève. C'est ce que l'on peut appeler de la « restitution déguisée ».

La version de base de la situation (33) Menu et la situation (35) Hygiène mettent en évidence une telle dérive. Dans cette dernière situation, on dit par exemple « *Tu es sollicité par le service d'hygiène de ton établissement à proposer un projet d'éducation sanitaire destiné aux adolescents en vue d'assurer la bonne santé et le bien-être de l'organisme.* ». Pour y répondre, les élèves pourraient se contenter de restituer quelques règles d'hygiène apprises par cœur. Par contre, si on donnait des précisions, comme les résultats d'une enquête (voir variante), les élèves seraient obligés d'en ternir compte pour identifier les réponses pertinentes.

Le problème se pose dans des termes similaires pour une *situation habillée*. De même qu'une question peut être habillée, une situation complexe, contextualisée, peut elle aussi être habillée d'une façon ou d'une autre. Seule la situation naturelle (voir en 1.2.1) échappe à l'habillage, dans la mesure où elle se présente à l'état naturel. L'habillage d'une situation peut prendre des formes diverses. Nous y reviendrons à plusieurs reprises, lorsque nous évoquerons par exemple les types de données (2.1.4), la consigne de travail (2.1.6) ou encore d'autres variables liées à l'habillage de la situation (voir en 4.3). Si, du point de vue de l'expert, l'habillage d'une situation ne conditionne pas la résolution de la situation, comme le fait le contexte, il n'en constitue pas moins une difficulté réelle pour les élèves.

Il ne faut pas confondre l'habillage d'une situation et le *paramétrage* de cette situation, qui est davantage lié aux données et au type de traitement à effectuer sur ces données. Par exemple, passer d'une situation qui exige une production en mode descriptif à une autre qui exige une production en mode argumentatif traduit un changement de paramétrage de la situation, de même que passer d'une situation qui exige deux additions pour sa résolution à une situation qui exige deux multiplications. Le paramétrage conditionne les savoirs et les savoirs-faire que l'élève va mobiliser, et l'articulation entre eux, ce qui n'est pas le cas de l'habillage (voir en 2.1.4, en 2.3.3).

1.3.2 *Contexte et valeurs*

Mais en général, le contexte joue un rôle bien plus important, tout d'abord sur le plan pédagogique, où il va conditionner la « mise en situation », mais aussi sur un plan éducatif plus large, dans la mesure où c'est lui qui véhicule les valeurs : c'est lui qui détermine l'enjeu éducatif de la situation, au-delà des apprentissages scolaires proprement dits. Le contexte d'une situation n'est jamais neutre. Le choix des thèmes, des images, des supports, des prénoms, des lieux... doit être mené par le concepteur avec le plus grand soin. Il n'est pas sans conséquence sur les représentations de l'élève de lui proposer une situation dans un contexte de violence ou de paix, dans un contexte de gaspillage de ressources naturelles ou de défense de l'environnement. Un bon nombre de savoir-être sont implicitement développés à travers les valeurs que les situations véhiculent.

C'est donc naturellement à ce niveau que pourraient se retrouver les grandes problématiques transversales qui préoccupent aujourd'hui tous les éducateurs, et les organismes, nationaux et internationaux, qui ont le souci d'une « éducation globale » : l'éducation à la paix, la défense de l'environnement, l'éducation à la santé, la lutte contre le sida, l'éducation à la tolérance, l'éducation en matière de population etc.

1.3.3 *Contexte et apprentissages*

Le choix du contexte intervient non seulement sur le plan de l'éducation aux valeurs, mais aussi sur le plan pédagogique. En effet, étant donné qu'une situation constitue une étape dans une suite d'apprentissages, le choix du contexte va jouer un rôle important à ce niveau. Un facteur essentiel à prendre en compte est le degré de proximité que l'élève entretient avec le contexte. Nous développerons cet aspect en 2.2.5.1.

1.3.4 *Contexte et disciplines*

Le contexte se manifeste de la même façon quelle que soit la discipline : une façon très particulière, très locale, et, en fin de compte, souvent très inattendue pour l'observateur naïf. Toutefois, le choix du contexte répond à des contraintes différentes selon les différentes disciplines.

- Dans l'enseignement des langues, ce sera avant tout la situation de communication choisie qui déterminera le contexte : produire la réponse à telle lettre, dramatiser telle scène entre deux personnes, terminer telle communication téléphonique, répondre à telle petite annonce etc. Il est difficile de tenter même une ébauche des situations de communication possibles tant celles-ci sont variées. C'est cette variation des situations qui détermine les variations d'expression et de formulation linguistiques. Le contexte ne jouera que sur certains éléments du schéma de la communication : citons entre autres l'émetteur du message (son statut et ses visées), le récepteur (son statut, ses rapports avec l'émetteur et la qualité de la réception) ainsi que les précisions spatiales et temporelles relatives à cette situation de communication.
  Le contexte ne jouera que sur certains éléments de décor de la situation : citons entre autres exemples la personne et les caractéristiques de l'émetteur et/ou du destinataire du message, les précisions spatiales et temporelles relatives à la situation.
- Dans le champ disciplinaire des sciences humaines (histoire, géographie, sociologie, économie, psychologie…), ce seront souvent avant tout les documents à exploiter qui détermineront le contexte. Toute-

fois, les savoirs qui seront à intégrer par l'élève vont également jouer un rôle important : en effet, le contexte sera surtout déterminé par un environnement spatio-temporel donné, par une problématique donnée, tous deux souvent dépendants des contenus rattachés à la compétence à faire acquérir par l'élève. Quand l'élève est invité à planifier une excursion historique en combinant des sites relatifs à la Rome Antique, ou quand il doit faire des propositions d'aménagement d'un port de son pays en fonction de données économiques et géographiques, le contexte interagit largement avec le contenu. Cet environnement sera complété par la fonction de la situation, et le type de tâche à exécuter : organiser un circuit touristique, mener une enquête, lancer une campagne d'information...

- Dans les disciplines scientifiques (mathématiques, physique, sciences, biologie, chimie,...) le contexte de la situation est susceptible d'une grande variabilité, tant ces disciplines interviennent dans tous les aspects de la vie. Le choix sera souvent dicté par les nécessités d'intégration, donc en grande partie par les contenus de la compétence à acquérir, mais souvent avec une plus grande proportion de savoirfaire que dans les sciences humaines. La question que le concepteur se posera le plus naturellement sera de l'ordre de : « dans quel contexte pourrais-je à la fois amener l'élève à mobiliser la proportionnalité, le calcul d'un pourcentage et une mesure de volume ? »

1.3.5 *Contexte et données*

Il ne faut pas confondre éléments de contexte et données de la situation (informations). Quand on demande à l'élève d'écrire à Monsieur Dupont, Bourgmestre de la Commune de Nassogne une lettre d'une demi-page pour postuler un emploi de secrétaire, le nom du Bourgmestre (Dupont) et celui de la commune (Nassogne) sont des éléments de contexte. En revanche, les éléments « secrétaire » et « Bourgmestre » sont des données, parce que l'élève devra en tenir compte pour fixer le niveau de langage de sa lettre, le ton utilisé, le contenu de la lettre. On n'écrit pas la même lettre pour postuler un emploi de secrétaire auprès du Bourgmestre de sa commune que pour postuler un poste d'informaticien dans une multinationale.

Parfois, la frontière sera ténue dans cette distinction entre données et éléments de contexte : une précision de lieu, de date pourra dans certains cas n'avoir aucune influence, et être considérée comme élément de contexte, et dans d'autres avoir une influence au point d'être considérée comme donnée. Cette frontière est d'autant plus difficile à établir que certaines données sont en même temps éléments de contexte. Dans l'exemple ci-dessus, le fait que ce soit à un poste de secrétaire que l'on postule, et que l'on écrive au Bourgmestre, sont en même temps des éléments de contexte, parce qu'ils apportent des informations sur l'environnement dans lequel se déroule la situation.

En revanche, le fait qu'il s'agisse d'une lettre d'une demi-page est une donnée qui n'est pas élément de contexte. On pourrait synthétiser ces considérations par le schéma suivant :

Éléments de contexte

Données

Monsieur Dupont

Poste de secrétaire

Nassogne

Une demi-page

Bourgmestre

> Par exemple, dans la situation (36) Clous, la première phrase « *Charles veut construire une maison* » est un élément de contexte, tandis que l'avant dernière phrase « *on est en saison des pluies* » est une donnée.

1.4   Les données

1.4.1   *La notion de donnée*

Une **donnée** est une information susceptible d'intervenir dans la résolution d'une situation.

Il peut s'agir d'informations aussi différentes que :

- des éléments d'un dessin à observer ;
- une grandeur numérique à utiliser ;
- une matière à utiliser pour réaliser un objet ;
- des détails figurant sur un document à analyser ;
- le destinataire d'un message ;
- des mots à utiliser dans une production ;
- etc.

1.4.2   *Sous quelle forme les données apparaissent-elles ?*

Les données peuvent apparaître de plusieurs manières.

1. Tout d'abord, les données peuvent être présentes dans l'énoncé de la situation, ou au contraire absentes, c'est-à-dire à faire rechercher par l'élève.

> C'est le cas de l'information « *hauteur de la borne kilométrique* », dans la situation (8) Borne kilométrique.

Nous développerons ce cas plus loin, lorsque nous évoquerons le traitement à effectuer sur les données.

2. Lorsqu'elles sont présentes, elles peuvent apparaître sous plusieurs formes graphiques

> Les principales formes sous lesquelles elles peuvent apparaître sont les suivantes :
>
> - d'une façon littéraire, comme l'information « *Bika va à l'hôpital* », dans la situation (15) Hôpital, ou l'information « *il dépose les clous tout près de sa maison* », dans la situation (36) Clous
> - d'une façon schématique, comme l'information « *moments de vaccination de la tuberculose* », dans la situation (38) Vaccination, l'information « *diamètre de la craie* » dans la situation (19) Craies, ou l'information « *prix d'achat des arachides* » dans la situation (21) Mésaventure
> - d'une façon dessinée, comme l'information « *manuel de français* » dans la situation (28) Manuel, ou encore l'information donnée par l'inscription « *école* » sur le dessin de la situation (15) Hôpital
> - au sein d'un document à analyser, comme c'est notamment le cas en histoire (situation (4) Liberté), en géographie (situation (18) Lieux saints), en biologie (situation (2) Moustique), en mathématiques (situation (31) Facteur), en langue (situation (32) Bijouterie), ou dans d'autres disciplines encore.

3. Les données peuvent, selon les cas, apparaître de façon groupée ou de façon séparée.

> Elles apparaissent de façon groupée, globale lorsqu'elles sont présentées à travers une illustration (situations (34) Sida, (28) Manuel), un tableau (situations (20) Dévaluation ou (21) Mésaventure), un schéma (situation (19) Craies).
>
> Elles apparaissent de façon séparée lorsqu'elles sont présentées de façon séquentielle, et que l'élève peut les découvrir tour à tour. C'est le cas des situations (39) Robinet, (3) Racisme, (12) Châssis, ou d'autres encore.
>
> Dans ce dernier cas, elles peuvent apparaître au sein d'une consigne, comme dans la situation (22) Courant (question 4 « *si chaque appareil fonctionne 8 heures par jour* »), ou être présentes en dehors de la consigne, comme dans la situation (38) Vaccination (variante 2) : « *sa fille Eulalie contre la polio et la tuberculose, mais elle n'est pas libre le jeudi...* ».

4. Les données peuvent être mélangées au contexte, ou en être distinctes.

> **Dans certains cas, l'énoncé ne fait pas de distinction entre le contexte et les données. C'est le cas de la situation (13) Porte-monnaie, quand on dit** « *Halima part au marché* **(contexte)** *avec 3500 UM dans son porte-monnaie* **(donnée). »**

SITUATION 13	Porte-monnaie

Discipline : mathématiques	*Niveau* : 10 ans	*Provenance* : Mauritanie [1]

1. ÉNONCÉ PROPOSÉ

Halima part au marché avec 3500 UM dans son porte-monnaie. Elle dépense 1560 UM pour la viande, 735 UM pour le riz et les légumes et 120 UM pour le pain.

2. DÉMARCHE À SUIVRE

- Lecture silencieuse à haute voix
- Questions du maître pour contrôler la compréhension.
  - Où va Halima ?
  - Qu'est-ce qu'elle achète ?
  - Combien coûtent les légumes, la viande, le pain ?
  - Combien d'argent a-t-elle au départ ?
  - Où est son argent ?
- Le maître demande aux élèves de faire des remarques concernant ce problème. Les élèves constatent qu'il n'y a pas de question.
- Le maître écrit au tableau les questions suivantes :
  - Combien d'argent dépense Halima ?
  - Combien coûtent les légumes ?
  - Au retour du marché, combien d'argent reste-t-il à Halima ?
  - Quel est l'âge d'Halima ?
- Les élèves lisent silencieusement les questions
- Lecture à haute voix de deux élèves, puis du maître
- Le maître demande aux élèves de faire des remarques sur les questions. Les élèves disent qu'ils ne peuvent pas répondre à toutes les questions.
- Le maître demande de trouver les questions auxquelles on ne peut pas répondre, de noter leur numéro sur l'ardoise.
- Correction collective, avec justification orale des réponses.
- Le maître demande aux élèves de répondre aux questions 1 et 3.
- Correction collective

---

1. Institut Pédagogique National (2001). *Mathématiques*, 4e année fondamentale, fichier du maître, Nouakchott, Mauritanie

> Dans d'autres cas, on établit une distinction entre le contexte et les données. C'est le cas de la situation (2) Moustique, où la première phrase donne le contexte et la fonction « *Pour lutter contre la pullulation des moustiques, les habitants de ta cité ont décidé d'une action de prévention avant l'arrivée de l'été.* », et où les données sont fournies par les différents documents.

1.4.3   *La nature des données*

Selon les situations, il existe des données de différentes natures :

- données numériques ou non numériques ;
- données authentiques ou imaginaires ;
- données personnelles ou collectives ;
- données fixes ou adaptables.

C'est surtout le champ disciplinaire qui détermine le type de données que l'on va traiter, en particulier les données numériques ou non numériques.

A.   Données numériques ou non numériques

Des données numériques sont des données qui contiennent des nombres ou des grandeurs, que l'on est appelé à combiner pour résoudre la situation.

> C'est par exemple le cas de la situation (39) Robinet, ou la situation (40) Lait. En revanche, la situation (23) Ami comprend des données non numériques, comme « *J'habite à Balbala* », ou « *J'aime la lecture* ». C'est aussi le cas de la situation (37) Hôtel, la situation (33) Menu, la situation (24) Fête, la situation (25) Concours de dessin.

B.   Données authentiques ou imaginaires

Selon les cas, les données peuvent être authentiques ou imaginaires.

> Par exemple, la situation (40) Lait présente des données authentiques, tandis que la situation (29) Revue présente des données imaginaires.

Dans le cas où les données sont imaginaires, il faut que les données soient néanmoins plausibles, pour que la situation garde un caractère significatif. En effet, en mathématiques, un des critères d'évaluation des situations est souvent un critère du type « cohérence de la réponse », qui exprime le caractère plausible de celle-ci. Dans la plupart des situations, ce critère n'aurait pas de sens si les données relatives à la situation n'étaient pas plausibles.

C'est surtout le caractère naturel ou construit de la situation (voir en 1.2.1) qui va influer sur le fait que les données seront authentiques ou imaginaires. Cependant, même dans une situation simulée, les données peuvent être authentiques.

C. Données collectives ou individuelles

Lorsqu'une situation est présentée à l'ensemble d'un groupe-classe, tous les élèves reçoivent en général les mêmes données. Cependant, dans certains cas, celles-ci peuvent varier d'un élève à l'autre. Ce peut par exemple être le cas d'une situation en mathématiques où l'élève doit traiter des données qui lui sont propres (sa date de naissance, son âge, sa taille,…), ou encore en étude du milieu, lorsqu'on demande à l'élève de partir de son environnement quotidien (sa famille, son quartier…).

> **C'est par exemple le cas de la situation** (30) Budget, **si l'élève doit le constituer en fonction de la composition de sa famille.**
>
> **Dans d'autres cas, l'élève a le choix entre plusieurs items équivalents à traiter, comme dans la situation** (23) Ami : « *Tu as choisi d'écrire à l'un des deux enfants.* », **ou dans la variante 2 de la situation** (38) Vaccination : « *Choisis une des personnes suivantes.* ». **L'enseignant peut aussi désigner des données à chaque élève, comme dans la situation** (6) Magnétoscope. **On peut évoquer à ce sujet les possibilités offertes par l'informatique de générer des données pour chaque élève, de façon aléatoire.**

D. Données fixes ou adaptables

Quand il s'agit de construire des supports de situations destinés être exploités par un large public d'écoles (manuel scolaire, banque de situations organisée à l'usage des enseignants etc.), il est intéressant d'élaborer — dans la mesure du possible — ces supports de manière à permettre à l'enseignant d'adapter celles-ci au contexte des élèves de sa classe, et notamment :

- au lieu (contextualisation) ;
- au moment (actualisation des données) ;
- à la situation politique, économique etc.

> **Des situations comme les situations** (37) Hôtel **ou** (39) Robinet **sont assez aisément adaptables, tandis que des situations comme les situations** (3) Racisme **ou** (4) Liberté **le sont moins, parce que très spécifiques à un contexte particulier donné.**

1.4.4 *Le traitement à effectuer sur les données*

Il arrive souvent qu'on amène l'élève à effectuer un traitement sur les données, souvent dans le but de rapprocher la situation vécue en classe d'une situation naturelle, qui nécessite la plupart du temps un travail sur les données. C'est ce qui fait la différence entre un énoncé « canonique », correspondant à un problème purement scolaire (voir en 4.3), et un énoncé dans lequel on essaye de se rapprocher d'une situation naturelle.

Ce sont essentiellement les particularités suivantes qui nécessitent un traitement de données de la part de l'élève :

- données à rechercher par l'apprenant ;
- données peu évidentes ;
- données parasites ;
- données à transformer.

A. Données à rechercher par l'apprenant

Dans la plupart des situations, les données sont existantes. Elles figurent toutes dans le support de la situation.

Dans d'autres, l'élève doit rechercher les données, que ce soit par déduction, dans une banque de données, sur internet, dans un journal, dans des statistiques etc.

> C'est par exemple le cas de la situation (8) Borne kilométrique (rayon de la partie cylindrique à chercher).
>
> Dans certains cas, ces données sont propres à chaque élève, comme dans le cas dans la situation (30) Budget. Il s'agit de données individuelles (voir ci-dessus).

B. Données peu évidentes

Certaines données sont évidentes, d'autres n'apparaissent que lorsqu'on étudie la situation de plus près.

> Par exemple, dans la variante 2 de la situation (40) Lait, on aurait pu évoquer uniquement la donnée « feuille A4 » (donnée non évidente), au lieu de préciser les dimensions d'une feuille A4 (donnée évidente)
>
> 4. a) Penses-tu que l'on pourrait découper un patron de brique (sans les joints) dans une feuille de carton de format A4 de 29,7 cm sur 21 cm ?

Les données non évidentes peuvent prendre plusieurs formes. Ce peut être :

- une donnée « masquée », comme dans l'exemple ci-dessus ;
- une donnée chiffrée donnée en toutes lettres ;

- une donnée à rechercher dans un document annexe, comme dans la situation (22) Courant ;

- une donnée située dans la question elle-même ;

- une donnée cachée dans un texte, comme par exemple la donnée « on peut considérer que l'épaisseur de la boîte est équivalente à celle du carton » ;

- une donnée présente plus loin que d'autres données ;

- une donnée à reconstituer à partir de deux documents, comme dans la situation (14) Thé ;

- une donnée qui figure sur un schéma, ou un dessin (situation (15) Hôpital par exemple) ;

- etc.

C. Données parasites

Une **donnée parasite**, ou donnée non pertinente, est une donnée qui n'intervient pas dans la résolution minimale d'un problème, mais dont on peut penser en première lecture qu'elle est une donnée nécessaire à la résolution.

EXEMPLES [19]

- Ordonne les **véhicules** du plus petit au plus grand :

  Une bicyclette — un camion — un livre — un voilier — un tracteur — une maison — un tricycle

- Une classe est composée de 26 enfants : 14 garçons et 12 filles. 5 filles ont plus de 10 ans. Quel est le pourcentage de filles dans cette classe ?

  Dans cette situation, la donnée « *5 filles ont plus de 10 ans* » est une donnée parasite.

- « J'ai acheté des mandarines pour 0,50 €, des bananes pour 0,90 €, du savon pour 0,30 €, et des oranges pour 1 €. Quel montant total ai-je payé pour les fruits ? »

  Dans cette situation, la donnée « *du savon pour 0,30 €* » est une donnée parasite. Elle n'est pas strictement nécessaire pour résoudre la situation.

19.   GERARD, F.-M. & ROEGIERS, X. (2003). *Des manuels scolaires pour apprendre.* Bruxelles : De Boeck-Université.

> Dans la situation (20) Dévaluation, la donnée « *les frais de transport de 2000 FBU* » est une donnée parasite. Dans la situation (21) Mésaventure, les prix d'achat en sont également, de même que les pannes (symptômes) non exploitées dans la situation (6) Magnétoscope. Dans la situation (1) Papiers, le mot « *banane* » est une donnée parasite (et, selon la production de l'élève, le mot « *par terre* », ou le mot « *poubelle* »).
>
> On peut aussi avoir des illustrations parasites, comme dans la situation (34) Sida, ou un document parasite, comme dans la situation (18) Lieux saints (la pluviosité à Riyad).

Les données parasites doivent être bien choisies. Pour que l'élève soit amené à effectuer un véritable choix, il faut que les données parasites ne soient pas trop différentes de données pertinentes : si possible, elles doivent être de même nature que les données nécessaires à la résolution de la situation (un prix parasite parmi une série de prix, une longueur parasite parmi une série de longueurs, etc.).

> Dans la situation (41) Marché 1, les données « *qui a 20 ans* » et « *se trouve à 800 m de sa maison* » ne sont pas des données parasites à proprement parler, parce qu'elles n'ont a priori aucun lien avec les questions. En revanche, la donnée « *3 kg de viande* » de la situation (41) Marché 2 est une donnée parasite à part entière, puisque l'on dit « *3 kg de viande pour 1500 UM* », et que la question porte sur le montant des achats.

Le simple fait de présenter un problème sous la forme d'un dessin, d'un tableau à double entrée ne constitue pas une donnée parasite : il s'agit également d'un « écran » rendant la résolution du problème plus difficile pour certains élèves, mais c'est un écran d'un autre ordre qu'une donnée parasite, à savoir un écran de l'ordre de l'habillage, rendant les données non évidentes (voir ci-dessus).

D. Données à transformer

Dans certaines situations, l'élève peut exploiter les données telles quelles. Dans d'autres, il doit d'abord transformer les données avant de les exploiter, comme dans la situation (39) Robinet où il faut transformer des litres en mètres cubes, sans que ce soit demandé explicitement.

Au total, plusieurs choix s'offrent donc à celui qui construit la situation, en matière de présentation des données.

Les choix principaux sont donnés par le schéma suivant :

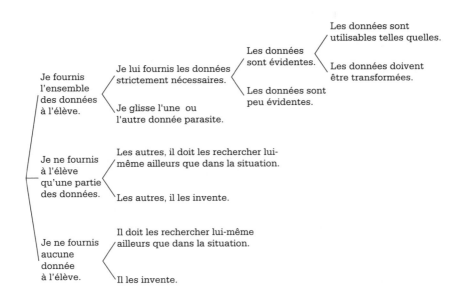

Seules les combinaisons les plus courantes sont reprises ici. On pourrait combiner plusieurs difficultés (données parasites, peu évidentes et/ou à transformer).

> Plusieurs de ces combinaisons sont notamment développées dans la situation (39) Robinet.

1.5   La tâche

La tâche est l'image de ce que l'on attend de l'élève : un processus à mettre en œuvre, mais surtout un produit à obtenir. On peut dire qu'elle est l'anticipation du produit à obtenir.

Pourquoi anticipation du produit, et non pas anticipation du processus ? La raison est simple : on ne peut jamais anticiper le processus de l'élève. Le processus est propre à chaque élève. On peut bien sûr avoir en tête une « résolution-expert » (voir en 2.2.6), de laquelle on peut souhaiter que l'élève se rapproche le plus possible, mais la « résolution-élève » peut rarement être anticipée. Il faudrait d'ailleurs plutôt parler de « résolutions-élèves » parce qu'il y a autant de résolutions différentes qu'il y a d'élèves. Ce n'est éventuellement qu'en demandant à l'élève d'expliciter l'une ou l'autre démarche mobilisée que l'on peut entrer partiellement dans cette boîte noire qu'est le cerveau de l'élève qui résout la situation. Souvent, cela reste seulement un contact partiel parce que d'une part l'élève effectue certaines démarches de manière non consciente, et d'autre part parce qu'il ne s'en souvient plus. Il peut aussi avoir tendance à ne pas vouloir tout révéler de ses démarches, surtout s'il sait que certaines de celles-ci ne sont pas appréciées par l'enseignant (comme compter sur ses doigts mentalement pour effectuer une addition simple).

La tâche dépend de ce que l'on veut faire acquérir par l'élève. Selon que l'on cherche qu'il puisse résoudre un problème, effectuer une production originale ou encore réaliser une tâche courante, la tâche à exécuter par l'élève ne sera pas la même.

Cette tâche n'est pas nécessairement explicite. Il faut parfois commencer par « entrer » dans la situation pour déterminer la tâche à exécuter, c'est-à-dire pour se rendre compte de ce qui est attendu de l'élève. La plupart du temps, c'est la consigne qui reflète le mieux le type de tâche attendue.

Selon les cas, la tâche peut s'exprimer en termes :

- de résolution de problèmes ;
- de création nouvelle ;
- d'exécution d'une tâche courante ;
- de proposition d'action ;
- de choix d'une réponse (QCM...).

1.5.1 *En termes de résolution de problèmes*

C'est le cas lorsqu'on demande à l'élève de résoudre un problème de tel ou tel type, surtout en mathématiques, et dans d'autres disciplines scientifiques.

> La situation (39) Robinet, la situation (40) Lait, la situation (21) Mésaventure, la situation (19) Craies, la situation (22) Courant..., sont des exemples de situations dont le produit attendu est la solution à un problème.

Dans certains cas, au lieu de résoudre un problème, on demande à l'élève de transposer à un cas nouveau une solution apportée à un cas résolu. Ce serait par exemple le cas d'une facture d'eau donnée, correspondant à une période donnée d'un mois, et une autre facture que l'on demande à l'élève de rédiger en fonction d'une consommation qui lui est donnée.

EXEMPLE

On pourrait reprendre la facture d'eau de la situation (39) Robinet, et demander à l'élève de refaire la facture avec les relevés de compteur suivants :

- ancien : 526 — nouveau : 543
- ancien : 567 — nouveau : 614

On précise que la tranche 2 concerne les volumes dépassant 30 mètres cubes.

La situation n'a jamais été rencontrée auparavant, il s'agit d'un problème à part entière, parce que l'élève est obligé de commencer par analyser la situation résolue avant de s'attaquer à la transposition.

1.5.2 *En termes de création nouvelle*

C'est le cas lorsqu'on demande à l'élève de produire tel énoncé, tel texte, telle œuvre d'art...

C'est surtout dans les disciplines langagières que l'on rencontre ce type de produit, du moins lorsque le profil visé est un profil orienté vers la communication ou vers la création. Néanmoins, on rencontre aussi ce type de produit dans des disciplines d'expression : expression manuelle, dessin, éducation plastique, expression corporelle, voire même l'éducation physique.

> **La situation (37)** Hôtel **(version de base, et variantes 1 et 2), la situation (5)** Orangina**, la situation (23)** Ami**, la situation (24)** Fête**, la situation (32)** Bijouterie**, sont des exemples de situations dont le produit attendu est une création nouvelle.**

Dans certains cas, cette production peut se faire de façon tout à fait ouverte, l'élève n'ayant comme contrainte que le respect de la consigne. Dans d'autres cas, elle se fait sur la base d'un support donné, c'est-à-dire que l'on donne à l'élève des éléments à retrouver dans la production.

> **C'est le cas dans les toutes petites classes, comme dans la situation (24)** Fête**, dans laquelle on donne quelques points de repère «** *cousin/coussin ; tête/fête...* **», ou encore quand il s'agit de traiter des sujets peu connus ou inconnus de l'élève, comme la situation (14)** Thé**, dans laquelle l'élève s'appuie sur un règlement d'ordre intérieur et sur un rapport journalier pour construire sa production.**

On peut rencontrer certaines difficultés pour une production à l'oral dans une discipline langagière, dans la mesure où, quand un élève a produit une phrase, ou un paragraphe, l'élève suivant risque de reproduire la même phrase ou le même paragraphe. Des stratégies de contournement sont nécessaires. Elles peuvent être de nature organisationnelle (étaler les productions dans le temps, changer de local...), mais dans certains cas, la situation peut anticiper la difficulté en prévoyant des productions diversifiées.

> **C'est par exemple le cas dans la situation (6)** Magnétoscope**, où chaque panne «** *pas d'alimentation électrique, enregistrement impossible...* **» peut constituer une situation différente.**

Dans certains cas, cette production consiste en un ensemble de questions pertinentes à propos d'une situation donnée, ou encore une argumentation. Ce cas se produit surtout dans les grandes classes, dans des disciplines dans lesquelles on vise à ce que l'élève apprenne à prendre position, comme en langue, en histoire, en éducation civique, en religion....

> **La situation (4) Liberté est un exemple de situation dont le produit attendu est un ensemble de questions pertinentes.**

Une dérive est à éviter dans ce cas, dans les disciplines scientifiques et dans les sciences humaines surtout : celle de transformer une production scientifique en une production langagière, dans laquelle les principales difficultés sont des difficultés de langue. C'est une dérive que nous qualifierions de **dérive littéraire**. C'est notamment le cas lorsqu'on demande de rédiger un texte, plutôt que de remplir un tableau, d'établir des liens schématiques etc.

> **Les situations (35) Hygiène, (36) Clous et (22) Courant (surtout la version de base) illustrent notamment ce type de dérive. Dans d'autres situations, comme la situation (4) Liberté ou la situation (2) Moustique, la production est plus ciblée, moins littéraire, dans la mesure où ce qui est demandé, c'est un ensemble d'hypothèses ou de propositions, qui ne demandent pas nécessairement un texte construit.**

Cela ne signifie pas que la qualité de l'expression écrite n'ait pas d'importance dans ces productions. C'est au contraire une occasion comme une autre d'amener les élèves à mobiliser leurs acquis langagiers. Mais sans doute faut-il réfléchir sur l'importance relative que peut prendre la qualité de la production écrite par rapport à la production scientifique. On pourrait la considérer comme un critère de perfectionnement, non un critère conditionnant la réussite : est-il normal que la qualité langagière d'une production en histoire ou en biologie provoque l'échec de l'élève ?

Les types de productions peuvent également être variées :
- production courte ou production longue ;
- production fonctionnelle, esthétique, émotionnelle ;
- production libre ou sous contrainte ;
- etc.

Détaillons quelque peu la notion de **production sous contrainte**. Il arrive souvent, et plus particulièrement dans l'enseignement des langues, que l'on propose comme situation une production écrite dans l'esprit d'une composition, ou d'une rédaction, comme par exemple la situation (14) Thé, dans laquelle on se contente de donner la consigne suivante : « *Pendant les* *vacances, Jacques exerce un emploi temporaire dans une usine de thé pour pouvoir couvrir les dépenses scolaires. Comme il est chef d'équipe, il doit rédiger, en 2 pages, un rapport journalier des activités, à l'intention de son chef hiérarchique. Mets-toi à la place de Jacques et rédige ce rapport.* »

Cette manière de procéder présente deux inconvénients majeurs :

- tout d'abord, on ne se situe pas au sein d'une situation de communication : la production n'est pas associée à la compréhension d'un message écrit ou oral, elle n'en constitue pas une réponse, une réaction ; l'élève pourrait produire à peu près n'importe quoi en relation avec le thème donné, y compris reproduire un texte qu'il aurait déjà lu ou appris par ailleurs, ou adapter légèrement un texte connu ;

- ce genre de production « ex nihilo » ne permet pas le réinvestissement de savoirs et de savoir-faire acquis par l'élève. De plus, elle défavorise les élèves qui ne disposent pas du bagage lexical approprié, du fait de leur méconnaissance du sujet. Et si on veut trouver un sujet dont le bagage lexical est maîtrisé par l'élève, on retombe dans les sujets « bateau », comme la vie dans ton école, dans ton quartier,…, qui incitent davantage à la reproduction de formes stéréotypées qu'à une production originale.

Ces deux éléments distinguent une « rédaction », ou une « composition » traditionnelle, d'une situation de communication, qui a un caractère plus significatif. Une alternative intéressante se situe souvent au niveau d'une **situation de communication sous contrainte**.

Dans l'exemple ci-dessus, au lieu de faire produire l'élève dans le vide, on pourrait par exemple donner comme support à l'élève le rapport d'une journée en « style télégraphique », que l'élève devrait mettre en forme sous la forme d'un texte narratif. On peut aussi lui proposer plusieurs documents à partir desquels il va rédiger le rapport, comme un journal de bord d'un travailleur et le règlement d'ordre intérieur de l'entreprise.

Cela donnerait la variante proposée à la page suivante.

On pourrait aussi partir d'un texte qui décrit les différentes étapes du traitement du thé, et les différents postes de travail (triage, séchage…), et demander à l'élève de produire un rapport d'activités en choisissant un de ces postes de travail, et en se mettant dans la peau d'un ouvrier.

On peut encore aller plus loin dans les contraintes, et demander à l'élève d'introduire dans sa production des mots donnés, des formes grammaticales données, etc.

SITUATION 14	Thé

Discipline : langue maternelle	*Niveau* : 15 — 16 ans	*Provenance* : Burundi

Compétence visée : produire un message cohérent de 2 pages à l'écrit, dans une situation de communication de la vie courante

Pendant les vacances, Jacques exerce un emploi temporaire dans une usine de thé pour pouvoir couvrir les dépenses scolaires. Comme il est chef d'équipe, il doit rédiger un rapport journalier des activités sur 2 pages, à l'intention de son chef hiérarchique. Mets-toi à la place de Jacques et rédige ce rapport, en te basant sur les documents ci-contre.

Règlement d'ordre intérieur
- Tout travailleur arrivera à 7h25, de manière à commencer le travail à 7h30, après avoir revêtu la tenue de travail réglementaire. Le travail s'arrête à 18 h.
- Tout travailleur est tenu de respecter les consignes de sécurité et d'hygiène sur le lieu de travail
- Les heures de pause sont fixées comme suit : 12h00 à 13h00, sauf autorisation spéciale du contremaître
- Il n'est pas autorisé aux travailleurs d'emporter de la marchandise pour leur consommation personnelle.

JOURNAL DE BORD DE JACQUES

Le 10 juillet 2003
Début de journée : accueil des clients et vérification de la qualité du thé.
9h00 à 11h00 : pesée et transcription sur les fiches individuelles.
11h00 jusqu'à la pause : acheminement du thé vers le lieu de tri.
11h45 : je demande au contremaître de décaler la pause d'une demie heure : OK.
Après la pause, paye de clients. Cela me prend plus d'une heure au total
*   (mécontentement de quelques-uns suite à la hausse des prix).*
A partir de 14 h : vérification des quantités collectées et des dépenses
*   y relatives.*

Une **situation de communication sous contrainte** impose donc deux impératifs :

1. La situation est structurée de façon à ce que l'élève soit invité à produire, mais **à partir d'un message**, oral ou écrit, qu'il doit décoder et comprendre.

2. La **production n'est pas entièrement libre** : on impose à l'élève d'utiliser tel type de structure, telle forme verbale, pour qu'il puisse montrer sa maîtrise *en situation* de certains savoirs et savoir-faire.

La créativité n'est pas absente de ce type de production, mais cette production est orientée de manière à ce que l'élève soit obligé de montrer sa maîtrise de formes grammaticales données, sa compréhension d'un message donné etc. On peut aussi garder certaines plages libres pour la créativité : dans un document que l'on fournit à l'élève, on peut faire apparaître une tache de café sur une partie du document, ou encore proposer aux élèves un document incomplet, et on demande à l'élève de le compléter, pour la partie manquante.

La pédagogie traditionnelle de l'écrit s'est fondée sur ce principe de la contrainte (la plupart du temps au niveau de la forme) en indiquant dans la consigne la nécessité d'imiter un modèle d'écriture déjà étudié en lecture : « rédige à la manière de (Balzac par exemple) un paragraphe décrivant ta chambre ». Il est évident que la contrainte est formelle (au niveau du type d'écriture ou du style, et non de la situation) et elle est liée à la maîtrise d'un registre de langue très élaboré (celui des écrivains) et donc peu accessible à un élève moyen. Si le principe de production sous contrainte est en général bien connu des enseignants, l'enjeu est de dimensionner convenablement le type de contrainte que l'on soumet à l'élève.

Les types de contraintes dans la production peuvent être de natures diverses :

- outils de travail prédéterminés (comme dans la situation (12) Châssis) : « *dispose des outils et machines disponibles dans l'atelier* » ;

- éléments obligatoires à utiliser (comme dans la situation (4) Liberté, la situation (37) Hôtel (variantes 1 et 2), situation (14) Thé) : « *Rédige ce rapport en te basant sur les éléments ci-contre* » ;

- type de présentation imposée (comme dans la situation (26)bijouterie) : « *... en tenant compte des informations qui figurent dans ce tableau* » ;

- contrainte de temps ;

- etc.

Enfin, on peut parfois solliciter d'autres produits, comme l'ajustement d'une production (situation (37) Hôtel, variante 3).

1.5.3 *En termes d'exécution d'une tâche courante*

C'est le cas lorsque l'on vise à rendre l'élève compétent pour exécuter des tâches pratiques, qui relèvent de la vie de tous les jours, comme dans des cours d'éveil ou encore d'éducation civique.

Ce sont les situations qui ont une visée opérationnelle comme la plupart des situations à visée professionnelle, par exemple la situation (12) Châssis. : « *Il nous demande de fabriquer un châssis de fenêtre avec un ouvrant tombant...* »

On les rencontre cependant également dans l'enseignement général : la situation (33) Menu (variante 1), la situation (29) Revue, (6) Magnétoscope, sont des exemples de situations dont le produit attendu est l'exécution d'une tâche courante.

1.5.4 *En termes de proposition d'action*

Il s'agit essentiellement de proposition d'action en matière d'environnement, de santé, ou en matière de vie sociale et économique.

C'est le cas lorsque l'on vise à rendre l'élève compétent pour proposer des solutions, pour mener une enquête, pour lancer une campagne d'information... C'est dans certaines disciplines telles les sciences sociales, les sciences, l'éducation en matière de population etc., que l'on rencontre le plus souvent ces types de produits. Plus que la réalisation de l'action elle-même, il s'agit plus souvent de l'anticipation d'une action sur l'environnement ou sur la vie sociale et économique (la préparation sur papier d'une enquête, d'une campagne de sensibilisation, l'énoncé de propositions par écrit). Toutefois, dans certains cas, le produit peut se matérialiser, quand par exemple on demande à l'élève de produire une brochure, un prospectus, une affiche.

La situation (2) Moustique, « *Émets 3 propositions argumentées pour lutter contre ces insectes* », ou encore la situation (35) Hygiène sont des exemples de situations dont le produit attendu est une action sur l'environnement.

Parfois, ce type de situation se combine avec une production nouvelle (création nouvelle), comme dans la situation (26) Campagne de propreté. Tout dépend de l'aspect prédominant, le texte produit (c'est souvent le cas lorsque l'on se situe dans une discipline langagière, comme dans la situation (1) Papiers), ou les idées de ce texte (lorsque l'on se situe dans une discipline pour laquelle la langue n'est qu'un vecteur, un outil).

1.5.5 *En termes de choix d'une réponse parmi un ensemble de réponses proposées*

Pour vérifier si l'élève peut aborder une situation complexe, on n'a parfois guère d'autre choix que de proposer un ensemble d'items (genre QCM [20]), ou encore un appariement. C'est notamment le cas dans les toutes petites classes, dans lesquelles les possibilités de faire produire par l'élève des réponses longues sont plus limitées.

> La version de base de la situation (34) Sida est un exemple de situation dont le produit attendu est un choix à poser parmi un ensemble de choix possibles : « *(1) Mettre l'objet en bouche pour voir ce qu'il goûte ; (2) jouer avec l'objet comme si c'était un jouet ; (3) demander à un adulte ce qu'est l'objet et à quoi il sert* ». Les versions 1 et 2 sont des situations qui demandent un appariement (un objet et un nom).

Ce peut être aussi le cas lorsque l'on demande à l'élève de poser un choix, et d'argumenter ce choix.

L'ensemble des tâches évoquées peuvent être regroupées en deux catégories selon la longueur de la réponse :

- situations à réponse courte (solution à un problème fermé, QCM ou items à appariement) ;
- situations à réponse longue (texte à produire, schéma à réaliser, propositions à émettre...).

L'intérêt d'une réponse courte réside dans la facilité de correction par l'enseignant, pour des critères de processus comme des critères de produit, puisque certains QCM permettent d'évaluer des processus (la seule chose qu'ils ne permettent pas d'évaluer étant des productions). Une réponse longue s'évalue à travers des critères, ce qui requiert davantage de temps pour la correction, mais possède l'avantage de permettre plus de finesse dans l'appréciation, car l'enseignant dispose de plus d'éléments pour porter une appréciation sur la production. Une difficulté peut toutefois se présenter dans ce cas : l'élève peut produire une réponse longue, mais qui, dès le départ, n'est pas pertinente. Ce cas peut être résolu par un choix approprié de critères, dont le premier est un critère « pertinence », qui reflète le fait que l'élève a une production en adéquation avec ce qui est demandé, les autres critères se référant à la production de l'élève telle quelle, même si elle n'est pas pertinente.

---

20. Questions à choix multiple.

1.6 La consigne de travail

La consigne représente l'ensemble des instructions qui sont données à l'élève.

Une consigne n'existe que parce que les situations exploitées en classe ne sont pas des situations naturelles (voir en 1.2.1), mais des situations construites. Une situation naturelle n'est pas assortie de consignes, puisque la tâche à réaliser s'impose d'elle-même. La consigne est donc par excellence une concession faite par le monde scolaire à la réalité. C'est le prix à payer pour travailler sur des situations construites. Elle est nécessaire parce qu'il y a un « proposeur » de situation, celle-ci ne s'imposant pas d'elle-même.

Dans certains cas, on peut choisir de ne pas donner de consigne de travail à l'élève, pour l'obliger à être plus attentif dans la lecture de l'énoncé, à y réfléchir de façon approfondie, à voir ce qu'on peut en faire, à se poser des questions. C'est le cas de la situation (13) Porte-monnaie.

Quelles sont les qualités d'une consigne efficace ? On peut en identifier trois principales. Une consigne doit être :

- complète ;
- claire ;
- concise.

> **Des exemples de telles consignes sont donnés par la situation** (31) Facteur : « *Quelle est la masse approximative de chaque paquet ? Qu'est-ce qu'il pourrait bien y avoir à l'intérieur ?* » ou encore la situation (8) Borne kilométrique : « *Une borne kilométrique a la forme suivante. Le ministère retient la proposition la moins coûteuse.* ».

À ces trois qualités, on peut en ajouter une quatrième : une consigne qui ait été validée.

Ces qualités d'une consigne répondent à la nécessité de réduire l'écart entre la situation exploitée dans le cadre scolaire et une situation naturelle, dans laquelle la consigne est inexistante. Dans cette optique, l'enjeu est d'éviter au maximum que la consigne ne fasse « écran » pour la résolution de la situation, sinon la situation se transforme en un exercice de compréhension d'un texte. Au contraire, une consigne doit toujours faciliter au maximum la compréhension de l'élève, pour éviter de détourner l'attention de celui-ci de l'essentiel, qui est la résolution de la situation. D'autres éléments peuvent constituer des écrans volontaires (voir en 2.1.3), mais pas la consigne.

1.6.1 *Une consigne complète*

Une consigne complète représente avant tout un ensemble d'instructions à partir desquelles un élève peut se mettre au travail sans ambiguïté. Il sait ce qu'il a à faire, avec quels supports, à l'aide de quels outils, dans quelles conditions il peut le réaliser, dans quelles limites de temps.

Cela ne signifie pas que tous les éléments doivent être donnés dans une phrase unique, au contraire. Une bonne consigne est une consigne qui peut donner l'ensemble des éléments de façon légère et compréhensible. Parfois, on jouera sur la complémentarité entre un tableau et une consigne écrite, tantôt sur la complémentarité entre un dessin et une consigne écrite, tantôt sur la complémentarité entre une consigne écrite et une consigne orale etc.

Si elle doit être complète, elle doit cependant éviter de donner à l'élève des indications sur le processus de résolution, en lui demandant de mobiliser telle ou telle procédure. Si l'objectif est de rendre l'élève autonome face à un type de tâche déterminé, il vaut mieux diminuer le niveau de complexité de la tâche, et l'inviter à agir seul, que de lui donner une tâche trop complexe ou trop compliquée, et de lui donner des indications sur le processus de résolution.

1.6.2 *Une consigne claire*

Il y a des consignes dont on voit tout de suite qu'elles sont claires, limpides. On parle de consigne univoque, c'est-à-dire de consigne comprise par tous de la même façon.

> C'est le cas de la situation (25) Concours de dessin, « *Tu as lu cette annonce dans le journal. Tu veux t'inscrire au concours de dessin. En une dizaines de phrases, écris une demande pour déposer ta candidature.* ». C'est également le cas de la situation (8) Borne kilométrique.
>
> D'autres apparaissent plus lourdes, plus obscures en première lecture comme celle de la version de base de la situation (35) Hygiène.

Une consigne claire, c'est une consigne qui apparaît comme évidente aux élèves, et qui est comprise de la même façon par l'ensemble des élèves. Le rôle des supports est important à ce niveau. Souvent, une bonne illustration peut remplacer avantageusement plusieurs lignes de consignes, et, de plus, motive davantage l'élève. Le recours à une illustration ou à un schéma sera d'autant plus pertinent, voire indispensable, dans les petites classes, lorsque l'élève n'a pas encore une maîtrise suffisante de la lecture pour comprendre une consigne écrite.

Détaillons quelque peu les qualités d'une consigne claire, et voyons comment en rédiger une.

A. Une consigne explicite

Encore faut-il que la consigne soit en adéquation avec le support, qu'elle soit **explicite**.

Par exemple, la consigne de la version de base de la situation (15) Hôpital, présentée ci-dessous, comprend un implicite important : le rôle de l'illustration n'est pas explicité dans la consigne.

On a deux possibilités pour lever l'implicite :

- soit allonger la consigne : « *Tous les matins, Bika est occupé. Observe la première phrase, et complète la deuxième phrase en te basant sur l'illustration que tu as sous les yeux.* », ce qui — dans ce cas — ne convient pas vraiment à l'âge des élèves ;

- soit introduire une nouvelle illustration, et procéder en deux étapes claires en séparant les deux parties de la consigne : un exemple donné à partir d'un dessin d'hôpital, puis une phrase à compléter à partir d'un dessin qui parle d'une école. C'est le choix qui a été posé dans la variante.

SITUATION 15	Hôpital

Discipline : langue	*Niveau* : 6 ans	*Provenance* : Gabon [1]

Compétence visée : Produire une phrase simple à partir d'indices figurant sur une illustration

1. **VERSION DE BASE**

Consigne

Tous les matins, Bika est occupé : complète la deuxième ligne.

Bika   l'hôpital   – – – – – – –   Bika va à l'hopital

Bika   . . . .   – – – – – – –   Bika va à . . . .

---

1. Avec l'appui du projet FED éducation.

2. **VARIANTE**

Observe

Bika va à *l'hôpital*

15

Complète maintenant par toi-même.

Bika va à ....

B. Une consigne séparée des données

De façon générale, il est utile de séparer les données de la consigne, en faisant figurer celles-ci à une autre place.

> Les données peuvent se situer :
> - dans un texte introductif, comme dans la situation (37) Hôtel ;
> - dans un tableau, comme dans les situations (8) Borne kilométrique ou (21) Mésaventure ;
> - dans un dessin, comme dans la situation (15) Hôpital ;
> - dans un schéma, comme dans la situation (9) Petit mot (le plan de la ville), (19) Craies ou (8) Borne kilométrique ;
> - selon une combinaison d'éléments, comme dans la situation (31) Facteur.

Si on se situe strictement sur le plan de la clarté de l'énoncé écrit, il y a aussi des techniques simples à prendre en compte dans la formulation d'une consigne (Gerard & Roegiers, 2003) :

- une consigne qui s'adresse directement à l'élève ;
- des phrases courtes ;
- une consigne qui soit une véritable consigne, et non une question ;
- une consigne qui évoque un comportement vérifiable, témoin d'une tâche à exécuter ;
- une consigne correcte sur le plan de la langue ;
- une consigne qui mobilise un champ lexical connu de l'élève.

C. Une consigne qui s'adresse directement à l'élève

Pour s'adresser directement à l'élève, il n'y a rien de tel que de s'adresser à l'impératif, et non à l'infinitif.

> **Par exemple (situation (30) Budget), plutôt que de dire**
> *« Établir un budget de vacances (hébergement — nourriture — loisirs — transports) pour 15 jours. Prévoir les devises à emporter (cf. tableau, taux de change) »*,
> **il vaut mieux dire**
> *« Établis un budget de vacances (hébergement — nourriture — loisirs — transports) pour 15 jours. Prévois les devises à emporter (cf. tableau, taux de change) ».*

On peut aussi utiliser la première personne du singulier : « **J'établis** un budget… ».

De plus, comme la situation doit être résolue par chaque élève individuellement, il vaut mieux utiliser le singulier, en s'adressant à chacun des élèves.

> **Par exemple (situation (19) Craies), plutôt que de dire**
> *« On veut emballer 7 craies dans un emballage en carton. Proposez différentes solutions et choisissez la plus économique (celle qui utilise le moins de carton). »*
> **il vaut mieux dire**
> *« On veut emballer 7 craies dans un emballage en carton. Propose différentes solutions et choisis la plus économique (celle qui utilise le moins de carton). »*

D. Des phrases courtes

Même si la consigne est relativement longue, on a toujours intérêt à la couper en plusieurs phrases courtes.

> **Par exemple (situation (30) Budget), plutôt que de formuler la consigne**
> *« Établis un budget de vacances (hébergement — nourriture — loisirs — transports) pour 15 jours, en n'oubliant pas les devises à emporter (cf. tableau, taux de change) »*,
> **il vaut mieux dire**
> *« Établis un budget de vacances (hébergement — nourriture — loisirs — transports) pour 15 jours. Prévois les devises à emporter (cf. tableau, taux de change) ».*

E. Une consigne qui soit une véritable consigne, et non une question

Comme la consigne traduit une tâche à exécuter, c'est une véritable consigne qu'il faut essayer de rédiger, et non une question, qui peut être ambiguë sur la tâche à exécuter par l'élève.

Il est donc préférable de rédiger la consigne sur le mode impératif, ou injonctif, mais pas sur le mode interrogatif.

> **Par exemple, plutôt que de dire (situation (38) Vaccination)**
> *« Comment Madame Mivuba peut-elle faire vacciner ses enfants en une semaine, en limitant ses déplacements au maximum ? »*,
> **il vaut mieux dire**
> *« Propose à Madame Mivuba un plan de vaccination de ses enfants sur une semaine, en limitant ses déplacements au maximum ».*

En effet, dans la première formulation, l'élève qui répond « en achetant une voiture » répond à la question posée, mais n'exécute pas une tâche.

> **Autre exemple**
> **Plutôt que de dire (situation (28) Manuel)**
> *« Quels sont les supports de même espèce ? »*
> **il vaut mieux dire**
> *« Relie les supports de même espèce. ».*

De plus, une question évoque davantage un simple exercice, une application, plutôt qu'une tâche complexe.

Toutefois, dans une situation fermée, qui tient en une réponse courte (un nombre, une grandeur, un mot, un lieu…), il est souvent plus commode de poser une question.

> C'est le cas de la situation (8) Borne kilométrique ou de la situation (11) Rentrée scolaire. Ceci est d'autant plus acceptable qu'il y a plusieurs items, comme dans les situations (41) Marché ou encore dans la situation (22) Courant.

F. Une consigne qui évoque un comportement vérifiable, témoin d'une tâche à exécuter

À nouveau, comme la consigne est la traduction d'une tâche, cette tâche doit apparaître clairement.

> • Par exemple, plutôt que de dire (situation (28) Manuel)
>
> « *Trouve les supports de même espèce.* », ou « *Identifie les supports de même espèce* »,
>
> il vaut mieux dire
>
> « *Relie les supports de même espèce* ».
>
> • Plutôt que de dire (situation (20) Dévaluation)
>
> « *Bizimana doit fixer les prix de vente unitaires pour maintenir sa marge bénéficiaire* ».
>
> il vaut mieux dire
>
> « *Calcule les prix de vente unitaires pour maintenir la marge bénéficiaire de Bizimana* ».

G. Une consigne correcte sur le plan de la langue

La formulation correcte est importante aussi. Les termes utilisés doivent être bien choisis, les phrases formées doivent être sémantiquement et syntaxiquement correctes. Des fautes grammaticales et des fautes d'orthographe sont aussi à éviter, pour elles-mêmes, mais aussi parce qu'elles peuvent induire une mauvaise piste. Par exemple, la consigne « Indique à l'aide d'une croix les parties du corps qu'il utilise pour voir et entendre » est sémantiquement incorrecte. Il vaut mieux en faire deux consignes distinctes.

H. Une consigne qui mobilise un champ lexical connu de l'élève

Une consigne étant présente pour aider l'élève et non pour lui mettre des bâtons dans les roues, les termes utilisés doivent être des termes simples, connus de l'élève.

Dans certains cas, pour augmenter la lisibilité de la consigne, on peut recourir à la redondance, qui consiste à présenter un même élément de deux façons différentes : par exemple, dans un énoncé et sur un schéma. De même, la mise en évidence reste un procédé intéressant : caractères gras, éléments entourés, surlignés, etc.

En revanche, la répétition n'apporte pas grand chose, si ce n'est de mauvaises habitudes à l'élève, qui risque d'accorder moins d'attention à chacun des éléments d'un énoncé.

1.6.3 *Une consigne concise*

Une autre qualité importante d'une consigne est d'être concise. Cela signifie que si une consigne peut tenir en 20 mots tout en étant aussi compréhensible qu'une autre consigne de 30 mots, il faut choisir sans hésiter la consigne de 20 mots, tout simplement parce que les 10 mots supplémentaires sont autant d'occasions pour l'élève de trébucher. Or une consigne ne doit pas être elle-même une source d'erreur. Souvent, on peut réaliser une économie de mots en recourant à des schémas, des tableaux, une illustration.

> **La situation** (21) Mésaventure **est un exemple de situation économique sur le plan des mots. Si on avait dû la présenter sous la forme d'un seul énoncé écrit, 15 lignes auraient été nécessaires au moins.**
> **Voici trois autres exemples de consignes concises :**
>
> - *« Je regarde le dessin. J'écris une phrase. »* **(situation** (10) Voiturette**)**
> - *« Tu es intéressé par cet avis de candidature publié dans le journal **La Nation**. Rédige une lettre d'une page environ pour exposer les raisons qui t'amènent à présenter ta candidature. »* **(situation** (37) Hôtel**)**
> - *« 1. Réaliser le châssis de fenêtre, un ouvrant oscillo battant aux normes CE*
>
>   *2. Le châssis a les dimensions « jour » : L 600 xH 800 mm. Battée de maçonnerie : 50 mm*
>
>   *3. Sens d'ouverture : droit (vue de l'intérieur)*
>
>   *4. Prévu pour poser un double vitrage. »* **(situation** (12) Châssis**)**

Ensuite, autant que possible, une consigne doit traduire une tâche unique, de manière à ce que le but de la situation apparaisse clairement à l'élève.

Cela signifie qu'il faut éviter, autant que possible, d'introduire des termes comme « d'abord », « ensuite » dans une même phrase. Mieux vaut en faire plusieurs consignes distinctes.

> **C'est le cas de la situation** (40) Lait, **et de la situation** (22) Courant.

1.6.4 *Une consigne validée*

En résumé, on peut dire que la consigne est la porte d'entrée de la situation. Elle mérite à ce titre un soin tout particulier. Il est rare, même pour un expert en la matière, qu'une première formulation d'une consigne soit la bonne formulation : on est souvent amené à en essayer plusieurs, et à choisir la plus complète, la plus claire et la plus concise. En un mot, la plus compréhensible par les élèves. Pour le concepteur, l'enjeu est donc de produire non pas une consigne, mais bien une consigne validée. Et pour valider une consigne, la meilleure (voire la seule) façon est de la présenter à un groupe d'élèves, et de tester leur compréhension. C'est ce qui devrait être fait impérativement lorsque l'on rédige une consigne dans le cadre d'une publication à large échelle : ce n'est pas parce qu'elle apparaît claire au concepteur qu'elle l'est pour le destinataire, c'est-à-dire l'élève. Une seule solution : la tester, auprès de quelques élèves au moins.

2. SITUATIONS ET COMPLEXITÉ

Les propos qui suivent proposent de développer quelque peu la notion de « situation complexe », et de la mettre en tension avec la notion— proche mais différente — de situation « compliquée ».

2.1 Ce qu'est une situation compliquée

2.1.1 *La notion de tâche compliquée*

Avant de développer ce qu'est une situation compliquée, essayons d'abord de cerner ce qu'est une tâche compliquée.

Une tâche **compliquée** est essentiellement une tâche qui mobilise des savoirs et des savoir-faire nouveaux pour celui qui l'exécute.

EXEMPLES

- Pour quelqu'un qui fait ses premiers pas en informatique, c'est compliqué de manipuler la souris, et en particulier de « double-cliquer ». Il s'agit pourtant d'une opération « élémentaire », mais compliquée parce que nouvelle, et non maîtrisée a priori par cette personne.
- Pour quelqu'un qui a toujours été habitué à payer dans une certaine monnaie, c'est compliqué de se mettre à une autre monnaie : il s'agit d'entrer dans un nouveau système, d'acquérir de nouveaux réflexes, même si les opérations de change proprement dites mobilisent toujours la même fraction.

Une tâche compliquée aux yeux d'un élève est une tâche qui mobilise des acquis nouveaux, à savoir peu ou pas connus par lui, insuffisamment maîtrisés, ou qui lui sont peu familiers :

- un concept qui n'a pas été abordé en classe ; un terme que l'élève n'a jamais rencontré, ou qui ne lui a jamais été expliqué ;

- un savoir-faire nouveau pour l'élève ; un savoir-faire qu'il a vu pratiquer par l'enseignant, mais qu'il n'a jamais exercé lui-même ;

- une règle, une formule, une loi qu'on lui demande d'appliquer dans une situation, alors qu'elle n'a été abordée que de façon théorique ;

- une nouvelle façon de présenter les choses, qui n'a jamais été rencontrée par l'élève (une nouvelle schématisation, un nouveau symbolisme, une nouvelle façon de présenter une consigne…) ;

- des informations qu'il ne connaît pas (actualités, culture générale…), mais qui sont « supposées connues » ;

- un nouveau type de démarche, un environnement de travail non connu ;

- etc.

2.1.2 *Le caractère relatif d'une tâche compliquée*

Lorsqu'on parle de tâche *compliquée*, on ne peut parler que de caractère compliqué *a priori* puisque celui-ci est lié au degré de maîtrise par chaque élève des différents éléments qui la composent. En effet, si, grâce à la connaissance qu'il a acquise de ses élèves, l'enseignant peut inférer la réaction probable d'une majorité d'élèves à la tâche qu'il propose, il ne peut jamais déterminer avec précision en quoi la tâche sera trop ou trop peu compliquée pour un élève donné, tant que cet élève ne s'y est pas frotté. Cette notion ne reflète donc jamais que le caractère compliqué aux yeux de l'expert. Elle n'est qu'une hypothèse à tester, dont l'issue est souvent incertaine : les travaux ne manquent pas qui ont montré que, placées dans des contextes particuliers, des personnes ont atteint un faible degré de scolarité pouvaient mobiliser des procédures efficaces tout à fait originales pour résoudre des problèmes très compliqués [21].

2.1.3 *Les paramètres d'une tâche compliquée*

Le caractère compliqué d'une tâche peut être assimilé à trois paramètres principaux :

- les contenus mis en œuvre ;

- l'activité exercée sur ces contenus ;

- les conditions dans lesquelles l'activité est exercée.

---

21. Voir notamment les travaux de Carraher, Carraher & Schliemann, (1985) ; Soto (1992)

SITUATION 16	Restaurant

Discipline : langue	*Niveau* : 6 ans	*Provenance* : Djibouti [1]

1. **ÉTAPE 1 : LIRE DES MOTS EN SITUATION**

   — Tu es au restaurant. Tu lis le menu à tes amis.

   RESTAURANT ARTA

   MENU

   - Salade de poulet   400 F
   - Riz au poisson   400 F
   - Soupe   200 F
   - Jus d'orange   100 F

2. **ÉTAPE 2 : LIRE DES PHRASES EN SITUATION**

   — Tu es journaliste à la télévision. Tu fais de la publicité.

   - Le poisson, c'est bon pour la santé !
   - Mangez du poulet, c'est bon !
   - Buvez du lait !
   - Buvez du jus d'orange !
   -

3. **ÉTAPE 3 : LIRE UN PARAGRAPHE EN SITUATION**

   — Tu lis le résumé à ton frère.

   C'est la fête. Saïd va au restaurant ARTA avec ses amis : Assa, Dayo, Mouna et Saïda. Il demande le menu. Il y a de la salade de poulet, du riz au poisson, de la soupe et du jus d'orange.
   Mouna dit : " Le poisson, c'est bon pour la santé ! "

1. BOULHAN, N. (coord.). (2002). *Guide d'intégration Français 1ᵉ année*. Djibouti : CRIPEN

A. Les contenus

Le caractère compliqué d'une tâche tout d'abord fonction des contenus sur lesquels on demande à l'élève d'agir. Par exemple, les étapes de la situation (16) Restaurant ci-contre montrent bien une progression du niveau de difficulté des contenus à lire : lecture de mots (étape 1), lecture de phrases (étape 2), lecture d'un petit paragraphe (étape 3).

Utiliser des mots de vocabulaire plus spécialisés, ou moins connus de l'élève, constituerait une autre dimension d'un contenu plus compliqué.

B. L'activité exercée sur les contenus

Le caractère compliqué de la tâche est également lié au niveau cognitif, affectif ou gestuel des démarches qu'elle mobilise. Par exemple, les tâches demandées à l'occasion de la situation ci-contre peuvent être de difficulté croissante selon ce qui est demandé à l'élève : reproduire la lecture d'un texte (par exemple après qu'un autre élève ait lu ce texte), déchiffrer un texte nouveau, ou encore lire pour comprendre (lire avec intonation). Ce sont des activités d'un niveau cognitif croissant, qui peuvent d'ailleurs se situer au sein d'une taxonomie des opérations cognitives, comme celle de Bloom ou celle de D'Hainaut.

Le caractère compliqué des tâches demandées à l'élève dans le cadre de cette situation est donc lié à la fois aux activités exercées et aux contenus sur lesquels ces activités s'exercent, c'est-à-dire au niveau d'objectif spécifique traité [22].

Il n'est en revanche — a priori en tout cas — pas lié à la quantité d'éléments à prendre en compte : un enchaînement d'une multitude de savoirs et savoir-faire peut ne pas être compliqué du tout, comme, pour un grand cuisinier, préparer un festin pour 200 personnes. En revanche, pour ce même grand cuisinier, il peut être très compliqué de poser un geste tout à fait simple, mais nouveau pour lui, comme manipuler la souris de l'ordinateur.

C. Les conditions dans lesquelles l'activité est exercée

Le caractère compliqué peut enfin provenir de contraintes, c'est-à-dire au fait que certaines conditions requises pour l'exécution de la tâche ne sont pas présentes : par exemple, pour un grand cuisinier, préparer un repas pour 200 personnes n'est pas compliqué, sauf s'il doit le faire sans électricité. De même, il est compliqué pour lui de couper un oignon s'il a l'index dans le plâtre.

---

22. Le terme « objectif spécifique » étant entendu au sens de la P.P.O, comme l'exercice d'une activité sur un contenu (voir par exemple Roegiers, 2000).

SITUATION 17	Pharmacie

Discipline : langue	*Niveau* : 6 ans	*Provenance* : Djibouti [1]

1. **ÉTAPE 1 : LIRE DES MOTS EN SITUATION**

   — Tu es pharmacien, tu lis l'ordonnace de Saïd

   > Docteur Abdillahi
   > HOPITAL PELTIER
   > 35 25 12
   >
   > Djibouti, le 3 mars
   >
   > Nom du malade : Saïd Ali Abdallah
   > - Aspirine : 1 comprimé par jour
   > - Sirop
   >
   > Docteur ABDILLAHI

2. **ÉTAPE 2 : LIRE DES PHRASES EN SITUATION**

   — Tu es la maîtresse. Tu lis la lettre de Zeinab pour la classe.

   > Djibouti, le 4 mars
   >
   > Madame,
   > Saïd est malade, il a mal au bras.
   > Il est à l'hôpital Peltier, il sera absent.
   > Merci.
   >
   > Sa sœur Zeinab

3. **ÉTAPE 3 : LIRE UN PARAGRAPHE EN SITUATION**

   — Tu lis le résumé de l'histoire de la maladie de Saïd..

   > Saïd court et tombe. Il a mal au bras. Il va à l'hôpital
   > Peltier avec papa et maman. Le docteur Abdillahi dit :
   > « Oh ! Tu as très mal ! Un comprimé, et tu es guéri ! ».

---

1. BOULHAN, N. (coord.). (2002). *Guide d'intégration Français 1e année*. Djibouti : CRIPEN

2.1.4 *Ce qu'est une situation compliquée*

Une situation compliquée, de par son caractère de situation, repose a priori sur des tâches compliquées, puisqu'elles sont du niveau de la résolution de problème (voir en 1.1.4.6). Dans ce sens, le terme « situation compliquée » est donc en partie un pléonasme.

Au-delà de ce niveau minimal, c'est aussi une situation dont la résolution met en jeu des savoirs et des savoir-faire nouveaux, peu connus de celui qui la résout, ou moins bien maîtrisés par lui.

Par exemple, une situation dans laquelle l'élève va devoir résoudre une équation du second degré et une intégrale est — a priori en tous cas — plus compliquée qu'une situation dans laquelle l'élève doit résoudre une équation du premier degré et effectuer un calcul de pourcentage.

De même, la situation (17) Pharmacie, présentée ci-contre, est a priori aussi compliquée que la situation (16) Restaurant, dans la mesure où elle met en jeu des structures identiques, des phrases de longueur similaire, des mots de vocabulaire de même niveau.

2.1.5 *Situation compliquée et expérimentation*

Nous avons vu en 2.2.1.2 que la notion de tâche compliquée était essentiellement relative. Il en va de même d'une situation compliquée. Il y a deux manières de réduire la marge d'incertitude sur le caractère compliqué d'une situation. À l'échelle d'une classe, l'enseignant peut la réduire grâce à la connaissance qu'il a de ses élèves. Quand on travaille à une échelle plus grande qu'une échelle de classe, cette marge d'incertitude peut diminuer en recourant à une expérimentation auprès de quelques élèves : par exemple le concepteur de manuels scolaires qui conçoit quatre ou cinq situations pour son manuel peut les tester auprès d'un échantillon significatif d'élèves, et classer ces situations de la mieux réussie à la plus réussie pour les faire apparaître dans un certain ordre dans son manuel [23]. Cela ne veut pas dire que, pour tout élève qui sera invité à résoudre ces situations, celle qui se présente en premier lieu lui apparaîtra comme plus facile que la deuxième, mais la marge d'incertitude moyenne se réduit.

2.2 Ce qu'est une situation complexe

La notion de **complexité** met en jeu quelque chose d'assez différent. La complexité ne dépend pas tellement du type d'activités à exercer, du type de savoirs, de savoir-faire et de savoir-être à mobiliser. Elle dépend surtout de la quantité de savoirs, de savoir-faire et de savoir-être à mobiliser. La difficulté vient non pas de chaque opération à exécuter, mais de l'articulation de ces opérations entre elles.

---

23. En supposant que, compte tenu du choix pédagogique qu'il a posé, il cherche à les présenter dans cet ordre.

EXEMPLES

- Pour un jongleur habitué à jongler avec 4 balles de même poids, il est compliqué d'apprendre à jongler avec 4 balles de poids différents, parce que cela mobilise un savoir-faire nouveau par rapport au savoir-faire précédent.

- En revanche, pour ce même jongleur, jongler avec 4 balles tout en menant une conversation dans une langue étrangère dont il vient d'acquérir la maîtrise, n'est pas compliqué, mais c'est complexe, parce qu'il doit combiner les deux opérations. La difficulté vient non de la nouveauté d'un savoir-faire, mais de la nécessité d'articuler deux savoir-faire connus.

Une situation complexe combine des éléments que l'élève connaît, qu'il maîtrise, qu'il a déjà utilisés plusieurs fois, mais de façon séparée, dans un autre ordre ou dans un autre contexte. Il s'agit donc non seulement d'éléments connus de l'élève, mais qui ont été travaillés par lui, séparément ou conjointement.

Le terme « situation complexe » est en partie un pléonasme puisque une situation appelle l'articulation de différentes informations (voir en 1.1.1).

Par exemple, la situation (16) Restaurant, présente un ensemble de tâches : lire des mots en situation, lire des phrases en situation, lire un paragraphe en situation. Les tâches sont sans doute compliquées pour l'élève qui apprend à lire, mais elles ne sont pas complexes.

La complexité serait introduite par la consigne suivante :
« Lis les deux documents suivants. Écris la commande de Saïd, et calcule ce qu'il devra payer. »

RESTAURANT ARTA

MENU

- Salade de poulet   400 F
- Riz au poisson   400 F
- Soupe   200 F
- Jus d'orange   100 F

C'est la fête. Saïd va au restaurant ARTA avec ses amis : Assa, Dayo, Mouna et Saïda. Il demande le menu. Il aime le riz au poisson et le jus d'orange, mais pas la salade de poulet. Mouna dit : « Le poisson, c'est bon pour la santé ! »

Les tâches élémentaires sont connues (lire des mots en situation, lire un paragraphe en situation, identifier des informations à partir d'un texte, additionner deux nombres), mais la difficulté vient de l'articulation de ces savoir-faire connus : l'élève doit les combiner pour exécuter la consigne.

Les combinaisons suivantes donnent à titre d'exemple des niveaux de complexité croissante :

- contexte + S

- contexte + SF

- contexte + S + SF

- contexte + SF + SF

- etc.

Un exemple de tâches de plus en plus complexes en mathématiques serait le suivant :

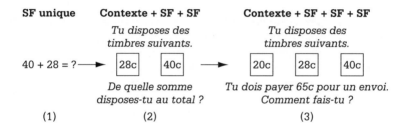

| | **Contexte + SF + SF** | **Contexte + SF + SF + SF** |

SF unique

Tu disposes des timbres suivants.

Tu disposes des timbres suivants.

40 + 28 = ? ➔ [28c] [40c] ➔ [20c] [28c] [40c]

De quelle somme disposes-tu au total ?

Tu dois payer 65c pour un envoi. Comment fais-tu ?

(1)   (2)   (3)

Par rapport à la tâche (1) [24], qui ne mobilise qu'un savoir-faire (additionner deux nombres inférieurs à 100), la situation (2) mobilise un contexte, et au moins deux savoir-faire (trouver l'opération qui convient, additionner deux nombres inférieurs à 100). La situation (3) est encore plus complexe, dans la mesure où elle mobilise au moins trois savoir-faire : trouver l'opération qui convient, additionner deux nombres inférieurs à 100, comparer deux nombres inférieurs à 100 [25].

Des exemples de tâches plus compliquées seraient donnés par la même opération que l'opération de départ, mais avec un report [26] (45 + 28 = ?), ou encore sur une autre opération, par exemple une soustraction.

À partir d'une même tâche, on joue alors sur deux dimensions, comme le montre le schéma ci-après.

---

24. Que l'on ne peut pas qualifier de « situation » puisqu'elle n'est pas contextualisée.
25. Cet exemple n'est qu'une illustration, qu'il faut voir dans son esprit, mais pas dans le nombre de savoir-faire, qu'il est difficile de déterminer. On pourrait tout aussi argumenter le fait que la situation (3) mobilise dix ou vingt savoir-faire, selon le niveau de généralité que l'on donne aux savoir-faire.
26. Parfois appelé « retenue »

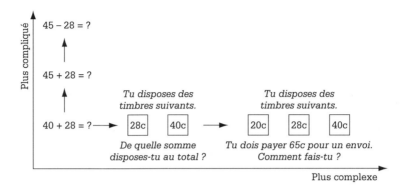

Si le caractère compliqué d'une situation est en grande partie subjectif, car lié aux caractéristiques et à l'histoire de l'élève qui la résout, on peut objectiver en grande partie le caractère *complexe* d'une situation, dans la mesure où celui-ci est lié à des éléments indépendants de l'élève qui la résout : un contexte, une certaine quantité de savoirs, de savoir-faire.

2.3   Complexité et volume des informations à traiter

Une autre question, à la frontière entre le caractère compliqué et complexe, est liée au volume des informations à traiter. L'introduction d'un élément supplémentaire joue-t-elle sur le caractère compliqué de la situation, ou sur sa complexité ?

Pour le jongleur habitué à jongler avec 4 balles, le fait d'introduire une balle supplémentaire est certainement plus compliqué. Non pas parce que l'élément supplémentaire est inconnu — il est au contraire parfaitement connu de lui —, mais parce qu'une toute nouvelle combinaison est à inventer pour lui, du fait de ce nouvel élément. C'est compliqué non pas parce que c'est complexe, mais parce qu'il y a un nouveau savoir-faire à acquérir.

Par contre, pour un élève habitué à dessiner une pièce mécanique à 10 faces et à angles droits, il n'est pas plus compliqué de dessiner une pièce à 12 faces, mais c'est plus complexe parce que le nombre d'éléments à prendre en considération augmente.

Qu'est-ce qui fait la différence entre ces cas ? La différence est liée à la nouveauté de la démarche, du savoir-faire, des procédures. Une situation qui comprend davantage d'éléments est plus compliquée si elle fait appel à une nouvelle démarche, à de nouvelles habitudes, à de nouvelles procédures. Elle est en revanche plus complexe si les démarches, les procédures restent valables, tout en s'appliquant à des éléments supplémentaires.

Illustrons ce développement par deux nouveaux exemples [27].

2.3.1 *Premier exemple*

Quand un élève, habitué à résoudre une addition à deux termes, doit résoudre une addition à trois termes, est-ce plus complexe ou plus compliqué pour lui ? La réponse n'existe pas dans l'absolu. Elle est liée aux procédures qu'il utilise pour résoudre l'addition à deux termes. Elle dépend donc de chacun.

Ce serait plus complexe pour celui qui procède selon l'algorithme par écrit (que ce soit par écrit ou dans sa tête), et pour lequel il suffit d'ajouter un nombre. La procédure qu'il privilégie reste valable.

C'est plus compliqué pour celui qui procède par les tables d'addition (les sommes des dix premiers nombres, deux à deux), parce que sa procédure n'est plus utilisable telle quelle. Pour fonctionner, elle doit être adaptée : soit il procède en deux fois (addition des deux premiers nombres, puis addition de la somme et du troisième nombre), soit, s'il tient absolument aux tables d'addition, il doit les élargir à des tables d'addition à trois nombres.

2.3.2 *Deuxième exemple*

Pour un élève de 6 ans, habitué à écrire des phrases de 3 mots, est-ce plus complexe ou plus compliqué d'écrire une phrase de 4 mots ?

Ici aussi, la réponse n'est pas absolue. Tout d'abord, elle varie d'un enfant à l'autre, et selon la phrase sur laquelle on va travailler. Ce que l'expert croit plus complexe, peut apparaître moins complexe à l'enfant, pour des raisons liées à lui, à sa façon de raisonner, à son vécu.

Mais indépendamment de ces facteurs individuels, la réponse est surtout liée au statut du nouveau mot dans la phrase, et donc au type de difficulté que ce nouveau mot introduit. C'est plus compliqué si ce mot oblige l'élève à changer la structure de la phrase (l'introduction d'une particule interrogative par exemple), mais plus complexe si ce mot s'inscrit dans une forme syntaxique connue (un mot supplémentaire dans une énumération par exemple).

2.4 Caractère complexe ou compliqué, et didactique

Le caractère compliqué et le caractère complexe d'une situation donnée déstabilisent tous deux l'élève, mais sur des plans différents.

Une situation-problème « didactique » déstabilise l'élève par sa nouveauté : c'est surtout le caractère compliqué de la situation qui est en jeu. Si l'enseignant veut centrer une situation-problème sur une nouvelle notion, un nouveau savoir-faire, il a intérêt à ne pas rendre la situation trop complexe, parce que, ce faisant, il risque de détourner l'attention de l'élève de ce qu'il veut

---

27. Nous sommes conscient du fait que les exemples portent sur des savoirs/savoir-faire ponctuels, et non sur des situations au sens où nous les avons définies. Ce choix est conscient, à des fins heuristiques. Les exemples pourraient être adaptés à des situations, mais ce serait plus ... complexe !

induire. Cette situation-problème doit être compliquée, sur le plan de la démarche, ou sur le plan notionnel, pour qu'il y ait apprentissage, mais pas trop complexe pour être certain que l'apprentissage porte bien sur la notion ou le savoir-faire nouveau à acquérir. Dans une situation-problème didactique, la « didactisation » de la situation consiste donc le plus souvent à créer une situation non complexe, ou pas trop complexe, pour mettre en évidence ce qui est nouveau.

En revanche, une situation « cible », liée à une compétence donnée, déstabilise l'élève par son caractère complexe. Quand l'enseignant prépare une nouvelle situation pour entraîner la compétence, ou pour vérifier si cette compétence est acquise, il va éviter d'introduire une nouvelle difficulté, sur le plan de la démarche, ou sur le plan notionnel, sinon il va au-delà de la compétence. Il ne complique donc pas la situation. Par contre, il va amener l'élève à articuler autrement des savoirs et savoir-faire connus, dans un autre contexte.

2.5   Le niveau de complexité d'une situation

Le niveau de complexité d'une situation dépend essentiellement de trois facteurs.

1. La contextualisation de la situation
2. La nature et la quantité de savoirs et de savoir-faire [28] élémentaires que l'élève doit mobiliser
3. Le type d'articulation que l'on demande à l'élève à propos de ces savoirs et savoir-faire.

2.5.1   *La contextualisation de la situation*

Le choix du contexte constitue le premier facteur qui détermine la complexité d'une situation. La question principale est de savoir ce qui, dans le choix du contexte, va influer sur cette complexité. La réponse est relativement simple dans son principe : c'est le degré de proximité que l'élève entretient avec le contexte qui va surtout influer sur la complexité de la situation.

Un exemple frappant est donné par les documents que l'on demande à l'élève d'analyser pour résoudre une situation : les documents sont-ils tout à fait nouveaux, ont-ils déjà été rencontrés pour une autre exploitation, ont-ils déjà été rencontrés pour le même type d'exploitation ? C'est la réponse à ces questions qui détermine en quoi le contexte constitue réellement un élément de complexité d'une situation.

> On peut se poser cette question à propos de situations comme la situation(18) Lieux saints, proposée ci-contre, mais à propos d'autres situations également : les situations (32) Bijouterie, (2) Moustique, (4) Liberté *etc.*

---

28.   Nous devrions dire « les ressources », qui comprennent aussi les savoir-être, les savoirs d'expérience, les automatismes,… Nous avons choisi le raccourci « savoirs et savoir-faire » parce qu'il nous paraît plus concret, même s'il est incomplet.

SITUATION 18 | Lieux saints

| *Discipline* : géographie | *Niveau* : 14 — 15 ans | *Provenance* : Tunisie |

Ton grand-père s'apprête à visiter les terres saintes (La Mecque) au cours du mois de Ramadan qui coïncide cette année avec la saison froide (le mois de décembre).

Tu es invité à lui fournir les renseignements nécessaires pour que sa visite se déroule dans de bonnes conditions. Aide-toi des documents suivants.

Document 1 : Carte de l'Arabie Saoudite

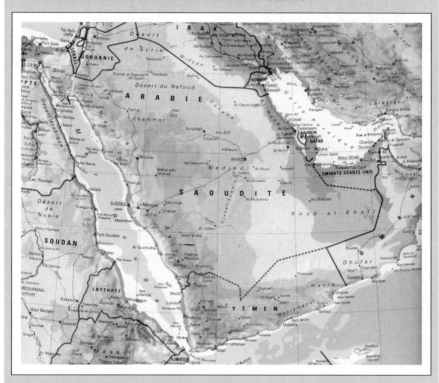

Document 2 : L'Arabie Saoudite

Nom officiel : Royaume d'Arabie Saoudite (Al Mamlakah al Arabiyah as Suudiyah).

Administration : L'Arabie Saoudite est divisée en 13 provinces (mintaqat) : Al Bahah, Al Hududash Shamaliyah, Al Jawf, Al Madinah, Al Qasim, Ar Riyad, Ash Sharqiyah (Eastern Province), 'Asir, Ha'il, Jizan, Makkah, Najran, Tabuk.

Capitale : Riyad.

Climat : Désertique, sec et aride avec de grands écarts de température.

Code ISO : AR

Devise nationale : Il n'y a dieu qu'Allah et Mohamed est son prophète.

Document 3 : Températures et précipitations à Riyad et à Djeddah

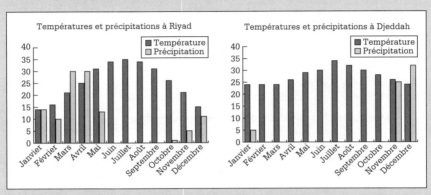

Document 4 : Fuseaux horaires

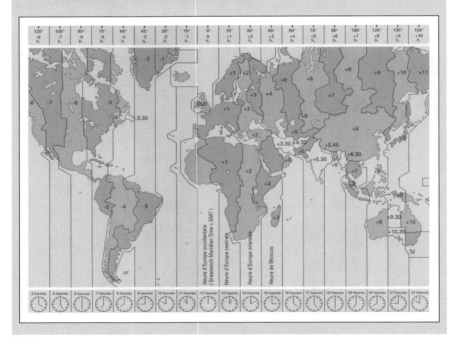

Voici quelques variables qui caractérisent un contexte :

- contexte familier ou non (par exemple un contexte rural/urbain pour un enfant qui habite la ville ou la campagne) ;
- contexte proche ou lointain ;
- contexte connu ou inconnu : même s'il n'est pas familier à l'élève, celui-ci peut bien le connaître sur un plan cognitif, parce qu'il a été rencontré par lui (dans un autre cours, dans une autre année, par les médias,...) ;
- contexte affectivement proche ou non (tout le monde n'apprécie pas le football, ou la cuisine japonaise) ;
- contexte déjà mobilisé dans des apprentissages précédents relatifs à la même compétence, ou non ;
- contexte significatif ou contexte artificiel (contexte « prétexte ») ;
- etc.

Le rôle du concepteur est délicat, car il s'agit de bien calibrer le degré de proximité du contexte. Un contexte trop lointain, trop peu familier, risque de handicaper l'élève d'une manière telle que la situation soit tout simplement insoluble par lui. En revanche, un contexte trop proche, trop familier, risque de supprimer tout simplement l'aspect « problème » de la situation.

Si le principe d'un contexte bien dosé est simple, son opérationalisation est en revanche plus compliquée, parce que dépendant d'un grand nombre de facteurs : les apprentissages antérieurs, les centres d'intérêt de l'élève, l'environnement de l'élève etc. C'est ce qui fait que, du côté du concepteur, il gagnera à proposer des situations pouvant faire l'objet d'adaptations. Du côté de l'enseignant qui utilise un support donné, c'est ce qui fait qu'il devra souvent retoucher une situation qu'il a préparée, non pas pour réduire sa complexité, mais pour adapter son niveau de complexité au vécu des élèves, à leur histoire, à la fois scolaire et sociale, à la fois collective et individuelle.

Rappelons (voir en 2.1.3) qu'il s'agit bien de contextualiser une situation complexe, c'est-à-dire de situer un ensemble d'informations dans un contexte précis, dans le but de mobiliser plusieurs savoirs et savoir-faire, et pas de se contenter d'habiller une question connue de l'élève, en la formulant d'une façon différente, induisant ce que nous avons appelé de la « restitution déguisée » (voir en 2.1.3).

2.5.2 *La nature et la quantité de savoirs et savoir-faire à mobiliser*

Nous avons vu en 1.3 qu'une situation « cible » est une occasion pour l'élève de mobiliser plusieurs ressources, de façon articulée : savoirs, savoir-faire, mais aussi savoir-être, savoirs d'expérience etc. Elle se rapporte à une compétence déterminée, à laquelle sont associées un certain nombre de ressources.

Cela ne veut pas dire que tous les savoirs et les savoir-faire relatifs à une compétence vont être mobilisés dans chaque situation. Ce serait impossible. Il faut poser un choix raisonné parmi cet ensemble de savoirs et de savoir-faire.

Lorsque l'on prépare une situation à propos d'une compétence, on va devoir jouer sur deux aspects différents.

- Quels savoirs et savoir-faire privilégier dans la situation, compte tenu de l'importance relative de ces savoirs ? On joue sur la *nature* des savoirs et des savoir-faire.
- Combien de savoirs et savoir-faire introduire dans la situation ? On joue sur la *quantité* de savoirs et de savoir-faire [29].

A. La nature des savoirs et des savoir-faire

Développons le premier aspect, celui de la nature des ressources en jeu :

- on peut avoir des savoirs et savoir-faire tous sur le même pied : par exemple en sciences de la vie et de la terre, cinq maladies dont on apprend les causes et les moyens de prévention, ces maladies étant toutes aussi importantes les unes que les autres ; en langue étrangère, 50 mots de vocabulaire à connaître, tous de même importance ; en histoire, une vingtaine d'événements historiques, tous sur le même pied ; en mathématiques, quatre techniques opératoires à maîtriser, aussi importantes les unes que les autres ;
- on peut aussi avoir des savoirs et savoir-faire importants et d'autres qui sont accessoires : en histoire, parmi les 20 événements historiques à maîtriser, on peut considérer qu'il y en a 5 qui sont importants (à mémoriser absolument), et que les autres sont accessoires : il suffit de pouvoir les retrouver dans une encyclopédie, dans un dictionnaire, sur internet ; en mathématiques, on peut considérer que, parmi les quatre techniques opératoires à maîtriser, deux d'entre elles sont plus importantes, et sont donc à privilégier dans les situations ;
- on peut également avoir des savoirs et des savoir-faire incontournables, c'est-à-dire qui doivent être présents dans toutes les situations, comme par exemple le sida quand on parle de maladies dont on doit

---

29. Le terme « quantité » de savoirs et de savoir-faire doit être relativisé et expliqué. Il s'agit tout d'abord du regard de l'expert. Un élève peut mobiliser deux fois plus de savoirs et de savoir-faire que ce que l'enseignant imaginait qu'il utiliserait. Le terme « quantité » ne doit pas être entendu au sens arithmétique du terme, mais au sens d'une grandeur que l'on approche : une pincée de…, une poignée de…, une masse de…

connaître les causes et les moyens de prévention, ou encore le savoir-faire qui consiste à freiner quand on parle de la compétence de conduire une voiture.

B. La quantité de savoirs et de savoir-faire

La quantité de savoirs et de savoir-faire à articuler joue également sur la complexité d'une situation : en mathématiques, une situation dans laquelle il faut mobiliser trois techniques opératoires est a priori plus complexe qu'une situation dans laquelle il ne faut en mobiliser que deux.

> **Par exemple, la situation (19) Craies, présentée ci-dessous, va faire appel à des savoirs tels que la notion de cylindre, les mesures de longueur,..., à des savoir-faire tels que le calcul d'un périmètre, de l'aire d'un rectangle, ..., à des savoir-être tels que l'habitude d'estimer, de vérifier un résultat que l'on trouve etc.**

SITUATION 19	Craies

19

Discipline : mathématiques	*Niveau* : 14 ans	*Provenance* : Suisse

On veut emballer 7 craies dans un emballage en carton. Proposez différentes solutions et choisissez la plus économique (celle qui utilise le moins de carton).

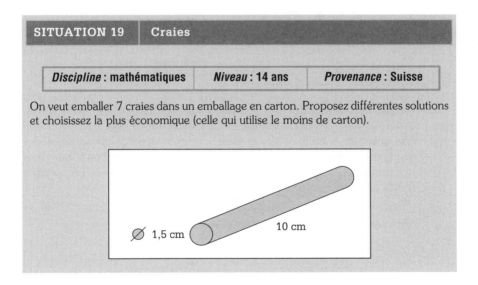

Encore faut-il que ces savoirs et savoir-faire soient articulés entre eux, et non simplement juxtaposés, ce qui peut être le cas lorsque l'on a une suite de petites questions, comme dans la variante de la situation (36) Clous.

La question de la quantité de savoirs et de savoir-faire se pose de la façon suivante. À supposer qu'une compétence puisse être définie par un nombre N de savoirs et de savoir-faire, quelle quantité de savoirs et de savoir-faire faut-il mobiliser dans une situation qui est le témoin de cette compétence ? Un dixième ? La moitié ? La totalité ? La réponse n'est pas unique : elle dépend de la compétence visée, du niveau concerné, et de la discipline.

En considérant ces deux aspects, de la nature et du nombre, on peut obtenir plusieurs combinaisons. Dans les schémas suivants, considérons que :

- les points noirs sont les savoirs et savoir-faire incontournables pour une compétence donnée ;
- les points grisés sont les savoirs et savoir-faire importants pour une compétence donnée ;
- les points blancs sont des savoirs et savoir-faire accessoires.

Différents cas de figure peuvent être envisagés.

- Chaque situation mobilise l'ensemble des ressources

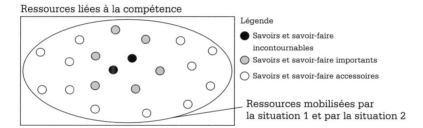

Ce cas est assez rare. On le trouve surtout dans les petites classes, avec des compétences relativement élémentaires, qui ne mobilisent que quelques savoirs et savoir-faire. On le trouve également dans des disciplines dans lesquelles c'est surtout le contexte qui va jouer dans la complexité et la nouveauté d'une situation, comme la pratique d'une discipline sportive en éducation physique et sportive.

- Chaque situation mobilise l'ensemble des ressources importantes, et quelques ressources accessoires

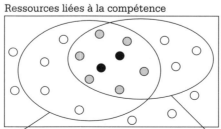

Ce cas est plus fréquent. Il est à noter qu'il ne faut pas s'inquiéter du fait que certains savoirs et savoir-faire accessoires ne soient concernés par aucune situation. Certains, qui ne sont concernés ni par la situation 1 ni par la situation 2 le seront peut-être par la situation 3. D'autres ne seront peut-être mobilisés qu'à la dixième situation, voire jamais : on peut être un excellent conducteur de voiture, et avoir appris théoriquement le panneau de signalisation qui signale un passage possible de gibier, mais ne jamais le rencontrer dans la pratique, parce qu'on ne conduit qu'en ville et sur autoroute. Ce qui n'empêche pas la compétence, parce qu'on peut potentiellement y faire face le jour où on y est confronté.

Il ne faut donc pas penser que les savoirs et savoir-faire accessoires ce qu'Edgard Morin appelle « savoirs ignares », c'est-à-dire ceux qui ne sont jamais utilisés dans la vie quotidienne et professionnelle. Ce sont plutôt des savoirs et savoir-faire qui ne sont mobilisés qu'occasionnellement dans l'exercice d'une compétence.

• Chaque situation mobilise un certain nombre de ressources importantes et un certain nombre de ressources accessoires

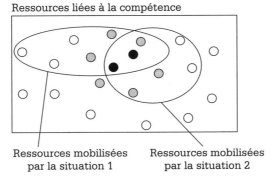

Ressources liées à la compétence

Ressources mobilisées   Ressources mobilisées
par la situation 1   par la situation 2

C'est le cas le plus fréquent. On le rencontre notamment dans des productions écrites ou orales en langue. Quand on produit un texte, certains savoirs et savoir-faire incontournables sont toujours présents, comme l'accord du verbe au sujet, ou encore la liaison entre deux phrases ou deux paragraphes. Certains savoirs et savoir-faire importants sont en général présents, comme le recours à un lexique orthographique de base, les principales structures syntaxiques ou les formes les plus courantes de la conjugaison des verbes. D'autres savoirs et savoir-faire, plus accessoires, ne sont mobilisés qu'occasionnellement, comme certaines formes spéciales de conjugaison, ou encore un champ lexical moins courant. Si l'on veut que certaines ressources importantes ou accessoires bien déterminées soient mobilisées, on peut recourir à la production sous contrainte (voir en 2.1.5).

On pourrait s'inquiéter de voir que, dans cet exemple, des ressources importantes ne sont couvertes par aucune des deux situations. C'est oublier que l'on ne travaille pas uniquement avec deux situations relatives à une compétence, mais avec plusieurs situations (voire une infinité). Dans le schéma suivant, il suffit d'ajouter une situation supplémentaire pour couvrir l'ensemble des ressources importantes.

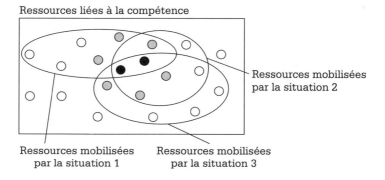

On voit qu'il y a un enjeu important dans la détermination des ressources incontournables et importantes. La tentation est souvent de « gonfler » la liste de ces savoirs et savoir-faire, entretenant l'illusion du spécialiste disciplinaire que tout est important. Toutefois, céder à cette tentation mène à une impasse, car une liste trop longue constitue un obstacle pour construire des situations qui intègrent l'ensemble de ces ressources. Cette contrainte peut au contraire être considérée comme une opportunité de distinguer ce qui est important de ce qui l'est moins, et, par là, de mettre l'accent sur ce qui en mérite davantage.

Exemple

Développons la compétence suivante, en histoire :

« *À partir de documents nouveaux proposés par l'enseignant et en mobilisant les acquis du cours, l'élève doit pouvoir identifier les facteurs d'une situation historique donnée et déterminer l'importance de chacun d'eux.* » Les savoirs et les savoir-faire couvrent la civilisation égyptienne, la civilisation romaine et la civilisation grecque.

Lorsque l'enseignant construit une situation, on peut se poser les questions suivantes :

• y a-t-il des savoirs factuels incontournables, que l'on doit absolument retrouver dans toutes les situations ? (par exemple la référence à la naissance de Jésus Christ) ;

- y a-t-il des concepts incontournables, que l'on doit absolument retrouver dans toutes les situations ? (par exemple le concept de civilisation ...) ;
- y a-t-il des savoir-faire incontournables, que l'on doit absolument retrouver dans toutes les situations ? (par exemple situer un événement sur la droite du temps, déchiffrer un document inédit) ;
- y a-t-il une petite liste de savoirs factuels importants (par exemple 5), dont on doit retrouver un certain nombre (par exemple 2) dans toute situation ?
- y a-t-il une petite liste de concepts importants, dont on doit retrouver un certain nombre dans toute situation ? (par exemple, on devrait retrouver dans chaque situation au moins 2 des 5 concepts suivants : classe sociale, pouvoir, rite funéraire, démocratie, empire) ;
- y a-t-il une petite liste de savoir-faire importants, dont on doit retrouver un certain nombre dans toute situation ? (par exemple, on devrait retrouver 2 des 3 savoir-faire suivants : situer sur une carte l'extension d'un empire, dégager les aspects fondamentaux d'une civilisation, schématiser différentes catégories sociales) ;
- parmi les autres savoirs, les autres concepts, les autres savoir-faire, qui sont accessoires, y en a-t-il un nombre minimum que l'on doit mobiliser ?

Plus les listes de savoirs — données factuelles et concepts — et de savoir-faire susceptibles d'être mobilisés dans une situation sont longues, plus la variabilité est grande, parce qu'on aura moins de chances d'avoir des situations qui mobilisent les mêmes savoirs et savoir-faire. Plus on avance dans la scolarité, plus la variabilité des situations est importante.

On peut voir par exemple la variabilité entre la situation (17) Pharmacie et la situation (16) Restaurant, qui est relativement faible : la variabilité joue sur le lexique (« *malade, hôpital, mal, guéri, comprimé...* » dans la première et « *salade, poulet, soupe, orange, jus, poisson...* » dans la seconde) et le contexte (l'hôpital dans la première et le restaurant dans la seconde), en gardant les mêmes consignes, les mêmes savoir-faire, la même disposition, les mêmes conditions de travail.

Dans les situations (20) Dévaluation et (21) Mésaventure, présentées ci-après, la variabilité est déjà plus importante (autres démarches, autre consigne, autres savoir-faire...).

SITUATION 20	Dévaluation

Discipline : mathématiques	*Niveau* : 12 — 14 ans	*Provenance* : Burundi

Compétence visée : Face à une situation de perte ou de dévaluation de la monnaie, identifier si une activité commerciale a généré une perte ou un gain, et proposer de nouveaux prix.

Bizimana tient une boutique de produits divers. Il achète les produits figurant dans le tableau.

Quantité	Désignation	Prix en FBU
1	Carton de cahiers de 100 feuilles contenant 8 douzaines	38 400
1	Sac de riz de 50 kg	17 500
1	Carton d'huile Viking de 12 bouteilles de 1 litre chacune	18 000
1	Caisse de Fanta de 24 bouteilles	4950

Les frais de transport de 2000 FBU ont été intégrés dans les prix. Bizimana se donne une marge bénéficiaire de 10% du prix d'achat, mais au cours du transport, il apprend qu'une dévaluation l'oblige à augmenter tous ses prix de 20%.

Bizimana doit fixer les prix de vente unitaires pour maintenir sa marge bénéficiaire.	Quantité	Désignation	Prix en FBU
1	Cahier de 100 feuilles	?	
1	Kilo de riz	?	
1	Litre d'huile Viking	?	
1	Bouteille de fanta	?	

SITUATION 21	Mésaventure

Discipline : mathématiques	*Niveau* : 12 — 14 ans	*Provenance* : Burundi

Compétence visée : Face à une situation de perte ou de dévaluation de la monnaie, identifier si une activité commerciale a généré une perte ou un gain, et proposer de nouveaux prix.

Le matin, Edouard part au marché avec les articles suivants pour les vendre, mais il lui arrive des mésaventures.

	Quantité au départ	Prix d'achat (FBU)	Quantité à vendre	Prix de vente prévu
Oeufs	50	80	45	100 FBU
Arachides	40	40	38	50 FBU
Beignets	60	40	48	50 FBU
Fanta	24	220	23	250 FBU

Détermine le nouveau prix de vente de chaque article pour que Edouard réalise le bénéfice escompté sur chaque article.

20
21

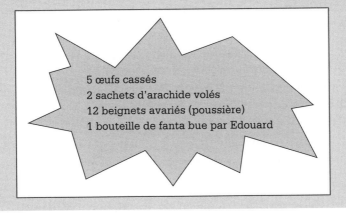

5 œufs cassés
2 sachets d'arachide volés
12 beignets avariés (poussière)
1 bouteille de fanta bue par Edouard

> La variabilité peut encore être plus importante, en jouant sur un nombre plus grand encore de facteurs : contexte, données factuelles, concepts, savoir-faire, consigne,….

L'art du concepteur est de trouver une nouveauté calibrée, millimétrée, tout en la situant dans une forme qui apparaisse significative aux yeux de l'élève.

2.5.3 *Le type d'articulation que l'on demande à l'élève à propos de ces savoirs et savoir-faire*

Résoudre une situation complexe, c'est mobiliser plusieurs savoirs et savoir-faire. Encore faut-il s'entendre sur ce que l'on entend par « mobiliser » : cela ne signifie pas juxtaposer ces savoirs et savoir-faire — par exemple en posant une question différente pour chaque savoir ou savoir-faire à mobiliser —, mais bien **articuler** ces savoirs et savoir-faire, les combiner pour effectuer une production déterminée, ou pour obtenir la solution attendue.

Il est difficile d'entrer dans le détail des différents types d'articulations que l'on peut rencontrer à propos des savoirs et des savoir-faire, ceci d'autant plus que ces articulations sont dépendantes des disciplines, ou du moins de chaque champ disciplinaire. Tout au plus peut-on en évoquer quelques-unes.

En langue, on parlera par exemple :
- d'articulations de mots pour former une phrase (fonctionnelle, poétique, expressive,…) ;
- de différentes structures de phrases ;
- d'articulations entre différentes phrases pour former un paragraphe ;
- d'articulations entre différents paragraphes pour former un texte ;
- d'articulations d'idées, d'opinions, d'informations factuelles, d'émotions ;
- etc.

En mathématiques, on parlera par exemple :
- d'articulations entre différentes opérations, différents opérateurs, différents concepts, différentes techniques ;
- d'articulation entre des données d'un problème ;
- d'articulations de figures, à des fins fonctionnelles ou esthétiques ;
- de différentes structures de problèmes ;
- etc.

Dans les disciplines scientifiques, on parlera par exemple :
- d'articulation entre les données ;
- de types d'hypothèses à formuler ;
- de dispositifs de recherche à élaborer, de démarches de recherche à mettre en œuvre ;
- d'articulation entre des lois, des règles, des formules ;
- de types de traitement à effectuer sur les données ;
- etc.

Dans les sciences humaines, on parlera par exemple :

- de types de documents à articuler entre eux, à comparer, à analyser ;
- d'articulation entre des époques, des événements, des lieux, des problématiques ;
- de liens à établir entre des modèles conceptuels et des données brutes ;
- des conclusions à former d'une analyse ;
- etc.

Dans les disciplines artistiques, on parlera de l'infinité des articulations possibles entre figures, mouvements, matériaux, texture, couleurs…, articulations qui posent toujours problème, même si ces mouvements, figures, matériaux, textures, couleurs…, sont connus séparément de celui qui effectue les articulations. Ces articulations ont un caractère construit, comme dans une figure de danse classique que l'on répète des centaines de fois, ou spontané, comme dans une épreuve d'improvisation.

Dans les disciplines techniques, on parlera d'articulations de gestes, de techniques, de savoir-faire gestuels, de procédures, de savoir-être (hôtellerie, tourisme…) mais aussi d'articulations de matériaux (menuiserie, plomberie, couture, électricité…), d'outils (mécanique, cuisine…), etc. Ici également, tout peut être maîtrisé séparément par l'élève, mais ce dernier peut malgré tout avoir du mal à faire face à la complexité de l'articulation de ces différents éléments.

2.6   Ce qu'est une situation de niveau adéquat

Un des enjeux majeurs d'une situation « cible » est de refléter la compétence que l'on veut atteindre, ni plus ni moins, et donc de se situer au niveau adéquat de difficulté.

Comme l'ont montré les développements ci-dessus, le niveau de difficulté d'une situation joue à la fois sur un axe « simple — compliqué », et sur un axe de la complexité de la situation.

2.6.1   *Axe trop compliqué ou trop simple*

Certaines situations sont trop compliquées. Elles font intervenir des savoirs et des savoir-faire nouveaux pour les élèves : un nouveau concept, une nouvelle règle, des mots de vocabulaire non encore rencontrés etc. Le terme « nouveau » est à prendre dans une acception large : ce n'est pas seulement « pas encore rencontré », mais il peut aussi signifier « insuffisamment exercé pour que l'élève se le soit approprié ».

D'autres situations sont en revanche trop simples, trop peu compliquées. Elles font intervenir des savoirs et des savoir-faire en deçà de ce que l'élève maîtrise.

Ce serait par exemple le cas de la situation suivante, pour des élèves qui ont abordé, en électricité, les notions de résistance et de puissance, et qui ont appris à les calculer en fonction de circuits électriques donnés.

« Nahayo, qui habite en ville, arrive à la maison le soir, et c'est l'obscurité chez lui. Par contre, son poste de radio, branché à une prise de courant, fonctionne normalement. Comment ferais-tu pour rétablir l'éclairage chez lui ? »

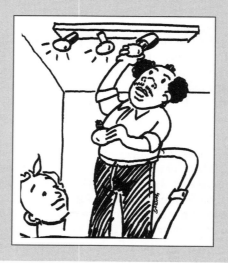

Dans cette situation, il n'y a pas d'exigence d'une analyse fine et de mobilisation de savoirs et savoir-faire spécifiques orientés vers chaque situation particulière. La situations n'est pas assez complexe : elle peut être résolue par quelqu'un qui a un peu de bon sens.

En physique notamment, s'il est bon de faire apparaître des aspects qualitatifs dans une résolution de problèmes, il est bon d'introduire aussi certains aspects quantitatifs, et de les faire interagir avec les aspects qualitatifs.

Une alternative est donnée par la situation **(22) Courant** ci-contre.

2.6.2 *Axe de la complexité*

Certaines situations sont trop complexes. Ce sont celles dont le contexte, ou encore la quantité de savoirs ou savoir-faire, ou encore les combinaisons entre eux vont au-delà de ce que l'élève peut raisonnablement appréhender.

Certains situations sont au contraire trop peu complexes. Ce sont celles qui tendent à réduire la complexité, qui tendent par exemple à n'exploiter

SITUATION 22	Courant

Discipline : physique	*Niveau* : 15 — 16 ans	*Provenance* : Burundi

Document 1

Le document 1 ci-contre représente 4 appareils électriques qui sont respectivement :

  un fer à souder (1500W — 220V)

  un radiateur à bain d'huile (2500W — 220V)

  un convecteur (2000W — 220V)

  un radiateur orientable (2000W — 220V).

- Donne un ordre de grandeur de la résistance de chacun de ces appareils.
- Ces appareils pourraient-ils être branchés à une même prise de courant ? Si oui, justifie ta réponse. Si non, propose une solution en la justifiant. Aide-toi si nécessaire des documents à ta disposition.
- Ces appareils fonctionnent dans une salle ayant des fenêtres en bois, des murs peints en noir et pas de faux plafond. Y a-t-il des inconvénients ? Lesquels ? (risque de dilatation des tôles du toit)
- Si chaque appareil fonctionne 8 heures par jour, quelle est l'énergie totale consommée ? Quel est le montant de la facture au bout de 2 mois ? Aide-toi si nécessaire du document 2 pour répondre à cette question.

22

Document 2 — extrait de journal

Consommateurs mécontents

Les habitants du quartier 7 ont dernièrement introduit une plainte auprès de la sociète distributrice d'électricité. Pendant le mois de mars, ils ont subi des coupures correspondant à une moyenne de 3/4 heure par jour.

De plus, le prix du kilowatt-heure vient de passer à 80 FBU, ce qui porte la facture mensuelle moyenne à 1500 FBU, rien que pour l'éclairage. Enfin, ils demandent que soit autorisés les fusibles de 20 ampères, alors que actuellement seuls les fusibles de 5, 10 et 15 ampères sont autorisés dans les habitations unifamiliales.

qu'un seul savoir-faire, mis en situation, ou encore qui ressemblent trop à une situation déjà rencontrée antérieurement.

Quand on combine ces deux axes, on trouve, au milieu, les situations d'un niveau adéquat, et qui combinent adéquatement les savoirs et savoir-faire acquis, tout en étant suffisamment complexes.

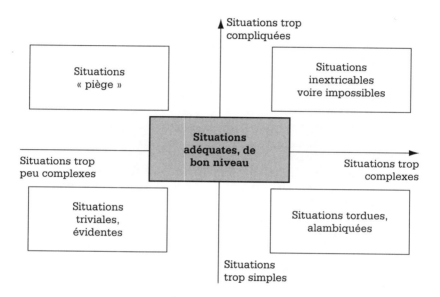

À gauche, on trouve les situations trop peu complexes, soit les situations qui ne posent pas problème, à savoir les situations triviales, évidentes, soit les situations « pièges » qui, en introduisant une difficulté nouvelle, rendent la situation difficile à résoudre. Ces situations sont bonnes comme situations « didactiques », mais inadéquates comme situations d'intégration ou d'évaluation.

À droite, on trouve les situations trop complexes. Il y a celles qui sont carrément inextricables, voire impossibles, car introduisant des nouveautés pour les élèves. Il y a également celles qui sont simplement tordues, alambiquées, c'est-à-dire difficiles d'accès, tout en mobilisant des savoirs et savoir-faire connus de l'élève, voire plus simples. Ce peut être des situations mal rédigées, dont la consigne est obscure. Il peut aussi y avoir un piège, pas dans une notion nouvelle, dans une difficulté nouvelle, comme dans les situations « piège », mais dans une présentation particulière : celui qui les réussit n'est pas nécessairement celui qui excelle sur le plan du contenu, mais celui qui est malin, qui peut lire entre les lignes.

On peut également mettre cette variable en relation avec la fonction pédagogique de la situation.

- Dans le cas des situations exploitées à des fins d'apprentissage — situation-problème didactique et situation « cible » à des fins d'apprentissage (cas 1 et 2 présentés en 2.1.2.2) —, on peut caractériser le niveau de difficulté par le « saut qualitatif » qu'elle propose à l'élève de franchir. C'est en quelque sorte comme une marche à gravir.
  Une marche trop haute est démotivante pour l'élève, qui ne peut pas la franchir, du moins sans aide.
  Une marche trop basse est également démotivante, puisqu'il n'y a pas difficulté, il n'y a pas défi.

Démotivant   Motivant   Démotivant

Une situation motivante peut donc être assimilée à une marche bien calibrée.
  Pour une situation-problème « didactique », c'est surtout sur l'axe « simple — compliqué » que l'on joue. Une situation qui introduit trop de nouveautés va décourager les élèves, une situation qui en introduit trop peu va les démotiver. L'axe de la complexité va jouer également à titre de « distracteurs » : trop de complexité risque de détourner les élèves des apprentissages qui sont en jeu.
  Pour une situation « cible » exploitée à des fins d'intégration, la question se pose autrement. Les savoirs et les savoir-faire à mobiliser sont connus, donc le niveau de « complication » de la situation est connu au départ. En revanche, c'est surtout sur l'axe de la complexité que va jouer la motivation : une situation trop complexe va démotiver les élèves, mais une situation trop peu complexe également.

- Dans le cas d'une situation exploitée à des fins d'évaluation, la question se pose davantage en termes de niveau d'exigence qu'en termes de motivation. Il s'agit de se situer exactement dans la famille de situations de la compétence : ne choisir ni une situation trop familière à l'élève (ce serait de la reproduction, ou une simple application), ni trop peu familière (on déborderait de la famille de situations, on serait alors trop exigeant pour lui).

2.6.3 *Comment déterminer si une situation est d'un niveau adéquat de difficulté ?*

A posteriori, il est relativement simple de déterminer si une situation est difficile ou non. Il suffit d'étudier l'écart qu'il y a entre la « solution-expert » et les « solutions-élèves » effectives. Une situation difficile serait une situation pour laquelle cet écart est important, une situation facile serait une situation pour laquelle cet écart est peu important. On peut recourir à ce procédé lorsque l'on est en train de mettre au point une situation d'un niveau adéquat, à des fins de diffusion ou de publication : il suffit de la prétester auprès d'un groupe d'élèves qui correspond au public-cible visé, et d'ajuster ensuite la situation en fonction des observations faites. En revanche, quand on met au point une situation pour un groupe d'élèves, et que l'on n'a pas le temps de prétester celle-ci, il faut recourir à d'autres procédés qui permettent de déterminer la difficulté a priori.

Quand on veut déterminer a priori si une situation est d'un niveau adéquat, il faut se donner d'autres points de repère. On peut en objectiver certains, mais ils sont différents selon les disciplines. On a par exemple :

– en langue, la longueur d'un texte, le niveau de langage du texte, le niveau de complexité des phrases (phrases simples, ou au contraire phrases comprenant des relatives, des subordonnées…), le niveau du vocabulaire utilisé, le type de texte (narratif, descriptif, argumentatif…)…

– en sciences humaines, en biologie, …, on aura des points de repère comme le nombre de documents à traiter, l'évidence des liens entre ces documents, le type de traitements (qualitatifs, quantitatifs) à opérer sur ces documents, etc.

– en mathématiques, physique, pour des savoirs et des savoir-faire donnés, on peut citer comme point de repère le nombre d'étapes de la « résolution-expert »

EXEMPLE

La situation de calculer le nombre de pots de peinture nécessaires pour repeindre un mur rectangulaire exige de recourir à deux étapes : (1) calculer l'aire du mur (2) diviser l'aire du mur par le nombre de mètres carrés que l'on peint avec un pot. S'il y avait deux couches de peinture à mettre, on aurait une étape supplémentaire, entre (1) et (2), qui serait de multiplier l'aire à peindre par 2.

Si le nombre d'étapes est en général déterminé dans une « résolution-expert », ces étapes peuvent toutefois — dans certains cas — varier dans leur succession, c'est-à-dire qu'il existe plusieurs résolutions-experts.

EXEMPLE

Dans l'exemple ci-dessus (mur de 6 m de long sur 2,5 m de haut, en deux couches, avec une peinture qui a un pouvoir couvrant de 4 mètres carrés par pot de 1 litre), on aurait par exemple les deux **résolutions-expert** suivantes.

1. « *Aire du mur = 6 m x 2,5 m = 15 m^2. Nombre de pots nécessaires pour une couche : 15 m^2 : 4 = 3,75 pots ; nombre de pots pour deux couches : 3,75 x 2 = 7,50 pots ; il faut donc 8 pots de peinture.* »

2. « *Aire du mur = 6 m x 2,5 m = 15 m². Aire totale pour deux couches = 15 m² x 2 = 30 m². Nombre de pots nécessaires : 30 m² : 4 = 7,5 pots ; il faut donc 8 pots de peinture.* »

Une **résolution-élève** serait par exemple : « *Pour peindre une bande horizontale de 1 mètre, il y a 6 m², donc il faut 1,5 pots. Pour peindre deux bandes, il faut 3 pots. Pour peindre une demie bande, il faut 6 x 0,5/4 = 0,75 pots. Au total pour une couche, il faut 3 pots + 0,75 pots = 3,75 pots. Il faut 4 pots pour une couche, donc 8 pots pour deux couches.* » Cette résolution est en 4 étapes, soit une de plus que la résolution expert. De plus, elle utilise un procédé peu fiable, puisque, même si dans le cas présent la réponse est bonne, il faut additionner le nombre de litres nécessaires pour les deux couches avant d'arrondir le nombre total de pots. S'il avait fallu 3,25 pots pour une couche, l'élève aurait trouvé 8 pots à acheter, alors que 7 suffisent.

2.6.4 *Le rôle d'une « résolution expert » dans les apprentissages et dans l'évaluation*

Si le concepteur peut se baser sur l'écart existant entre une « résolution expert » et une « résolution élève », l'enseignant doit en revanche être prudent sur le rôle qu'il donne à la « solution expert » dans l'appréciation de la production de l'élève. En effet, dans une optique de résolution autonome de situations complexes, il est naturel de s'attacher surtout à ce que l'élève produit, en lui laissant la liberté du chemin qu'il emprunte. Dans ce cas, la « solution expert » n'est qu'un point de repère indicatif, mais assez lointain.

Si, outre des critères de produit, on prend également en considération des critères de processus, on peut distinguer deux cas. Ces critères de processus peuvent être des critères relatifs à la qualité du processus (vitesse, hygiène, sécurité…). Dans ce cas, la « solution expert » n'est aussi qu'un point de repère assez lointain. Les critères de processus peuvent également être des critères de choix d'un type de démarche (telles étapes par exemple). Ce n'est que dans ce dernier cas que la « solution expert » constituera la norme par rapport à laquelle on apprécie le travail de l'élève. Le problème alors est qu'on risque de provoquer des productions stéréotypées, qui ne favorisent pas la créativité et l'autonomie.

Ce n'est pas pour cela qu'il ne faut s'intéresser qu'à la réponse finale de l'élève, notamment en mathématiques ou en physique. Dans une optique formative, on a toujours intérêt à **demander à l'élève qu'il explicite un tant soit peu ses démarches**, non pas nécessairement pour évaluer s'il adopte les « démarches expert », mais à des fins diagnostiques, pour identifier l'endroit auquel il s'est trompé, lorsque sa réponse est erronée. L'explicitation ne se fait pas dans un but de comparer sa démarche à la « démarche expert », mais pour valoriser ce qui, dans sa démarche, est bon, et pour identifier ce qui, dans la même démarche, pose problème, ceci pour éviter qu'une

erreur, provoquant une réponse finale erronée, ne sanctionne la totalité de
la résolution, dans une optique de pédagogie de la réussite.

Cela ne veut pas dire que la réussite doit être prononcée dès qu'un
élément positif apparaît dans une production, mais que, tout en notant
l'insuffisance, on pointe de la façon la plus précise possible les aspects
défaillants, et dans le même temps on valorise les aspects positifs.

En résumé, une pédagogie de la réussite est basée sur les principes
suivants : essayer de comprendre au maximum le processus de l'élève, non
pas pour le comparer à celui de l'expert, mais à la fois pour valoriser les éléments positifs de sa production et pour améliorer les aspects défaillants.

3.   ÉQUIVALENCE DE SITUATIONS ET FAMILLES DE SITUATIONS

Avant de développer la notion d'équivalence de situations, apportons
d'emblée quelques précisions sur la nature et la portée de nos propos.

L'équivalence stricte entre deux situations ne peut jamais être
démontrée : une situation ne sera jamais réussie de la même façon qu'une
autre, pour toute personne à qui on soumet la situation, quelle que soit cette
personne.

Deux situations appréciées comme équivalentes dans un groupe
d'élèves de milieu urbain peuvent ne plus l'être dans un groupe d'élèves d'un
milieu rural, parce que l'une d'elles leur est peu familière. Je peux penser —
comme expert — qu'il est équivalent de traiter une situation qui évoque un
voyage en voiture et une autre qui évoque un voyage en avion. Les situations
peuvent être équivalentes pour des enfants qui connaissent les deux modes
de transport, mais pas pour ceux qui n'ont jamais pris l'avion. Des situations
peuvent être équivalentes dans un pays, et ne plus l'être dans un autre pays.
Une différence d'environnement, de sensibilité, de culture… peut enlever à
deux situations jugées équivalentes leur caractère d'équivalence. Des situations peuvent être équivalentes une année, et ne plus l'être tout à fait l'année
suivante, parce que les apprentissages ont été menés d'une façon telle que le
contexte de l'une, ou l'articulation des savoirs et des savoir-faire, sont moins
familiers aux élèves. Il s'agit donc, au minimum, de contextualiser la notion
d'équivalence.

On pourrait aller jusqu'à dire que la notion même de situations équivalentes est une vue de l'esprit, dans la mesure où :

- le nombre des paramètres qui définissent une situation est très élevé,
  et la probabilité que l'ensemble de ces paramètres restent constants
  est infime ;

- elle dépend de la relation cognitive, mais surtout affective, que l'élève entretient avec elle ;

- elle dépend de l'angle d'analyse que l'on prend pour déterminer cette équivalence.

Cette notion, pourtant fondamentale, mérite donc la plus grande prudence dans son utilisation. Nous la traiterons par conséquent d'une façon opérationnelle, avec un certain degré d'incertitude, par rapport auquel nous proposerons des pistes pour le réduire au maximum. Il s'agit donc d'une équivalence opérationnelle que nous aborderons plus que d'une équivalence scientifique au sens strict du terme.

3.1 Situations équivalentes

3.1.1 *La notion de situations équivalentes*

L'équivalence des situations répond à une préoccupation importante : quelqu'un qui est compétent n'est pas quelqu'un qui s'est contenté de résoudre une seule fois une situation donnée. Il se pourrait qu'il l'ait résolue par chance, ou encore parce que l'enseignant, ou un compagnon de classe, l'a résolue une première fois en sa compagnie. Démontrer sa compétence implique qu'il puisse résoudre seul n'importe quelle situation nouvelle, inédite, mais de même niveau de difficulté. Pour le pédagogue, cela pose la question de la préparation de plusieurs de ces situations de même niveau de difficulté : de telles situations sont appelées **situations équivalentes**. Ce sont des situations interchangeables, qui peuvent être utilisées l'une pour l'autre.

> **Par exemple, la situation** (25) Concours de dessin **et la situation** (26) Campagne de propreté **sont des situations équivalentes, qui chacune sont le témoin de la compétence :**
>
> *« L'élève de 5ᵉ année doit pouvoir produire, dans un français usuel et correct, tant à l'oral qu'à l'écrit, un discours cohérent d'environ une dizaine de phrases, dans des situations de communication relevant :*
>
> - *soit du type fonctionnel (en rapport avec l'élève et ses centres d'intérêts, à sa vie de famille, à son environnement...)*
>
> - *soit du type narratif simple ayant trait au vécu de l'enfant (récit de vie, témoignage) et à l'imaginaire (récit, conte...). »*

Ces situations sont présentées à la page 148.

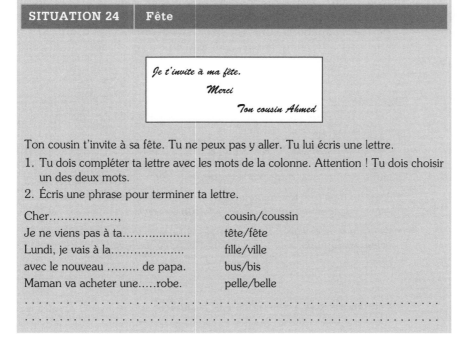

SITUATION 23	Ami

Discipline : langue	*Niveau* : 7 ans	*Provenance* : Djibouti [1]

> *Je cherche un ami de mon âge.*
>
> *J'habite à Balbala*
> *Écris-moi*
>
> *Ali - 7 ans*

> *Je cherche une amie de mon âge.*
>
> *J'ai 8 ans. J'aime la lecture*
> *Écris-moi*
>
> *Saada*

Tu as lu ces deux messages dans le journal de l'école. Tu as choisi d'écrire à l'un des deux enfants. En trois, quatre phrases, écris-lui une lettre où tu te présentes. Tu lui donnes ton nom, ton âge, ta classe, ton adresse. Tu lui dis aussi ce que tu aimes.

. . . .
. . . .

1. BOULHAN, N. (coord.). (2002). *Guide d'intégration Français 2e année*. Djibouti : CRIPEN

SITUATION 24	Fête

> *Je t'invite à ma fête.*
> *Merci*
> *Ton cousin Ahmed*

Ton cousin t'invite à sa fête. Tu ne peux pas y aller. Tu lui écris une lettre.

1. Tu dois compléter ta lettre avec les mots de la colonne. Attention ! Tu dois choisir un des deux mots.
2. Écris une phrase pour terminer ta lettre.

Cher.................,   cousin/coussin

Je ne viens pas à ta...................   tête/fête

Lundi, je vais à la...................   fille/ville

avec le nouveau .... de papa.   bus/bis

Maman va acheter une.....robe.   pelle/belle

. . . .
. . . .

> **De même, la situation** (23) Ami **et la situation** (24) Fête **sont des situations équivalentes, qui chacune sont le témoin de la compétence :**
>
> *« L'élève de 2è année doit pouvoir produire un court message d'au moins trois phrases, en réponse à un écrit adapté à son âge et à son environnement, ceci pour :*
>
> - *décliner son identité ;*
> - *donner des informations pratiques et s'informer ;*
> - *situer et se situer dans l'espace et dans le temps ;*
> - *exprimer une sensation ;*
> - *exprimer une opinion élémentaire »* [30].

L'enjeu de la question de l'équivalence des situations se situe principalement au niveau de l'évaluation des compétences auprès des élèves. En effet (Roegiers, 2000), cette dernière est liée à la possibilité de disposer de plusieurs situations équivalentes, et de pouvoir sélectionner, parmi celles-ci, une situation nouvelle pour tous les élèves, afin de vérifier s'ils peuvent y faire face, seuls.

Encore faut-il pouvoir déterminer quand deux situations sont équivalentes. On peut dire que deux situations sont équivalentes si elles ont à la fois le même niveau de complication (les savoirs et savoir-faire impliqués dans l'une et dans l'autre sont également connus de l'élève), et le même niveau de complexité.

Le niveau de complication est lié à la compétence, et en particulier à la façon dont cette dernière est formulée. Si une situation est plus compliquée qu'une autre, c'est qu'elle se rapporte à une compétence de plus haut niveau.

Par exemple, la situation d'effectuer une réparation exigeant une soudure sous l'eau est plus compliquée qu'une situation qui exige d'effectuer la même soudure à l'air, mais cette différence de niveau est liée au fait que cela correspond à deux compétences de niveaux différents.

Une fois que l'on a déterminé la compétence, on a donc fixé en même temps le niveau de complication puisque l'on a bien circonscrit les savoirs, savoir-faire et savoir-être à mobiliser dans les situations. Il reste le niveau de complexité, qui sera le principal facteur d'équivalence des situations.

Comme nous l'avons vu en 2.2.5, le niveau de complexité est lié au contexte, aux savoirs et savoir-faire choisis parmi ceux qui composent la compétence, et à l'articulation de ces savoirs et savoir-faire entre eux.

---

30. CRIPEN, Djibouti

> **Exemples**
>
> - Exemples de situations entre lesquelles seul le contexte change (situations équivalentes, mais de variabilité très faible) : les situations (17) Pharmacie et (16) Restaurant.

On voit bien le parallèle entre les développements de l'une et de l'autre situations : même progression, mêmes longueurs du support, même présentation,…

> - Exemples de situations entre lesquelles le contexte change, mais aussi les savoirs et savoir-faire (situations de variabilité moyenne) : les deux situations (41) Marché ; la première mobilise une division, une addition avec retenue et une soustraction avec emprunt, tandis que la deuxième mobilise des multiplications, une addition sans retenue et une soustraction avec emprunt. Toutefois, ce sont les mêmes genres de questions qui sont posées à l'élève, avec le même type d'articulations entre les nombres et les opérations.
>
> - Exemples de situations entre lesquelles les savoirs et les savoir-faire changent, ainsi que leur articulation (situations de variabilité importante) : les situations (20) Dévaluation et (21) Mésaventure, dans lesquelles une toute autre démarche doit être mobilisée par les élèves. On peut noter que le contexte de ces situations ne change pas (contexte d'achat et de vente de marchandises).

3.1.2   *Comment établit-on que deux situations sont équivalentes ?*

Il est difficile de se prononcer sur l'équivalence de situations rien qu'en analysant l'énoncé de la situation. L'équivalence de situations ne se mesure véritablement qu'aux résultats obtenus par un groupe d'élèves (supposé suffisamment représentatif) qui résolvent ces différentes situations.

Sur un plan opérationnel, on peut dire que deux conditions doivent essentiellement être remplies [31].

1. La réussite moyenne au sein du groupe est comparable pour les deux situations.

2. La situation est également réussie par la tranche d'élèves faibles, celle des élèves moyens et celle des élèves forts.

---

31. Nous sommes conscient du fait que, sur un plan strictement statistique et/ou psychométrique, les conditions énoncées ne suffisent pas pour démontrer l'équivalence scientifique des situations. L'expérience a toutefois montré que, d'un point de vue pragmatique, le rapport « efficacité/coût » de cette démarche est excellent.

EXEMPLES

Supposons les résultats suivants (sur 20 points), obtenus dans une classe de 45 élèves, dont 15 élèves faibles, 15 élèves moyens et 15 élèves forts, ceci pour 5 situations, S1, S2, S3, S4 et S5, dont on cherche à déterminer si elles sont équivalentes.

	Moyenne générale de la classe	Moyenne des élèves faibles	Moyenne des élèves moyens	Moyenne des élèves forts
S1	10	6	10	14
S2	12	9	12	15
S3	12	9	12	15
S4	12	6	12	18
S5	12	11	12	13

La situation S1 n'est certainement pas équivalente aux autres situations, parce que la moyenne générale obtenue est inférieure à celle obtenue dans les autres situations : elle est manifestement plus difficile que les autres.

La situation S2 est strictement équivalente à la situation S3, parce que ces deux situations sont non seulement réussies de la même façon par l'ensemble de la classe, mais elles sont réussies de la même façon à l'intérieur de chacun des groupes d'élèves faibles, moyens et forts.

La situation S4 n'est pas tout à fait équivalente à la situation S3 parce que, bien que donnant la même moyenne (12), les résultats obtenus dans les différents groupes sont différents. La situation S4 est plus discriminante que la situation S3 : elle valorise davantage les élèves forts, et pénalise davantage les élèves faibles. Il en va de même avec la situation S5, qui, même si elle donne la même moyenne générale (12), est moins discriminante que la situation S3 : elle établit moins de différence entre les élèves faibles et les élèves forts.

Nous préférons parler de moyennes *comparables*, et non strictement égales, parce que l'équivalence ne peut jamais être établie une fois pour toutes, de façon stricte, comme nous l'avons vu ci-dessus. Il faut apprécier au cas par cas : deux situations qui génèrent des moyennes respectives de 12 et 11,9 peuvent être qualifiées d'équivalentes, alors que deux situations qui génèrent des moyennes respectives de 12 et de 14 ne peuvent pas l'être.

De plus, l'équivalence va surtout servir à l'évaluation de l'acquis des élèves. Or, la part de subjectivité inhérente à l'évaluation, même si on recourt aux critères, est de toute façon supérieure à la marge de quelques pourcents que l'on pourrait mesurer dans la différence entre le niveau de complexité de deux situations.

En résumé, on peut dire que, de façon opérationnelle, trois conditions doivent être réunies pour rendre deux situations équivalentes.

1. Elles doivent se rapporter à la même compétence (ce qui veut dire de facto, qu'elles ont même niveau de complication).

2. Elles doivent générer, dans des groupes représentatifs de la population à laquelle elle s'adresse (des élèves), des moyennes comparables.

3. Elles doivent être aussi discriminantes l'une que l'autre, c'est-à-dire réussies de façon comparable par les élèves forts, moyens et faibles.

3.2   La notion de famille de situations

On dit que deux situations appartiennent à la même famille lorsqu'elles se rapportent à la même compétence et qu'elles sont d'un niveau équivalent.

> **Exemples** [32]
>
> - **Les situations** (17) Pharmacie **et** (16) Restaurant ;
> - **Les situations** (23) Ami **et** (24) Fête ;
> - **Les situations** (20) Dévaluation **et** (21) Mésaventure ;
> - **Les situations** (41) Marché **(situation 1 et situation 2).**
> - **Les situations** (13) Concours de dessin **et** (26) Campagne de propreté, **présentées ci-contre, appartiennent à la même famille de situations, celle de la compétence :** « *Produire dans un français usuel et correct, tant à l'oral qu'à l'écrit, un discours cohérent d'environ une dizaine de phrases, dans des situations de communication relevant :*
>   - *du type fonctionnel (en rapport avec l'élève et ses centres d'intérêts, à sa vie de famille, à son environnement...)*
>   - *du type narratif simple ayant trait au vécu de l'enfant (récit de vie, témoignage) et à l'imaginaire (récit, conte...). ;*

La plupart des familles de situations comprennent un nombre infini de situations équivalentes, comme la famille d'une compétence de production de texte de tel type et de telle longueur en langue, ou la famille d'une compétence de résolution de problèmes de tel type en mathématiques.

D'autres familles de situations sont naturellement plus limitées, et ne contiennent qu'une dizaine de situations différentes, parce qu'il n'est pas possible d'engendrer des situations différentes à l'infini [33].

---

32. Il s'agit d'une équivalence a priori, qui doit être vérifiée sur le terrain (voir en 2.3.1).
33. Pour des détails relatifs aux familles de situations, voir Roegiers (2000).

SITUATION 25	Concours de dessin

Discipline : langue	*Niveau* : 9 — 12 ans	*Provenance* : Djibouti

Compétence visée : produire dans un français usuel et correct, tant à l'oral qu'à l'écrit, un discours cohérent d'environ une dizaine de phrases, dans des situations de communication relevant :
• du type fonctionnel (en rapport avec l'élève et ses centres d'intérêts, à sa vie de famille, à son environnement…)
• du type narratif simple ayant trait au vécu de l'enfant (récit de vie, témoignage) et à l'imaginaire (récit, conte..).

Un concours de dessin pour les 10 - 15 ans est organisé par l'école de Balbala.

Tu es intéressé ? Dépose ta demande de candidature à la direction de l'école avant le 10 avril.
N'oublie pas d'écrire ton nom, ton âge, ton adresse, ton école, ta classe et de parler de tes loisirs.
        Premier prix : Une bicyclette.

                Le directeur de l'école de Balbala

---

1.   *Situation à l'écrit*

Tu as lu cette annonce dans le journal « La Nation ». Tu veux t'inscrire au concours de dessin. En une dizaine de phrases, écris une demande pour déposer ta candidature.

2.   *Situation à l'oral*

Tu viens de lire cette annonce dans le journal « La Nation ». Tu informes tes parents de ce concours et tu leur demandes l'autorisation d'y participer.

25
26

SITUATION 26	Campagne de propreté

« Quartier Propre » : Programme de la journée du 28 mars

MATIN
- Sensibilisation des habitants du quartier (chaque élève informe une famille)
- Disposition de poubelles fabriquées par les élèves.
- Ramassage des ordures ménagères.
SOIR
- Théâtre devant l'école : présentation d'une pièce intitulée « Mon quartier est propre, c'est toi qui le salis. »
- Participation à des activités sportives (football, course, volley-ball)
- Remise des prix.
                Avec la participation de la classe de CM2.

Ta classe vient de participer à la campagne de sensibilisation « Quartier propre » du 28 mars. En une dizaine de phrases, tu écris un article pour le journal « La Nation », sur le déroulement de cette campagne.

3.3   Les paramètres d'une famille de situations

Les paramètres d'une famille de situations sont les caractéristiques que doivent respecter toutes les situations qui se rapportent à une compétence. Ce sont des qualités que doivent posséder toutes les situations d'une même famille. Ce sont elles qui permettent de garantir que l'ensemble des situations d'une même famille sont équivalentes.

Par exemple, le fait de dire que la situation doit partir d'un texte de 10 à 15 lignes, du niveau d'un texte de littérature enfantine représente deux paramètres différents : la longueur du texte (10 à 15 lignes), et le niveau de langage (littérature enfantine).

Les paramètres aident les concepteurs et les enseignants à construire de nouvelles situations qui appartiennent à la famille de situations de la compétence que l'on vise.

On peut les voir de deux façons. C'est tout d'abord les secrets de fabrication d'une situation ; ils traduisent tout l'implicite des concepteurs de situation, leur savoir-faire, leur « know-how » : pourquoi avoir choisi un texte de telle longueur, pourquoi avoir introduit telles données, tel document, pourquoi avoir opté pour telle mise en page, pourquoi avoir rédigé la consigne de telle façon etc. C'est aussi une sorte de cahier des charges à respecter, qui garantit que les situations que l'on construit dans un deuxième temps soient équivalentes à celles qui ont été construites dans un premier temps.

Le rôle des paramètres est important. S'ils n'existaient pas, rien n'empêcherait de construire des situations de niveau supérieur ou inférieur aux autres situations. Remarquons toutefois que ce n'est qu'une équivalence a priori qui est respectée : ce n'est que la confrontation de la situation à un groupe d'élèves qui permettra de prononcer l'équivalence (voir en 2.3.2).

Exemples

1. **Dans la famille de situations des situations** (20) Dévaluation **et** (21) Mésaventure, **les paramètres sont :**

   - situation faisant intervenir une perte ou une dévaluation
   - présence de 4 articles
   - présentation à l'aide d'un tableau

2. **Dans la famille de situations des situations** (23) Ami **et** (24) Fête, **les paramètres sont :**

   - situation faisant intervenir un support écrit constitué de deux ou trois phrases simples (sujet + verbe + complément)
   - production totalisant un maximum de 10 à 15 mots

3. **La situation** (27) Garage **présentée ci-contre mentionne explicitement les paramètres qui sont associés à la famille de situations.**

SITUATION 27	Garage

Orientation : mécanique	*Niveau* : 17 — 18 ans	*Provenance* : Belgique

Compétence visée : Réparer les ensembles et sous-ensembles électriques, électroniques d'un véhicule de tourisme

PARAMÈTRES DE LA FAMILLE DE SITUATIONS

- type de voiture : voiture avec équipements électriques/électroniques ou non (paramètre 1), moteur diesel uniquement (paramètre 2), confort moyen (paramètre 3)
- vétusté du véhicule : véhicule ayant entre 3 et 6 ans d'âge, ou entre 40 000 et 150 000 km au compteur (paramètre 4)
- la panne est d'un des types suivants (ni trop simple, ni trop complexe) : ..., ..., ..., ..., ..., (paramètre 5)
- seules quelques informations sur les symptômes sont données à l'élève ; pour le reste, il doit demander les informations pertinentes pour diagnostiquer la panne (paramètre 6)
- l'élève a toutes les brochures voulues à sa disposition (paramètre 7), etc.

SITUATION D'INTÉGRATION SIGNIFICATIVE [1]

Une voiture de marque Z type XY est présentée au garage. Le matin, le conducteur n'a pu faire démarrer le moteur. Une aide a poussé la voiture, le moteur a démarré, le véhicule est disponible pour un diagnostic et une réparation.

Complément d'information

Avant la panne, le véhicule avait parcouru de nuit 160 km. Le matin suivant, d'après la description du client, la clef de contact enclenchée ne fait pas tourner le démarreur. Le moteur (moteur à essence) ne démarre pas. La voiture a 4 années de fonctionnement avec 135 000 km. Les entretiens ont été assurés régulièrement (le carnet d'entretien en fait état). L'alternateur, le démarreur et la batterie n'ont jamais été remplacés.

27

---

1. Sur la base d'une situation présentée dans le cadre d'un séminaire de la CCPQ (profil de formation — secteur industrie), Communauté française de Belgique, 2002.

Les paramètres interviennent à différents niveaux : au niveau du contexte choisi, au niveau des supports, au niveau des questions posées (de la tâche), au niveau des données (du contenu).

Voici par exemple des paramètres proposés dans le curriculum de français et de mathématiques (enseignement secondaire) en Mauritanie (2001) :

En mathématiques

1. **Contexte** : familial, agricole, scolaire, environnement (quartier...)

2. **Type de supports** : texte, schémas composés de figures simples

3. **Complexité du support** : limiter les informations parasites à 1 ou 2 par situation, éviter les ambiguïtés : expressions simples, phrases courtes

4. **Complexité des questions posées** : éviter la dépendance des questions, limiter à trois le nombre d'étapes du raisonnement pour toute question

5. **Types de consignes** : simplifier, calculer, ordonner, vérifier

6. **Contenu : numérique** : calcul faisant intervenir les entiers naturels, l'addition des fractions et des entiers relatifs

En Français

1. **La proximité de la situation** : l'environnement immédiat de l'élève (scolaire ou social)

2. **Le choix des supports** : des supports simples et courts, compte tenu du niveau et de l'accessibilité (possibilité pour le professeur de fabriquer ses propres supports faute de documents authentiques, ou simplification des documents authentiques)

3. **Les types de productions** : textes courts publiés dans un journal scolaire ou dans un journal ordinaire, cartes d'invitation, notes, affiches, lettres privées, graphiques, questionnaires d'enquête...)

4. **Les consignes** données aux élèves

   – produire des textes courts (textes d'une dizaine de lignes, lettres, notes...)

   – produire des suites cohérentes de phrases à partir d'annonces

   – formuler des questions à partir d'affiches

   – répondre à la consigne (articuler la complexité des consignes au niveau des élèves)

3.4 Situations et paliers de compétences

Lorsque l'on mène des apprentissages relatifs à une compétence, et que l'on a, en point de mire, une famille de situations que l'élève doit maîtriser en bout de course, il est souvent nécessaire de ne pas se contenter d'intégrer en fin d'apprentissages ponctuels, mais d'intégrer déjà en cours de route, comme le suggèrent les modèles d'apprentissage présentés en 1.3.3. Il s'agit dès lors de construire des situations qui intègrent partiellement les acquis. On peut dire que ce sont des situations qui se rapportent à un **palier** de la compétence.

Dans la logique de l'intégration progressive, ces paliers sont cumulatifs : un palier donné englobe entièrement le palier précédent.

Par exemple, en mathématiques, on aurait la compétence

« Résoudre une situation qui met en œuvre les 4 opérations fondamentales sur les nombres entiers de 0 à 10 000 ».

Le premier palier 1 pourrait être

« Résoudre une situation qui met en œuvre l'addition et la soustraction sur les nombres entiers de 0 à 10 000 ».

Le deuxième palier pourrait être

« Résoudre une situation qui met en œuvre l'addition, la soustraction et la multiplication sur les nombres entiers de 0 à 10 000 ».

Le dernier palier serait la compétence visée.

N.B. On pourrait avoir un autre découpage, selon les nombres sur lesquels on travaille : (1) 4 opérations sur les nombres de 0 à 100 ; (2) 4 opérations sur les nombres de 0 à 1000 ; (3) 4 opérations sur les nombres de 0 à 10 000.

Dans l'exemple ci-dessus, les paliers successifs mobilisent une quantité de plus en plus grande de savoirs et de savoir-faire : les situations intermédiaires sont des images des situations « finales », mais avec des savoirs et/ou savoir-faire puisés dans un réservoir plus restreint.

> **La situation (12) Châssis, propose également un découpage de la compétence en paliers de même type.**

Il existe une autre façon d'envisager les paliers d'une compétence. C'est le cas où chaque palier de la compétence mobilise tous les savoirs et/ou les savoir-faire, mais il les mobilise autrement, par exemple de façon schématique au niveau du palier intermédiaire, et de façon littéraire au niveau des situations finales.

C'est par exemple le cas des situations (28) Manuel présentée ci-contre et (15) Hôpital page 110. Les deux situations représentent deux paliers d'une même compétence « *Produire une phrase simple à partir d'indices figurant sur une illustration* ».

SITUATION 28	Manuel

Discipline : langue	Niveau : 6 ans	Provenance : Gabon[1]

Relie les supports de même espèce.

1. Avec l'appui du projet PED éducation

La situation (28) Manuel **représente le premier palier 1 de la compétence,** relative à la reconnaissance visuelle des indices sur les illustrations. Elle est présentée sous la forme d'illustrations à associer deux à deux. La situation (15) Hôpital **représente le deuxième palier de la compétence.** L'élève doit rechercher des indices pour identifier des mots sur un dessin (ici le mot « école »), et utiliser ces mots pour compléter une phrase.

Une situation correspondant à un palier supérieur (par exemple un palier 3) pourrait être une situation de production d'une phrase complète, mais à partir d'une illustration dans laquelle on donne à l'élève davantage d'indices, comme sur l'illustration suivante [34].

Une situation correspondant à la compétence elle-même (palier 4 ou 5) serait une production d'une phrase à partir de un ou deux mots seulement, figurant sur une illustration comme la suivante.

Cette notion de palier est une illustration de l'intégration progressive, abordée en 1.3.3. L'intégration ne se réduit plus à des moments dans une suite d'apprentissages, elle devient une préoccupation constante de la part de l'enseignant.

---

34. BOULHAN, N. (coord.). (2002). *Guide d'intégration Français 1ᵉ année.* Djibouti : CRIPEN

4.   LE CARACTÈRE SIGNIFICATIF D'UNE SITUATION

Pour donner toutes les chances de déboucher sur un contrat entre l'enseignant et ses élèves (voir en 1.1.4), une situation « cible » ne doit pas posséder uniquement des qualités techniques liées à un niveau de complexité donné. Elle doit également être significative. Une situation **significative** est avant tout une situation qui a du sens pour l'élève, c'est-à-dire une situation avec laquelle il entretient une relation affective positive. Et en fin de compte, à travers cette relation positive, une situation qui le mobilise, qui le motive, qui le mette en mouvement.

C'est souvent à travers la fonction de la situation, le « pourquoi » de la situation qu'apparaît le caractère significatif d'une situation.

> La situation (12) Châssis **(fabriquer un châssis pour quelqu'un), ou encore la situation (1) Papiers (laisser la classe propre) donnent des exemples de ce souci de finaliser une situation donnée. Les situations (39) Robinet (variante 1)** et **(40) Lait (variante 1) traduisent aussi ce souci, bien que les préoccupations qu'elles véhiculent ne sont pas nécessairement celles des élèves. D'autres situations sont plus gratuites, moins finalisées, comme la situation (15) Hôpital, ou encore la situation (28) Manuel. Ce sont des situations plus scolaires. Dans la situation (19) Craies, le caractère significatif réside plutôt dans le défi qui est lancé à l'élève.**

De façon plus générale, le caractère significatif d'une situation est souvent lié à la contextualisation de la situation, puisque l'on a défini une situation-problème (voir en 1.1.1) comme un *ensemble contextualisé d'informations*.

Cet ensemble contextualisé d'informations peut trouver sa source :

- dans la vie quotidienne de l'élève ;
- dans la vie scolaire, au niveau de la classe ou de l'école ;
- dans la vie professionnelle, ou « préprofessionnelle », pour un élève qui est dans un enseignement professionnalisant ;
- dans la vie citoyenne ou culturelle.

Il ne faut cependant pas limiter le caractère significatif à la seule contextualisation de la situation. Cette contextualisation peut même être trompeuse, dans la mesure où elle peut être artificielle pour l'élève. Le caractère significatif d'une situation comme la situation (14) Thé, la situation (38) Vaccination ou la situation (14)campagne de propreté est discutable. Cette dernière par exemple n'a du sens que pour des élèves qui ont vécu une campagne similaire, ou du moins qui en ont approchée une, à moins que ce ne soit l'occasion d'en organiser une dans l'école. Sinon, ce n'est qu'un exercice scolaire, où l'enfant doit parler de quelque chose qu'il ne connaît en aucune manière, ou de façon lointaine. Ce caractère significatif peut également être lié à d'autres éléments. Il peut être lié au type de tâche que l'on demande à l'élève, au contexte dans lequel cette tâche s'inscrit, à la perception que l'élève a de la tâche à exécuter, aux supports proposés. Certains élèves étant plus sensibles à un aspect ou à un autre, c'est sur l'ensemble de ces facteurs qu'il faut chercher a priori à agir.

Cela dit, le concepteur doit rester modeste lorsqu'il conçoit une situation, si significative soit-elle à ses yeux. En effet, le caractère significatif d'une situation n'est pas dicté par la situation seule. Il réside dans le rapport que l'élève — abordé dans la complexité de ses composantes bio-psycho-socio-épistémologiques — établit avec la situation dans laquelle il se trouve [35]. Un élève peut mettre du sens dans une situation ou non : il arrive par exemple qu'un élève ne mette pas de sens là où l'enseignant en met. Néanmoins, s'il n'est pas suffisant, on peut dire que le fait de contextualiser les acquis, notamment à travers des situations, est porteur de sens en soi, ne fût-ce que parce que la situation délimite un champ dans lequel on peut mobiliser telles ou telles ressources.

Il y a différentes façons pour une situation d'être significative. Une situation peut être significative dans la mesure où :

- elle amène l'élève à mobiliser les savoirs en interpellant l'élève dans ce qu'il vit, en touchant **ses centres d'intérêt** du moment ;
- elle lui pose un défi ou, plutôt, elle est présentée de façon telle que l'élève perçoit un **défi** à sa portée ;
- elle lui est directement **utile**, par exemple en le faisant avancer dans un travail complexe ;
- elle lui permet de contextualiser les savoirs, de mettre en **évidence l'utilité de différents savoirs** ;
- elle permet d'explorer les frontières des **champs d'application** de ces savoirs ;
- elle renvoie à une réflexion épistémologique sur les savoirs de la discipline, interpelle sur la construction des savoirs : comment se sont-ils construits ? comment ont-ils été transformés ? par qui ? selon quels principes ? dans quel but ? ;
- elle permet de mettre en évidence les **écarts entre la théorie et la pratique**, comme les problèmes qui comprennent des données parasites, des données manquantes, des données que l'on doit transformer avant d'utiliser, des solutions multiples ;
- elle permet de mettre en évidence **l'apport de différentes disciplines** dans la résolution de problèmes complexes ;

---

35. Selon des échanges avec Michel Develay.

- elle permet à l'élève de mesurer l'écart entre ce qu'il sait pour résoudre une situation complexe et ce qu'il devra encore apprendre etc.

On voit que le caractère significatif peut apparaître à différents niveaux, liés aux constituants de la situation. Il peut en effet être lié :

- *au contexte*, comme le fait de toucher l'élève dans ce qu'il vit, dans ses centres d'intérêt ;
- *aux informations*, comme le fait de mettre en évidence l'écart entre la théorie et la pratique ;
- *à la fonction*, comme le fait de faire avancer l'élève dans un travail complexe ;
- *à la tâche*, comme le fait pour l'apprenant de percevoir un défi.

On voit que le caractère significatif résulte d'un subtil dosage entre plusieurs dimensions, à articuler en fonction du contexte de la classe, la discipline, la personnalité de l'enseignant, les intérêts des élèves.

Chapitre 3

Situations et choix disciplinaires

Les situations que l'on présente aux élèves ne sont jamais neutres. Elles traduisent des orientations spécifiques, notamment celles de la discipline, elles-mêmes liées à des pratiques sociales de référence, au sens de Develay (1992).

Il n'est pas inutile de faire un détour par une réflexion épistémologique sur la face cachée des situations, c'est-à-dire sur ce qu'elles induisent en termes de profils d'élèves que l'on cherche à développer.

En formation technique et professionnelle, ces profils vont de soi : ils découlent des profils de métiers, caractérisés par les tâches à exécuter qui relèvent de ces métiers. Toutefois, il faut garder à l'esprit cette part nécessaire de formation générale dans la formation technique et professionnelle, pour faciliter à l'élève — le cas échéant — l'accès à d'autres perspectives professionnelles en le rendant plus adaptable au changement, mais aussi dans une optique d'éducation permanente, et d'ouverture vers l'enseignement supérieur.

Il en va autrement dans les niveaux de l'enseignement général, où les profils posent clairement la question du type d'élève que l'on veut faire sortir du système éducatif, en regard des finalités de l'école.

Ces profils sont relativement peu différenciés dans le primaire (les 5 ou 6 premières années de la scolarité), puisqu'on est dans l'éducation de base, et que les finalités de l'enseignement sont relativement polarisées vers les mêmes valeurs quels que soient les pays : autonomie, confiance en soi, développement personnel, maîtrise de la langue maternelle, des opérations mathématiques fondamentales,...

Ils sont également peu différenciés dans l'enseignement secondaire supérieur, qui poursuit une finalité claire quel que soit le pays et le contexte : prodiguer une formation intellectuelle suffisamment solide pour préparer l'élève aux études supérieures.

En revanche, ils sont beaucoup plus sensibles au début de l'enseignement secondaire [36], c'est-à-dire entre la 6e/7e années et la 9e/10e années d'enseignement, où ils prennent des orientations plus spécifiques selon les contextes et selon les pays. L'enjeu de ces années est en effet important dans la mesure où ce sont des années d'orientation des élèves : vers la vie active ou vers la poursuite de la scolarité, et dans ce cas, vers des études générales, techniques ou professionnelles. C'est à ce moment de la scolarité que les responsables du système éducatif doivent déterminer si l'école — à travers les programmes scolaires — va s'adresser plus spécifiquement à ceux qui s'orientent vers la vie active, à ceux qui s'orientent vers l'enseignement technique ou professionnel, ou à ceux qui s'orientent vers les études générales. C'est donc à cet âge de 13/16 ans que la question des profils visés à travers les disciplines scolaires est la plus sensible.

Pour illustrer ce propos, développons différents profils que l'on pourrait viser dans quelques disciplines. Les types de profils qui suivent sont proposés pour l'ensemble des années d'études [37]. Des nuances dans les profils devraient sans doute être apportées en fonction du niveau dans lequel on se situe : primaire, secondaire inférieur, secondaire supérieur. Les réponses sont également différentes selon les finalités poursuivies dans chaque niveau, notamment une finalité d'insertion dans la vie active ou de préparation aux études supérieures. Toutefois, pour des raisons de cohérence et de continuité dans la scolarité, il nous a paru intéressant de poser les problèmes de façon générale, indépendamment du niveau auquel on se situe.

Seuls les profils pertinents par rapport aux apprentissages scolaires ont été retenus : un profil comme le profil « bête de quizz », dans certaines disciplines encyclopédiques, consistant à répondre à des jeux-questionnaires d'érudition, relève plus des loisirs que d'un processus d'enseignement-apprentissage structuré dans un cadre scolaire.

---

36. Appelé selon les cas enseignement moyen, collège, ou encore secondaire inférieur.

37. Nous invitons cependant le lecteur à jeter un regard particulièrement attentif sur cette période critique que constitue l'enseignement secondaire inférieur, c'est-à-dire la fin de « l'école de base », pour les raisons évoquées ci-dessus.

Précisons aussi que, souvent, les profils développés dans la scolarité ne sont pas uniques : non seulement ils varient d'un niveau d'études à l'autre, mais ils se combinent dans un cycle d'études donné, voire dans une même année d'études. On peut souvent dégager une complémentarité entre eux. Les variations sur l'ensemble de la scolarité peuvent être plus importantes dans certaines disciplines que dans d'autres. Selon que le type de curriculum est contraignant ou non, les variations peuvent être interrégionales, interréseaux, interécoles, interclasses...

Le but n'étant pas de traiter l'ensemble des disciplines possibles (la tâche est d'ailleurs insurmontable compte tenu de la diversité des disciplines inscrites aux programmes), un choix représentatif de disciplines a été posé. Les disciplines absentes de cette liste peuvent être rattachées à l'une ou l'autre des disciplines traitées.

Nous sommes également conscient que les disciplines auraient pu être traitées en « champs disciplinaires », mais nous pensons que le lecteur pourra, à partir de la liste ci-dessus, les inférer par lui-même.

1.   LES SITUATIONS DANS LA LANGUE D'ENSEIGNEMENT

En langue d'enseignement, le profil visé est avant tout tourné vers l'utilisation que l'on fait de la langue dans le contexte scolaire. Néanmoins, ce profil peut prendre différentes nuances, selon la dimension que l'on privilégie :

- privilégie-t-on le *côté communicationnel* de la langue, en mettant une priorité à ce que l'élève puisse communiquer dans une situation courante, tant à l'oral qu'à l'écrit ? Le profil visé est tout simplement celui de la personne autonome et responsable, dans sa famille, dans sa vie sociale, dans sa vie professionnelle. Les situations proposées seront tout simplement des situations de la vie quotidienne.

- privilégie-t-on *l'aspect linguistique* de la langue, sans toutefois former des linguistes ? Autrement dit, cherche-t-on à ce que l'élève possède une maîtrise technique parfaite de la langue, que ce soit dans les aspects grammaticaux ou dans les particularités de la langue ? Ce type de profil, privilégié par de nombreux enseignants, pourrait être développé de façon complémentaire au premier profil, par exemple pour préparer des élèves à poursuivre leur scolarité dans une langue d'enseignement donnée. Les situations seront davantage des situations d'analyse textuelle, ou encore des situations de production plus libre, hors contexte (dissertations, compositions, rédactions...).

- privilégie-t-on encore *les aspects esthétiques* de la langue, en orientant les apprentissages vers l'appréciation des chefs d'œuvre littéraires de la langue, à travers ses auteurs les plus connus (romanciers, poètes…) ? Les situations seront davantage des situations d'analyse textuelle à des fins d'appréciation de ces textes.

Ces profils dépendront en partie du fait que la langue d'enseignement est aussi la langue maternelle, ne fût-ce que parce que l'on peut dans ce cas pousser en plus loin la maîtrise.

D'autres profils, plus spécifiquement orientés vers la production langagière, peuvent encore être développés. Quand c'est le cas, ce sera souvent de façon occasionnelle :

- un profil d'écrivain : le romancier, le poète, l'écrivain public, le producteur de contes…
- un profil d'orateur : le conteur, le conférencier, le déclamateur…

2. LES SITUATIONS DANS LES LANGUES ÉTRANGÈRES

En langue seconde et en langues étrangères également, on peut prendre différentes orientations, selon le profil que l'on veut développer :

- cherche-t-on à développer une *connaissance passive de la langue*, dans le but de se documenter, de rechercher de l'information dans la langue, comme un chercheur, ou un technicien, qui a besoin de s'alimenter à d'autres sources que celles qui existent dans sa langue maternelle ?

- cherche-t-on à développer une *connaissance active de la langue*, dans le but de pouvoir communiquer, dans toute une série de situations fonctionnelles, que ce soit pour former un citoyen multilingue, qui maîtrise les différentes langues pratiquées dans son pays, ou un voyageur cosmopolite, qui doit pouvoir se débrouiller dans différents contextes, pour entrer en communication à des fins professionnelles ou à des fins de loisirs ?

- cherche-t-on à développer une *approche culturelle, voire littéraire, de la langue*, dans le but de s'imprégner d'une culture ? C'est par exemple le cas de la langue arabe dans de nombreux pays musulmans, qui s'appuie souvent sur la lecture de textes pour amener l'élève à pénétrer dans la culture islamique. C'est également le cas de toute autre langue qui poursuit l'objectif de faire pénétrer l'élève dans l'univers littéraire de la langue. Dans tous les cas de cette troisième catégorie, le travail par situations est difficile, parce que les apprentissages sont davantage des apprentissages par imprégnation et par sensibilisation, non des apprentissages visant la maîtrise, à moins bien sûr que l'on ne vise la production littéraire chez l'élève.

- privilégie-t-on, comme dans la langue d'enseignement, *l'aspect linguistique* de la langue, sans toutefois former des linguistes ? Autrement dit, cherche-t-on à ce que l'élève possède une bonne maîtrise technique de la langue, que ce soit dans les aspects grammaticaux ou dans les particularités de la langue (temps primitifs…) ? Dans ce type de profil également, l'approche par les situations est plus limitée : on trouvera plutôt des situations moins contextualisées, comme des situations d'analyse textuelle, ou encore des situations de production plus libre (dissertations, compositions, rédactions…).

3. LES SITUATIONS EN ÉDUCATION PHYSIQUE ET SPORTIVE

En éducation physique et sportive, on peut essentiellement identifier trois profils que l'on cherche à développer chez l'élève :

- cherche-t-on à développer le profil d'une *personne équilibrée*, qui est bien dans son corps comme il est bien dans sa tête, qui prend sa santé en main, qui peut respecter les règles élémentaires de sécurité (Carlier, 2002) ? Dans ce sens, les situations seront par exemple élaborées en relation avec d'autres dimensions comme celles de la santé, de la citoyenneté, de l'alimentation etc.
- cherche-t-on à développer le profil d'un *sportif de haut niveau*, considérant par là que l'éducation physique et sportive est avant tout une activité de compétition, avec souci de performance ? On aura tendance alors à pousser l'élève dans une discipline sportive dans laquelle il excelle, après l'avoir initié à différentes disciplines.
- cherche-t-on à développer le profil d'un *artiste*, c'est-à-dire une personne créative qui peut utiliser son corps pour exprimer des émotions, des sentiments ? On aura des situations l'amenant davantage à cultiver l'expression corporelle, la technique ou l'art du cirque, du théâtre de rue, de la danse etc.

Ces profils gagnent à être développés de façon complémentaire. Si on vise le premier profil seul, on risque de proposer des situations essentiellement cognitives, alors que c'est essentiellement dans le domaine psycho-sensori-moteur que se situe l'éducation physique. Au contraire, développer uniquement le deuxième ou le troisième profil, c'est également défavoriser au départ l'élève qui est moins sportif, ou moins créatif.

4. LES SITUATIONS EN ÉDUCATION MORALE ET/OU RELIGIEUSE

En éducation morale et/ou religieuse, plus encore que pour toute autre discipline, les finalités inscrites dans les curriculums déterminent les différents profils que l'on vise dans cette discipline, selon qu'il s'agisse :

- de l'obligation de souscrire à une éducation religieuse unique,

- d'un système qui offre un éventail de choix : religion catholique, religion orthodoxe, religion musulmane, éducation morale laïque,
- d'une orientation philosophique qui transcende les religions.

Différents profils sont visés, selon que l'on voit l'éducation morale et/ou religieuse dans une optique :

- *prescriptive*, c'est-à-dire obéissant à des prescriptions religieuses, qui précisent les comportements religieux à adopter dans la vie familiale, sociale et culturelle, familiale et culturelle, comme c'est par exemple le cas dans de nombreux pays islamiques, où l'essentiel des valeurs sociales sont dictées par les enseignements du Coran ;
- *spirituelle*, formant des êtres spirituels avant tout, appelés à développer une vie intérieure, qui se nourrissent de spiritualité à travers différentes activités réservées à cet effet : offices religieux, retraites, contemplation… ;
- *humaniste,* cherchant à mieux connaître l'homme et les valeurs humaines et universelles, par le biais d'une comparaison simple entre quelques référents spirituels ou à travers les écrits des grands philosophes, permettant ainsi une sensibilisation à la philosophie, qui est de plus en plus introduite dans les petites classes ;
- *libérale*, ouverte au pluralisme, dans le sens qu'elle cherche à former les élèves à pouvoir poser des choix personnels libres en connaissance de cause en matière de spiritualité, à travers une information objective et à travers une réflexion sur les valeurs morales et religieuses.

Ces profils sont loin d'être exclusifs. On rencontre souvent une combinaison de ces différents profils, mais une fois de plus ils donnent certaines dominantes selon les contextes.

Dans certains profils, les situations seront axées sur les choix de comportements sociaux conformes à la religion, et/ou aux valeurs humaines et universelles à faire acquérir par les élèves, comme des comportements de tolérance ou d'intolérance par rapport à d'autres façons de penser, d'autres cultures etc. Dans d'autres profils, on pourra demander à l'élève d'analyser à des fins sociales ou familiales des comportements ou fragments de textes, et d'apporter des arguments religieux ou des citations de textes religieux (comme des passages de la Bible ou des versets du Coran) pour étayer son argumentation.

5.   LES SITUATIONS EN MATHÉMATIQUES

En mathématiques, on peut aussi évoquer différents profils selon ce que l'on cherche avant tout à développer à travers les situations-problèmes :

- une *personne autonome et responsable*, qui peut résoudre des situations de la vie courante, qui peut faire face à l'ensemble des actes de la vie quotidienne (gestion d'un budget, achats pour un ménage, aménagements d'une habitation etc.), quitte à utiliser sa calculette ; les situations seront davantage des situations de la vie courante, ou qui s'en rapprochent au maximum ;

- un *citoyen critique*, pour qui les mathématiques constituent une dimension importante de la formation générale, notamment dans sa dimension humaniste, conscient des limites et des pouvoirs des mathématiques, capable d'une réflexion épistémologique à leur propos, qui peut les utiliser de façon critique, qui peut les situer d'un point de vue historique, voire anthropologique ; les situations tendront davantage vers l'interdisciplinarité et le recul critique ;

- un *futur scientifique*, formé avant tout à la rigueur, pour lequel la maîtrise pointue des savoirs et savoir-faire de base en mathématiques constituent essentiellement une porte ouverte vers les études scientifiques ; les situations seront davantage des situations théoriques, peu significatives(ou du moins peu fonctionnelles), qui font autant appel à l'application de savoirs et savoir-faire qu'à la créativité et à l'intuition ;

- un *joueur de l'esprit*, curieux et à l'esprit logique, passionné de défis mathématiques, d'énigmes et de problèmes sans solutions ; les situations seront davantage des défis, avec toute la dimension aléatoire liée à leur résolution.

À nouveau, il ne faut pas voir des profils dissociés, mais des profils complémentaires, qui représentent autant d'éclairages, ou de nuances possibles dans les orientations à prendre en mathématiques.

6. LES SITUATIONS EN ÉVEIL ET EN SCIENCES

En éveil, en étude du milieu, et plus tard en sciences (ou sciences de la vie et de la terre), quel profil cherche-t-on à développer à travers les situations :

- cherche-t-on à développer *une personne ayant le sens pratique*, qui peut faire fonctionner différents appareils, effectuer des réparations simples, mener des plantations simples ou gérer des petits élevages ? Les situations seront plutôt des situations pratiques de la vie quotidienne à résoudre ;

- cherche-t-on à développer un *citoyen équilibré et responsable*, soucieux de respecter les règles élémentaires de l'hygiène, de prendre en charge sa propre santé ainsi que celle de ses proches ? On lui présentera plutôt des situations dans lesquelles on lui demande de se positionner, de réagir adéquatement ;

- cherche-t-on à développer un *agent d'environnement*, ou un défenseur de l'environnement, qui peut mobiliser des connaissances, des savoir-faire et des savoir-être pour agir sur son environnement et le protéger ? Dans ce cas, on lui proposera plutôt des situations dans lesquelles on lui demande d'énoncer des propositions en vue de résoudre des problèmes d'environnement, particulièrement préoccupants à l'heure actuelle ;

- cherche-t-on à développer un *scientifique en herbe*, à qui l'on apprend à utiliser la démarche scientifique à propos d'un phénomène nouveau, c'est-à-dire qui peut poser une hypothèse sur la base d'observations, qui peut mettre en place un dispositif expérimental, recueillir des informations, et traiter ces informations de manière à en tirer des conclusions valides ? Les situations seront dans ce cas des situations nécessitant des démarches expérimentales.

On voit que les occasions ne manquent pas de mettre les sciences en relation avec certaines disciplines dites « émergentes », comme l'éducation à la santé et l'éducation en matière de population pour le profil de citoyen équilibré, l'éducation environnementale pour le profil d'agent d'environnement etc. On voit aussi les liens qui peuvent se nouer avec d'autres disciplines, selon le profil que l'on privilégie.

On peut aussi choisir de compléter ces profils par d'autres qui correspondent à des profils de métiers, pour éveiller les élèves à certains problèmes spécifiques, pour les amener à mieux comprendre les choses en pénétrant en profondeur dans un domaine déterminé :

- le domaine du médecin, qui pose des diagnostics sur des maladies courantes ;

- le domaine du géologue, qui se pose des questions sur la nature d'un sol ;

- le domaine de l'agronome, qui tente de résoudre des problèmes de cultures ou d'élevage ;

- le domaine du biologiste, qui essaye de comprendre des phénomènes comme ceux liés à la génétique humaine, aux OGM (organismes génétiquement modifiés), ou d'autres encore ;

- etc.

Dans le contexte scolaire, cette orientation ne sera jamais que ponctuelle et limitée, surtout dans l'enseignement de base. De plus, il n'est pas question d'envisager ces apprentissages dans une optique utilitariste : il ne s'agit pas de former des médecins, des géologues, des agronomes ou des biologistes, même à petite échelle. La fonction visée ici serait plutôt d'éveiller l'élève à des questions actuelles, en l'amenant à traiter en profondeur certains problèmes. C'est donc plutôt dans une optique humaniste, ou culturelle que l'on propose ces petites incursions dans des domaines spécialisés.

7. LES SITUATIONS EN PHYSIQUE ET EN CHIMIE

Le cas de la physique illustre les différents profils généraux proposés en sciences :

- cherche-t-on à développer un *bon bricoleur, un petit technicien,* qui peut réparer des pannes courantes, voire effectuer des réalisations en mobilisant des connaissances et des savoir-faire acquis en physique ?
- cherche-t-on à développer un *citoyen averti* du monde scientifique, qui maîtrise les principaux aspects historiques, culturels, qui porte un regard critique sur ceux-ci, qui peut apprécier l'apport des sciences, qui peut expliquer les principaux phénomènes physiques, qui peut intégrer les phénomènes physiques dans la vie quotidienne et professionnelle ?
- cherche-t-on plutôt à développer un *physicien en réduction*, à qui l'on demande d'être interpellé sur un phénomène physique nouveau, de l'observer, de le décrire, d'émettre une hypothèse à son sujet, de proposer une démarche de recueil et de traitement des informations, et enfin de tirer des conclusions sur la base des résultats obtenus ?

Il se pose également la question du type de physique que l'on va développer pour un niveau recherché : physique descriptive, qualitative, ou physique quantitative, basée sur les outils mathématiques. Selon le niveau, la réponse sera différente.

Il en va de même en chimie, où on peut retrouver les mêmes types de profils.

8. LES SITUATIONS DANS LES COURS TECHNIQUES

Dans les cours techniques, en particulier dans l'enseignement technique et professionnel, les situations sont dictées d'elles-mêmes par les exigences du métier, et les profils professionnels.

Toutefois, des nuances sont à apporter selon l'importance que l'on veut donner au caractère professionnalisant de la formation. On peut par exemple viser :

- des *professionnels purs,* qui doivent être avant tout opérationnels dans le métier ; les situations consistent alors en des répliques les plus fidèles possible des situations professionnelles ;
- des *professionnels mobiles,* susceptibles de s'adapter au changement ; les situations seront plus ouvertes, exploiteront davantage des capacités transversales mobilisables dans plusieurs métiers ;
- des *professionnels ouverts* à des formations de plus haut niveau ; c'est davantage l'enseignement technique qui est concernée par ces

profils, mais l'enseignement professionnel également ouvre de plus en plus à la poursuite des études ; à côté des situations professionnelles, on introduira des situations qui font intervenir l'analyse, le recul critique, et qui valorisent davantage les aspects conceptuels.

9.   LES SITUATIONS EN HISTOIRE

En histoire, on peut viser les profils suivants, selon les situations que l'on propose.

- Voit-on l'élève comme un *guide touristique* ? Les situations qui traduiraient ce profil seraient celles où on lui demande par exemple d'organiser tel circuit historique pour tel groupe de personnes qui viendrait en visite à telle période. Pour organiser ce circuit, l'élève devrait mobiliser des connaissances historiques liées aux différents sites historiques de son pays, ou d'autres pays.

- Voit-on l'élève comme un *citoyen critique* ? Les situations qui traduiraient ce profil seraient celles où on lui demande de réagir à un événement du présent à la lumière du passé. L'élève devrait rechercher quels sont les événements du passé (au niveau national, régional ou mondial, dans un passé proche ou lointain…), qui permettent d'expliquer un événement vécu au présent (une grève, une guerre, un embargo, un attentat, une renversement de régime, une manifestation…), et de se situer par rapport à lui.

- Voit-on l'élève comme un *historien en réduction* ? Les situations qui traduiraient ce profil seraient celles où on lui demande de retracer la démarche de l'historien qui, à partir de traces authentiques du passé, cherche à formuler des hypothèses, et à les vérifier en s'appuyant sur des faits établis et validés. C'est aussi dans ce sens que l'élève serait invité à donner des arguments pour dire dans quelle mesure telle source d'information est fiable, ou encore de citer les raisons de faire confiance ou de se méfier de tel document donné. C'est davantage dans le sens de la critique historique que s'oriente ce profil.

Quels que soient les profils visés, ou le profil visé, on voit combien ils sont éloignés d'un enseignement événementiel, linéaire et livresque de l'histoire. On voit par là poindre les conséquences sur les apprentissages d'un choix de profil, et tout simplement les conséquences d'un choix de s'engager dans une approche par les situations-problèmes.

10.   LES SITUATIONS EN GÉOGRAPHIE

En géographie, on peut aussi viser différents profils, selon les situations que l'on propose.

- Voit-on l'élève comme un *voyageur érudit*, ou encore un guide touristique, à qui l'on apprend à mettre en relation différentes données spatiales qui caractérisent un espace, et à se poser des questions en rapport avec cet espace et un projet de voyage ? Les situations qu'on soumettra lui demanderont de proposer un circuit, d'émettre des choix de voyages en fonction de contraintes données au départ etc. On retrouve un peu dans ce profil celui de guide touristique qui a été proposé en histoire.

- Voit-on l'élève comme un *futur décideur*, comme un *citoyen du monde*, à qui l'on apprend à prendre des décisions en fonction de données émanant à la fois de la géographie physique, de la géographie humaine, de la démographie, de l'économie, de l'anthropologie ? Les situations qu'on lui proposera lui demanderont d'émettre des suggestions, de proposer des solutions pour résoudre un problème concret. C'est également à cette occasion que l'on peut intégrer des aspects relatifs à certaines « disciplines émergentes », comme l'éducation en matière de population, l'éducation environnementale, en articulation avec les sciences.

- Voit-on l'élève comme un *géographe chercheur*, qui, à travers l'observation, l'émission d'hypothèses, le recueil d'informations, le traitement de ces informations, cherche à produire une connaissance nouvelle en géographie, physique et/ou humaine. Les situations que l'on proposera à l'élève l'inviteront à tirer des conclusions à propos d'éléments donnés à propos d'une situation complexe du type : « compte tenu de x, y et z, quels seraient les éléments qui te permettraient de penser que l'on va trouver w à tel ou tel endroit ? » ou encore « Peut-on transposer telle initiative dans tel contexte ? Argumente en fonction de tes connaissances. » Ici aussi, on met en œuvre les savoirs et les savoir-faire en géographie, mais à la façon du chercheur, qui mobilise la démarche scientifique.

11. LES SITUATIONS EN ÉDUCATION CIVIQUE

En éducation civique, le profil poursuivi est sans doute plus important encore que dans les autres disciplines, parce que, plus que dans toute autre discipline, on travaille sur les valeurs (ou on choisit de ne pas travailler sur les valeurs, ce qui est un choix de valeur en soi).

La question principale qui se pose est celle de savoir avec quel adjectif on souhaite qualifier le citoyen :

- un citoyen soumis
- un citoyen créatif
- un citoyen responsable

- un citoyen autonome

- …

Dans les pays en guerre, on essayera de parler tout simplement d'éducation à la paix, avec toutes les valeurs qui y sont associées (l'ouverture, la tolérance, …).

Ces choix, qui ne sont pas incompatibles, sont bien entendu lié aux finalités de l'enseignement, aux valeurs que l'on souhaite véhiculer à travers l'éducation.

C'est ce type de profil qui va déterminer si les situations seront :

- fermées (une *bonne* attitude à trouver par exemple) ou ouvertes (différentes attitudes à argumenter ou à critiquer) ;

- stéréotypées (rattachées à des principes, à des dogmes, à une religion) ou imaginatives (orientées vers la construction d'attitudes nouvelles, voire de valeurs nouvelles) ;

- prescriptives (portant sur des attitudes idéales à adopter) ou descriptives (basées sur une réalité observée) ;

- générales (concernant n'importe qui) ou spécifiques (interpellant chaque élève en particulier) ;

- théoriques (basées essentiellement sur des savoirs) ou vécues (basées essentiellement sur des savoir-faire et des savoir-être).

12. LES SITUATIONS EN ÉDUCATION ALIMENTAIRE

En éducation alimentaire, on peut essentiellement rechercher deux profils, que l'on peut traduire dans les situations :

- cherche-t-on à développer un *bon cuisinier*, qui peut préparer des plats traditionnels de la cuisine locale ou nationale ? Les situations seront plutôt des situations dans lesquelles l'élève est appelé à cuisiner différents plats ;

- cherche-t-on au contraire à développer un *consommateur responsable*, qui prend en compte différents paramètres pour effectuer des achats : la notion de repas équilibré, la provenance des aliments (produits locaux ou importés), leur qualité biologique, les conditions dans lesquelles les aliments ont été produits (exploitation du producteur, travail des enfants), le conditionnement des produits. Il s'agit des situations qui, au-delà des savoirs et des savoir-faire, mobilisent des savoir-être en termes de réflexion critique sur ses propres attitudes de consommateur etc. Dans ce sens les situations s'orienteraient autant vers la tâche de faire des courses de façon avisée que vers la préparation même du repas.

13. LES SITUATIONS EN ÉDUCATION MANUELLE ET ARTISTIQUE

En éducation manuelle également, les profils peuvent diverger, selon que l'on cherche à former :

- un *artisan technicien*, qui a appris certaines techniques, et qui peut, à partir de ces techniques, fabriquer des objets simples ;
- un *artiste créateur*, qui peut créer une œuvre nouvelle ;
- un *esthète*, qui peut apprécier le beau, et commenter une œuvre d'art.

Le premier profil prête rarement aux situations, surtout quand il s'agit de reproduction et d'application de techniques apprises, tandis que le deuxième profil est davantage orienté vers la résolution de problèmes.

On verra peu le troisième profil à l'état pur dans un cours d'éducation manuelle et technique, qui se développe d'ailleurs également en histoire de l'art, mais il s'agit néanmoins d'une dimension à ne pas négliger, et qui, elle aussi, peut faire l'objet de situations riches, en termes d'analyse, de comparaison d'œuvres d'art, de commentaires etc.

14. LES SITUATIONS EN INFORMATIQUE

En informatique, la question du profil se pose également dans les différents termes suivants :

- veut-on faire de l'élève un *utilisateur autonome* de l'outil informatique, qui peut utiliser les logiciels courants, qui peut accéder à une recherche sur internet ? Dans ce cas, les situations qui lui seront présentées seront davantage liées à la mise en œuvre des logiciels pour rédiger un texte, un tableau, rechercher une information donnée etc.
- veut-on en faire un *spécialiste* de certains logiciels spécialisés, et qui peut utiliser l'informatique pour se spécialiser dans certains domaines (logiciels de traitement statistique, logiciels de simulation etc.) ? Les situations, souvent interdisciplinaires dans la mesure où elles concernent une autre discipline, seront des situations qui mobilisent la maîtrise de tel ou tel logiciel ;
- veut-on en faire un *citoyen critique*, qui peut résoudre des problèmes mélangeant des questions techniques, éthiques, politiques, économiques, liées à l'informatique dans la vie quotidienne et professionnelle ? Les situations auront une dimension interdisciplinaire prononcée ;
- veut-on en faire un *programmeur en réduction*, qui peut traduire un problème donné sous la forme d'un algorithme, et qui peut traduire

cet algorithme dans un langage de programmation donné ? Les situations seront des situations de programmation.

Au-delà de ces réflexions, dont le point de départ sont les disciplines, on peut aussi se poser la question inverse, du lieu dans lequel certaines attitudes fondamentales se développent, en relation avec des valeurs :

- la coopération, la solidarité, la tolérance ;
- l'éducation à la paix, à la citoyenneté ;
- les attitudes face aux maladies sexuellement transmissives (pour quelqu'un un tant soit peu informé de la situation mondiale en la matière, on ne peut pas éviter de citer le sida en tout premier lieu) ;
- les attitudes orientées vers la défense de l'environnement ;
- etc.

Certains curriculums laissent une place au développement de compétences transversales. Ce peut être également le point de départ d'une réflexion interdisciplinaire qui se développe progressivement au sein d'une équipe éducative. A défaut, — et il faut avouer que la réalité de la grande majorité des enseignants est encore une réalité disciplinaire — ces problématiques peuvent être prises en charge au sein des disciplines.

Chapitre 4

Une typologie des situations « cibles »

La typologie des situations « cibles » présentée ci-dessous a deux fonctions essentielles :

- pour le concepteur, elle permet d'élargir son horizon en lui montrant l'ensemble des possibilités qui s'offrent à lui quand il prépare une situation ; c'est souvent utile, parce que souvent le concepteur est enfermé dans certains types de situations dont il ne sort pas ; de plus, une typologie est aussi un outil de dialogue entre concepteurs, dans la mesure où elle donne des points de repère pour discuter autour de situations construites dans des esprits différents, par exemple pour préciser les différences entre deux situations (par exemple produites par deux personnes différentes à propos de la même compétence) ;

- pour l'utilisateur de situations, elle permet de situer chaque situation par rapport à d'autres ; dans ce sens, elle est pour lui un outil d'analyse, en lui permettant de mettre des mots sur certaines orientations prises, et en l'outillant par là pour développer une critique argumentée.

Elle peut se réaliser à partir des trois grandes questions suivantes.

1. Comment l'expert voit-il la situation, lorsqu'il est en présence de l'énoncé ?

La réponse à cette question est liée à des **variables d'identification**, c'est-à-dire celles qui permettent de reconnaître « de l'extérieur » à quelle catégorie de situations elle appartient, comme le champ disciplinaire dans lequel elle s'inscrit, le type de produit attendu, le degré d'ouverture de la situation, ou encore la nature des données.

Il s'agit de la situation telle que l'expert peut la qualifier sans la résoudre, c'est-à-dire en se basant sur les caractéristiques extérieures de la situation.

2. Comment l'expert voit-il la situation, lorsqu'il la résout ?

   La réponse à cette question est liée à des variables qui décrivent la situation « de l'intérieur », mais toujours du point de vue de l'expert : les objectifs que l'on vise lorsqu'on lui propose cette situation, ce que l'on développe comme capacités et compétences chez l'élève, les savoirs, savoir-faire et savoir-être auxquels on fait appel quand on lui demande de la résoudre, ce que l'on exige de lui pour résoudre la situation.

   Ce sont les **variables de contenu**.

3. Comment l'élève perçoit-il la situation, indépendamment de ce qu'en dit l'expert ?

   Cette troisième grande question est liée à la façon dont la situation apparaît à l'élève, c'est-à-dire au « novice » cette fois et non plus à l'expert : les obstacles et les aides, indépendamment de ce que contient la situation.

Nous qualifierons ces variables de **variables d'habillage**.

1.   LES VARIABLES D'IDENTIFICATION

Ce sont les variables qui concernent la question « de quelle situation s'agit-il ? », à laquelle répondrait un expert, sans résoudre cette situation. Elles concernent les caractéristiques de la situation que l'on peut observer de l'extérieur :

- le caractère naturel ou construit de la situation ;
- le champ disciplinaire ;
- la fonction pédagogique recherchée ;
- le profil de l'élève visé à travers la situation ;
- le produit attendu ;
- le caractère ouvert ou fermé de la situation ;
- la nature des données.

1.1 Le caractère naturel ou construit de la situation

Cet aspect a été abordé en 1.2.1. Selon les cas, la situation pourra être :

- une situation naturelle avec résolution réelle ;
- une situation naturelle avec résolution simulée ;
- une situation construite avec résolution réelle ;
- une situation construite avec résolution simulée.

1.2 Le champ disciplinaire

Selon les cas, la situation peut être :

- monodisciplinaire ;
- interdisciplinaire.
- multidisciplinaire ;

1.2.1 *Situation monodisciplinaire*

C'est une situation qui est située à l'intérieur d'une discipline, qui concerne une seule discipline.

> **Des exemples de situations monodisciplinaires sont les situations** (18) Lieux saints **(géographie)**, (3) Racisme **(histoire)**, (11) Rentrée scolaire **(mathématiques)**, (5) Orangina **(sciences)**, (36) Clous **(chimie)**, (22) Courant **(physique)**, (27) Garage **(mécanique)**.

1.2.2 *Situation interdisciplinaire*

C'est une situation qui fait appel à plusieurs disciplines, mais dont la contribution n'est pas identifiée au départ. C'est souvent une situation qui comprend une consigne ou une question unique, dont les éléments de réponse sont à rechercher dans plusieurs disciplines.

> **C'est le cas de la situation** (30) Budget, **bien qu'elle apparaisse au départ comme une situation mathématique. Dans la résolution de la situation, on peut orienter l'élève vers la dimension interdisciplinaire, ou au contraire le cantonner dans la dimension disciplinaire.**
>
> **La variante 1 de la situation** (39) Robinet **présente également des aspects de situation interdisciplinaire, de même que la situation** (38) Vaccination.

1.2.3 *Situation multidisciplinaire*

C'est une situation qui fait appel à plusieurs disciplines dont la contribution est bien identifiée au départ, comme une situation comprenant plusieurs questions, relevant de disciplines différentes.

Par exemple, la variante 1 de la situation (29) Revue ci-dessous est une situation multidisciplinaire qui exploite des notions en mathématiques et en langue maternelle, voire d'autres disciplines dans la mesure où le contenu même de la revue peut se situer dans des disciplines différentes, et peut conduire à des exploitations complémentaires diverses.

SITUATION 29	Revue

Discipline : mathématiques   **Niveau** : 8 — 10 ans   **Provenance** : Belgique

1. But à atteindre

La classe a décidé de publier une petite revue, à vendre dans l'école, sur le thème des hobbies des élèves.

1. Chaque élève doit rédiger un petit texte sur ce qu'il aime, sur ce qu'il fait en dehors de l'école. Les textes seront lus, corrigés d'en petits groupes, puis collectivement.
2. Les élèves vont réaliser une petite enquête sur les hobbies des élèves de 8 à 10 ans, en se répartissant les tâches.
3. On cherche à savoir quel doit être le prix de vente de chaque exemplaire.

2. Exploitation pédagogique de l'étape 3

- on calcule l'ensemble des dépenses (séquence 1)
- on analyse les résultats du sondage réalisé dans 2 classes de l'école, et on tire des conclusions (séquence 2)

	Je serais prêt à dépenser un maximum de 10 centimes	Je serais prêt à dépenser un maximum de 20 centimes	Je n'achèterais pas la revue	Nombre d'élèves interrogés
Classe de 2e année	12	5	8	25
Classe de 5e année	18	15	2	35

- on estime le nombre d'exemplaires que l'on pourrait vendre dans l'école, en fonction du nombre total d'élèves et de la proportion d'entre eux qui accepteraient de l'acheter (séquence 3)
- on calcule le prix de vente de la revue (séquence 4)

Notons que la notion de discipline étant en évolution — puisque l'on aborde de plus en plus les situations dans une optique de champ disciplinaire, regroupant plusieurs disciplines proches —, il faut nuancer en conséquence les notions de situation monodisciplinaire, multidisciplinaire et interdisciplinaire.

1.3   La fonction pédagogique recherchée

Comme nous l'avons vu en 2.1.2, trois fonctions pédagogiques sont essentiellement visées :

- fonction didactique pour des apprentissages nouveaux ;
- fonction d'apprentissage à l'intégration ;
- fonction d'évaluation en termes d'intégration.

La première vise des situations-problèmes « didactiques », à des fins d'apprentissages de nouveaux savoirs, savoir-faire ou savoir-être, tandis que les deux dernières visent des situations « cibles », à des fins d'intégration et d'évaluation de savoirs, savoir-faire et savoir-être acquis par l'élève (voir en 1.1.5).

Rappelons (voir en 1.3.1) que la fonction d'évaluation comprend elle-même deux aspects principaux : une fonction d'évaluation formative, proche de la fonction d'intégration, et une fonction d'évaluation certificative. Une fonction peut également venir en complément, celle d'orientation.

1.4   Le profil visé

Cette variable exprime le type de profil d'élève induit par la situation, c'est-à-dire l'image que l'on se fait de l'élève que l'on cherche à former à travers la situation. Ces profils ont été développés dans le chapitre 3.

Ces profils se différencient peu dans le primaire, dans la mesure où il s'agit souvent avant tout de rendre les élèves compétents pour résoudre des situations de la vie quotidienne (le profil visé est très souvent celui de « personne autonome et responsable »). Ils se différencient en revanche davantage dans le secondaire inférieur.

29

> Par exemple, la situation (40) Lait, ou (8) Borne kilométrique, **visent davantage le profil « personne autonome et responsable », tandis que la situation** (19) Craies **vise davantage le profil « joueur de l'esprit » (personne ne devra sans doute jamais emballer 7 craies, mais c'est un beau défi). De même la situation** (3) Racisme **vise plutôt le profil « citoyen critique », tandis que la situation** (4) Liberté **vise plutôt le profil « historien en réduction ».**

Ces profils prennent tout leur sens plus tard, en formation professionnelle ou dans les études supérieures, dans la mesure où ils représentent le métier dans lequel s'inscrit la situation : une herboriste, une économiste spécialisée dans les questions de développement, un clown, une styliste de mode, une assistante sociale etc.

Quand les situations-problèmes traduisent des compétences, ces différents profils apparaissent déjà dans la formulation des compétences, mais sont encore plus explicites dans les situations elles-mêmes. Ils apparaissent surtout dans la tâche à exécuter.

1.5   Le produit attendu

Le produit est lié au type de tâche demandée (voir en 2.1.5). Selon les cas, cette tâche s'exprime en termes :

- de résolution de problèmes ;
- de création nouvelle ;
- d'exécution d'une tâche courante ;
- de proposition d'action ;
- de choix d'une réponse (QCM...).

1.6   La nature des données

Comme nous l'avons vu en 2.1.4, on peut identifier plusieurs sous-variables de la variable « nature des données », chacune à deux modalités :

- données numériques ou non numériques ;
- données authentiques ou imaginaires ;
- données personnalisées ou collectives ;
- données fixes ou adaptables.

1.7   Le degré d'ouverture de la situation

Une situation peut encore être plus ou moins ouverte, ou plus ou moins fermée.

1. Situation fermée

   Une situation fermée est une situation-problème qui possède une solution unique, déterminée au départ. L'apprenant dispose de l'ensemble des données nécessaires pour y arriver, et il doit aboutir à cette solution quelle que soit la démarche choisie : la même réponse est attendue de l'ensemble des apprenants.

   Une situation fermée possède deux caractéristiques essentielles :

   - l'ensemble des données sont présentes dans l'énoncé ;
   - la solution est unique.

On rencontre souvent des situations fermées lorsque la production demandée à l'élève est du type « solution à un problème », ou encore le choix d'une solution parmi un ensemble de solutions données.

> **C'est le cas de la situation** (39) Robinet, **de la situation** (40) Lait, **et la troisième étape de la situation** (29) Revue.

2. Situation ouverte

Une situation ouverte est une situation-problème qui possède plusieurs solutions, a priori toutes aussi valables les unes que les autres.

> **C'est le cas de toute situation débouchant sur une production personnelle, sur une création originale, ou sur une proposition d'action, comme dans la situation** (37) Hôtel, **la situation** (25) Concours de dessin.

Il ne faut pas penser que les situations ouvertes ne sont caractéristiques que de certaines disciplines langagières, ou en sciences humaines.

> **La situation** (5) Orangina, **en éveil, est une situation ouverte. Certaines situations en mathématiques peuvent aussi être ouvertes, comme la version de base de la situation** (30) Budget **(voir ci-dessous).**

3. Situation semi-ouverte

On pourrait définir une situation semi-ouverte comme une situation-problème qui ne présente qu'une seule des deux caractéristiques d'une situation fermée :

- soit l'ensemble des données sont présentes
- soit la solution est unique.

> **La situation** (31) Facteur **ou encore la situation** (19) Craies [38] **sont des exemples de situations dont l'ensemble des données sont présentes, mais dont il existe plusieurs solutions.**
>
> **La situation** (8) Borne kilométrique **est un exemple de situation dont l'ensemble des données ne sont pas présentes, mais dont la solution est néanmoins unique. Dans la variante de la situation** (30) Budget, **présentée ci-après, la solution est unique, à partir du moment où on a déterminé la donnée de base, non présente au départ, à savoir le nombre de membres de chaque famille.**

---

38. Du moins si on enlève la dernière question « quelle est la meilleure ? ».

SITUATION 30	Budget

Discipline : mathématiques	*Niveau* : 12 — 14 ans	*Provenance* : Suisse, Belgique

1. VERSION DE BASE

Établir un budget de vacances (hébergement — nourriture — loisirs — transports) pour 15 jours. Prévoir les devises à emporter (avec tableau, taux de change)

2. VARIANTE [1]

Nous organisons nos vacances. Aide-nous à faire notre budget.

Repas (par jour)

	Pension complète	Demi-pension
Adulte	12,40 Euros	8,25 Euros
6 - 11 ans (réduction de 50 %)		
2 - 5 ans (réduction de 75 %)		

Location (par semaine)

1 à 5 personnes	38 Euros / pers.
6 à 9 personnes	37 Euros / pers.
10 à 12 personnes	36 Euros / pers.
Nettoyage	25 Euros.

1. VAN LINT, S. (2002). *Cracks en Maths 5ᵉ année*, fichier d'apprentissages. Bruxelles : De Boeck Wesmael

La version de base est un exemple de situation-problème ouverte : intéressante, mais difficile à gérer au niveau de la correction.

La variante montre en quoi on peut fermer davantage la situation, en donnant certaines contraintes, comme dans la situation ci-dessous. On peut qualifier cette situation de semi-ouverte, dans la mesure où les données sont propres à chaque élève (nombre de membres de la famille).

2.   LES VARIABLES DE CONTENU

Les variables de contenu sont celles qui n'apparaissent pas à première vue, mais qui n'apparaissent que lorsque l'on résout la situation. Une situation apparemment simple peut se révéler compliquée lorsqu'on la résout, et inversement. Le problème qui se pose à ce stade est que le niveau de difficulté dépend des acquis de celui ou celle qui résout la situation (voir en 2.2). C'est la raison pour laquelle on considère que les variables de contenu sont, par convention, celles qui apparaissent à l'expert, lorsque celui-ci résout la situation.

Ces variables sont indépendantes de la façon dont la situation est présentée. Ce sont essentiellement les variables qui traduisent les apprentissages en jeu, celles qui constituent l'enjeu pédagogique de la situation. Elles prennent en compte les deux facettes de l'apprentissage, à savoir ce que l'élève va acquérir et ce qu'il va mobiliser.

Les principales sont les suivantes :

- les objectifs visés ;
- les savoirs, savoir-faire et savoir-être mis en œuvre ;
- les démarches mises en œuvre ;
- l'indépendance des questions ou étapes de la résolution.

2.1   Les objectifs visés

Il s'agit de ce que l'élève doit acquérir lors de la résolution : les objectifs visés à travers la situation, la compétence à laquelle on se réfère. Selon les cas, ces objectifs peuvent être :

- diffus ou précis ;
- implicites ou explicites ;
- intermédiaires ou terminaux.

1. Objectifs diffus ou précis

   On rencontre des objectifs diffus dans des situations présentées à titre ludique, à titre de défi, à un large public. Le but n'est pas un apprentissage ciblé. En revanche, les objectifs se précisent lorsque la situation prend place dans une suite d'apprentissages planifiés. C'est le cas lorsque la situation que l'on propose à l'élève est une situation soigneusement choisie au sein d'une famille déterminée de situations correspondant à une compétence.

2. Objectifs implicites ou explicites

   Dans certaines situations, l'objectif de la situation apparaît de façon explicite à l'élève. C'est notamment le cas lorsqu'on lui précise la compétence que l'on cherche à exercer à travers la situation.

30

Cependant, dans la plupart des cas, il n'apparaît qu'à l'expert, qui doit l'inférer à travers les caractéristiques de la situation, notamment lorsqu'il résout celle-ci, ou du moins lorsqu'il en esquisse la résolution, parce que ce n'est souvent qu'à travers l'anticipation de la résolution que l'on peut dégager les objectifs pédagogiques réels visés à travers une situation.

3. Objectifs intermédiaires ou terminaux

Des situations peuvent être des situations terminales si elles clôturent les apprentissages dans une discipline, par exemple au terme d'un cycle [39]. Dans d'autres cas, les objectifs peuvent être intermédiaires. C'est par exemple le cas lorsqu'ils correspondent à un palier d'une compétence (situations (28) Manuel et (15) Hôpital par exemple).

Notons que la notion de « terminal » ou « intermédiaire » est relative à une période d'apprentissage donnée, puisque tout apprentissage est toujours un palier par rapport à d'autres apprentissages : on ne peut — dans l'absolu — jamais dire que l'on a fini d'apprendre.

2.2   Les savoirs, savoir-faire et savoir-être mis en œuvre

Il s'agit des acquis qui sont mobilisés dans la résolution de la situation : les notions, opérateurs, règles, formules, qui sont utilisés dans la situation, les savoirs, savoir-faire, et savoir-être mobilisés lorsque l'on veut résoudre cette situation. Comme on ne peut pas anticiper l'ensemble des démarches de résolution que vont mobiliser l'ensemble des élèves, on doit se contenter de traduire les ressources mobilisées dans la « solution-expert ».

Par exemple, si l'on veut calculer le montant à payer pour acheter 20 timbres à 0,50 €, on va considérer que le problème fait appel à la multiplication, parce que la solution-expert requiert de recourir à la multiplication. Cela n'empêche qu'un élève pourrait additionner vingt fois 0,50 € pour trouver la solution.

Nous avons vu (voir en 2.2.5.2) que différents cas peuvent se présenter en ce qui concerne les savoirs, savoir-faire et savoir-être mis en œuvre dans une situation qui appartient à la famille de situations. Voici les principaux.

1. Chaque situation de la famille mobilise les mêmes savoirs, savoir-faire et savoir-être, mais dans des contextes différents.

2. Chaque situation de la famille mobilise les mêmes savoirs, savoir-faire et savoir-être de base, plus quelques savoirs et savoir-faire complémentaires (de perfectionnement).

---

39.   C'est le cas d'une situation qui exerce un objectif terminal d'intégration (voir De Ketele, 1996 ; Roegiers, 2000).

3. Chaque situation de la famille mobilise des savoirs, savoir-faire et savoir-être choisis parmi une liste de savoirs, savoir-faire et savoir-être acquis par l'élève.

Si l'on fait également intervenir de nouvelles articulations entre ces différents savoirs, savoir-faire et savoir-être, le nombre de cas augmente encore de façon très importante. Les recenser est vain, tant la diversité des situations est grande, et tant cette diversité a une signification très différente selon la discipline dans laquelle on se situe.

2.3 Les démarches mises en œuvre

C'est probablement la variable la plus difficile à cerner, tant les démarches de résolution sont personnelles à chacun. À nouveau, on ne peut évoquer dans cette typologie que les « démarches expert ».

Elles peuvent être essentiellement de trois types :

* la démarche est connue ;
* la démarche est connue, mais à particulariser ;
* la démarche est à inventer.

2.3.1 *La démarche est connue*

Cela signifie qu'il n'y a pas de démarche à rechercher par l'élève.

> **Elle se dégage naturellement de la lecture de la situation, que ce soit :**
>
> * parce que la consigne est explicite sur la démarche, comme la version de base de la situation (38) Vaccination, ou la variante de la situation (35) Hygiène ;
> * parce que la consigne se décompose en un ensemble de consignes, ou de questions, comme dans la situation (40) Lait, ou dans la variante de la situation (36) Clous ;
> * parce que la situation est tellement didactisée que la démarche est induite par les consignes, comme dans la situation (9) Petit mot ;
> * parce que le type de situation est connu, comme dans la situation (1) Papiers (formuler une phrase dont des mots, intrus ou pertinents, sont donnés), ou encore dans une situation d'un type correspondant à un profil professionnel, comme la situation (12) Châssis ou (27) Garage ;
> * parce que la situation est tellement générale qu'elle permet de mobiliser une démarche connue, comme la version de base de la situation (35) Hygiène.

Il y a partiellement recouvrement avec les variables d'habillage, dans la mesure où une démarche est connue parce que la consigne la précise, c'est aussi de l'habillage.

2.3.2 *La démarche est connue, mais à particulariser*

Dans bon nombre de situations, on sait quels types de combinaisons sont à opérer, mais on ne sait pas lesquelles, et dans quel ordre.

> C'est le cas en mathématiques, quand on sait que l'on doit articuler différentes opérations, mais on ne sait pas lesquelles, et dans quel ordre. C'est par exemple le cas de la situation (41) Marché, (8) Borne kilométrique, (20) Dévaluation, (21) Mésaventure, ou encore la variante de la situation (30) Budget. C'est le genre de situation pour laquelle l'élève procède par essais et erreurs, en combinant des données, et en essayant d'arriver à une réponse plausible.
>
> C'est le cas en langues, lorsqu'on est confronté à des situations de production sous contrainte, c'est-à-dire que l'on doit insérer des savoirs et savoir-faire déterminés, plutôt que d'effectuer une production sans contrainte, comme dans la situation (14) Thé, ou encore dans les variantes de la situation (37) Hôtel.
>
> C'est le cas en histoire, en géographie, quand on doit articuler des documents, dont on sait qu'on doit extraire de l'information, mais on ne sait pas quelle information, et comment l'articuler pour répondre à la consigne, comme dans la situation (18) Lieux saints, la situation (2) Moustique ou la situation (4) Liberté.
>
> C'est le cas dans les disciplines scientifiques dans lesquelles on sait qu'on doit mettre en œuvre la démarche expérimentale, mais on ne sait pas comment l'appliquer à bon escient, comme dans la situation (5) Orangina.

2.3.3 *La démarche est à inventer*

C'est le cas le plus complexe, parce qu'il y a ce grain d'inventivité, cette étincelle qui doit surgir [40].

> C'est le cas de la situation (19) Craies, ou encore de la situation (31) Facteur, présentée ci-contre.

En général, les savoirs et savoir-faire eux-mêmes ne sont pas très élaborés, mais la difficulté principale est de trouver la démarche adéquate. Souvent, le fait de ne pas trouver la démarche tient à peu de chose : une consigne qu'on n'a pas tout à fait bien lue, un terme qu'on n'a pas compris, un détail que l'on a pas vu, un lien qu'on n'a pas établi. Ce sont les situations les plus

---

40. C'est du point de vue de l'élève que la démarche est à inventer, et non du point de vue de l'expert, puisque, par définition, l'expert peut résoudre toute situation de façon immédiate.

SITUATION 31	Facteur

Discipline : mathématiques	*Niveau* : 10 ans	*Provenance* : Belgique [1]

UN FACTEUR CURIEUX

FORMAT POIDS	ENVOIS PRIORITAIRES REVÊTUS DE L'ÉTIQUETTE REQUISE		
	ZONE A	ZONE B	ZONE C
Normalisé	0,52	0,74	0,84
Non normalisé			
0 g jusqu'à 50 g	1,01	1,09	1,53
+51 g jusqu'à 100 g	1,36	1,43	1,93
+100 g jusqu'à 250 g	2,72	3,22	4,09
+250 g jusqu'à 500 g	4,95	6,09	7,68
+500 g jusqu'à 1 kg	8,67	10,63	14,87
+1 kg jusqu'à 2 kg	14,62	17,10	24,78
+2 kg jusqu'à 3 kg	19,33	22,31	32,22
+3 kg jusqu'à 4 kg	22,31	27,26	37,18
+4 kg jusqu'à 5 kg	24,78	32,22	44,62

LISTE DES PAYS PAR ZONE

ZONE A : Union européenne			ZONE B : Reste de l'Europe		
Açores	DOM-TOM : Zone C)	Mellila	Albanie	Islande	Russie
Allemagne	Gibraltar	Monaco	Biélorussie	Lettonie	(Fédération)
Andorre	Grand-Duché de	Pays-Bas	Bosnie-	Liechtenstein	Slovaquie
Autriche	Luxembourg	Portugal	Herzégovine	(Principauté)	Slovénie
Canaries	Grèce	Royaume-Uni	Bulgarie	Lituanie	Suisse
Ceuta	Guernesey	San Marino	Chypre	Macédoine (Rép.)	Tchèquie (Rép.)
Danemark	Irlande	Suède	Croatie	Malte	Turquie (partie
Espagne	Italie	Vatican	Estonie	Moldavie (Rép.)	européenne +
Féroé (Iles)	Jersey		Géorgie (Rép.)	Norvège	Istanbul)
Finlande	Madère		Groenland	Pologne	Ukraine
France (exepté les	Man		Hongrie	Roumanie	Yougoslavie
ZONE C : Union européenne					

Quelle est la masse approximative de chaque paquet ?

Qu'est-ce qu'il pourrait bien y avoir à l'intérieur ?

31

1. VAN LINT, S. (2001). *Cracks en Maths 4e année*, fichier d'apprentissages. Bruxelles : De Boeck Wesmael.

intéressantes pour le chercheur, car elles constituent un défi, mais leur limite réside dans le fait qu'elles constituent un quitte ou double pour l'élève, ce qui rend particulièrement délicat leur traitement dans le cadre des apprentissages, notamment lorsqu'elles sont utilisées à des fins d'évaluation certificative.

2.4   L'indépendance des questions ou étapes de la résolution

Cette variable est importante, surtout quand on travaille dans une optique d'évaluation, pour éviter qu'un élève qui se trompe à une étape ne soit pénalisé deux ou trois fois, parce que la première erreur se répercute sur les réponses suivantes.

Il s'agit de l'indépendance du point de vue de l'élève, et non de l'indépendance du point de vue de l'expert, puisque c'est l'élève qu'on ne veut pas pénaliser deux fois pour la même erreur.

EXEMPLE

Quand je dessine 3 autobus l'un à côté de l'autre, et que je demande à l'élève « *1. Dessine une valise sur le toit de l'autobus de gauche. 2. Dessine un oiseau sur le toit de l'autobus de droite.* », les deux consignes sont indépendantes du point de vue de l'expert, mais, la plupart du temps, pas du point de vue de l'élève, parce que s'il s'est trompé dans la première, c'est qu'il confond sa gauche et sa droite, et il risque fort de se tromper dans la deuxième consigne également.

Cette indépendance du point de vue de l'élève est donc parfois difficile à anticiper.

> Les modalités de cette variable peuvent s'exprimer de la façon suivante :
>
> * questions totalement indépendantes les unes des autres : variante 2 de la situation (34) Sida, **variante 2 de la situation (39)** Robinet ;
> * questions partiellement dépendantes les unes des autres : questions 2 et 3 de la situation (41) Marché 1, **version de base de la situation (39)** Robinet ;
> * questions totalement dépendantes les unes des autres : situation (30) Budget, **situation (31)** Facteur.

3.   LES VARIABLES D'HABILLAGE

Ce sont toutes les variables qui traduisent l'écart entre deux façons d'exprimer l'énoncé.

1. Une façon tout à fait « brute », ou « dépouillée » de poser la situation à un expert, qui n'aurait pas de difficulté à comprendre l'énoncé pas plus qu'il n'aurait de difficulté à la résoudre.

2. Une façon « habillée », « pédagogique », de la présenter à un élève qui, lui, est en apprentissage, et qui a dès lors besoin de comprendre, d'être motivé, d'être guidé.

Ces variables traduisent donc l'écart entre la situation « pure », c'est-à-dire vue par l'expert et la situation aménagée, « didactisée » pour l'apprenant.

Traditionnellement, et en particulier en mathématiques, l'école a produit un habillage stéréotypé qui a conduit à des énoncés que Descaves (1992) qualifie d'**énoncés canoniques**, qui sont encore majoritaires dans les manuels scolaires. Leurs caractéristiques sont les suivantes :

- lexique réduit utilisant des termes inducteurs d'opérations mathématiques ;
- pas de données numériques manquantes ou en surnombre ;
- questions figurant à la fin du texte ;
- cohésion du texte reposant sur de nombreux implicites ;
- progression du texte fortement liée à la procédure de résolution que l'on attend des élèves ;
- ordre d'apparition des données étant partiellement ou totalement celui de leur utilisation souhaitée.

EXEMPLES

- Il y avait sept hirondelles sur le fil. 3 s'envolent. Combien en reste-t-il ?
- Deux familles ont décidé de passer leurs vacances ensemble. La famille Martin comprend trois enfants, et la famille Dubois un enfant. Les dépenses totales s'élèvent à 3000 €. Quelle est la part qui revient à chaque famille, en sachant que la part d'un adulte équivaut à celle de deux enfants ?

Pour chaque énoncé canonique, on peut créer des énoncés différents, mais avec la même structure mathématique, ceci en jouant sur les différents éléments énoncés ci-dessus.

EXEMPLES

Alternatives au premier énoncé : « Il y avait sept hirondelles sur le fil... »

- Jean voit 3 hirondelles s'envoler. Il y en avait 7. Combien en reste-t-il ? *(inversion des données)*
- Il y avait sept hirondelles et 5 mésanges sur le fil. 3 hirondelles s'envolent. Combien reste-t-il d'hirondelles ? *(introduction d'une donnée parasite, voir en 2.1.4.4)*
- Jean voit 3 hirondelles s'envoler. Il y en avait sept, avant qu'il ne se retourne pendant quelques secondes. Combien en reste-t-il ? *(contextualisation)*
- Il y avait sept hirondelles sur le fil. Combien en reste-t-il si 3 hirondelles s'envolent ? *(modification de la place de la question)*

- Observe bien ce dessin. Combien reste-t-il d'hirondelles, si 3 d'entre elles s'envolent ? *(introduction d'un dessin)*
- etc.

On peut regrouper en deux grandes catégories les variables liées à l'habillage :

   A. Les variables qui traduisent les écrans et les aides relatifs à la présentation de la situation

   Ce sont celles qui traduisent les écrans et les aides à l'élève. Ce sont principalement les suivantes :

- la présentation graphique de l'énoncé ;
- l'architecture de l'énoncé ;
- le traitement à effectuer sur les données et informations.

   B. Les variables liées au caractère motivant de la situation

   Aussi importants soient les écrans et les aides, l'habillage d'une situation ne se limite pas à eux. Il joue également sur le caractère motivant extrinsèque de la situation. En effet, même si, motiver c'est poser un problème (Rieunier, 2001), c'est-à-dire jouer sur le caractère motivant intrinsèque, l'habillage même de ce problème infléchit fortement le caractère motivant de la situation. Cela signifie que la façon dont la situation apparaît à l'élève va influencer de façon importante son envie de se mettre en mouvement ou non :

- la situation lui parle-t-elle ou non ?
- la situation lui apparaît-elle comme agréable a priori ?
- la situation lui apparaît-elle comme intéressante a priori ?
- perçoit-il (elle) un bénéfice à résoudre la situation ?
- etc.

   C'est tout ce qui se rapporte aux variables liées au caractère significatif de la situation.

3.1   La présentation graphique de la situation

   En 1.2.1 et en 1.2.2, nous avons vu en quoi la problématique de la mise en forme d'une situation en général, et de la consigne en particulier, était liée au caractère construit de la situation, ou du moins, si la situation est naturelle, au décalage existant entre la situation telle qu'elle se présente et celle qui apparaît à l'élève : une situation naturelle ne requiert pas de mise en forme, pas de consigne, puisque celles-ci s'imposent d'elles-mêmes. C'est donc essentiellement dans les situations construites que se pose la question de la présentation de la situation.

Le type de présentation est souvent très important, lorsque l'on cherche à mobiliser chez l'élève des ressources et des démarches bien déterminées, parce que ce sont celles-là que l'on veut exercer ou vérifier, et pas des autres. Le cas le plus frappant est celui de situations complexes en mathématiques ou en éveil, que l'on présente à partir d'un dessin dans des petites classes (CP1, première année primaire…) auprès d'élèves qui n'ont pas encore des bases suffisantes en lecture pour appréhender un énoncé écrit, et pour lesquels on veut vérifier des compétences en mathématiques ou en éveil, en les isolant des aspects langagiers proprement dits. Cela ne signifie pas qu'en termes d'apprentissage il ne soit pas bon de présenter à ces élèves certains énoncés écrits pour renforcer leurs compétences langagières, au contraire, mais il faut bien distinguer ce qui est à entraîner (lecture d'énoncés écrits) et ce qui est à maîtriser (résolution de problèmes mathématiques).

> **La situation (41) Marché (variante de la situation 2) illustre une des façons dont on peut présenter des données sous la forme la moins littéraire possible. La situation (21) Mésaventure est également un exemple de situation présentée sous une forme peu littéraire.**

On aurait les principales modalités suivantes :

- énoncé écrit seul
- énoncé dessiné seul
- énoncé mixte (texte + illustration)

Pour les classes supérieures, on peut étendre cette classification aux différents supports utilisés (schémas, photos, documents iconographiques, tableaux…).

Il s'agit également de la façon dont la situation est commentée auprès des élèves : est-elle présentée telle quelle, ou est-elle expliquée, voire mise en scène ? Y a-t-il des éléments essentiels qui sont donnés oralement, ou l'ensemble des éléments figurent-ils par écrit ? Autrement dit, la situation est-elle « autosuffisante », ou est-elle à commenter ?[41]

3.2 L'architecture de l'énoncé

D'autres variables sont liées à ce que l'on pourrait qualifier d'architecture de la situation.

3.2.1 *La place de la consigne, ou de la question*

Évoquons tout d'abord la place de la consigne, ou de la question.

---

41. Voir aussi support « brut » et « support finalisé, en 1.2.2.

> **Figure-t-elle au début de l'énoncé, comme dans la situation** (28) Manuel, **ou la situation** (1) Papiers, **ou à la fin de l'énoncé, comme dans la situation** (21) Mésaventure **? Avant ou après les données ? Fait-elle l'objet d'une phrase distincte, comme dans les situations** (18) Lieux saints, (7) Appel d'offres, (3) Racisme, (20) Dévaluation, **ou se trouve-t-elle dans la même phrase que les données, comme dans la situation** (38) Vaccination **(version de base), dans la variante de la situation** (33) Menu, **ou dans la version de base de la situation** (30) Budget **?**

En général, il est préférable de présenter les questions et consignes en une phrase distincte, située en fin d'énoncé.

On peut également rappeler à ce propos les situations dont la consigne ou la question est absente (voir en 2.1.6).

3.2.2 *Le degré d'explicitation des étapes de la résolution*

Il s'agit également du degré d'explicitation des étapes de la résolution.

> **Y a-t-il une question ou une consigne unique comme dans la situation** (32) Bijouterie **ou dans la situation** (30) Budget, **ou plusieurs petites questions, comme dans la situation** (40) Lait, **ou les situations** (41) Marché **? Explicite-t-on une démarche, comme dans la situation** (9) Petit mot, **en compréhension orale (on aurait pu se limiter aux consignes 2 et 3 ; les consignes 1 et 4 suggèrent une démarche), ou se contente-t-on d'une consigne explicitant strictement le produit attendu, comme dans les situations** (12) Châssis **ou** (7) Appel d'offres **?**

Cette explicitation peut figurer dans l'énoncé lui-même, ou constituer une réserve à laquelle l'élève peut faire appel s'il n'en sort pas.

On touche ici à la démarche de résolution aussi, dans la mesure où une consigne plus explicite rend aussi la démarche plus évidente (voir en 4.2.3).

3.2.3 *Les indices*

Il s'agit enfin des indices que l'on pourrait donner à l'élève, et qui l'aident dans la résolution de la situation.

> **Voici deux exemples d'indices :**
>
> - mots soulignés ou en lettres grasses (comme dans la situation (9) Petit mot) ; c'est ce que D'Hainaut (1983) appelle un indice focalisateur ;
> - suggestions faites aux élèves pour une démarche déterminée (comme dans la situation (9) Petit mot, la consigne 4 de la compréhension orale) ; c'est ce que D'Hainaut (1983) appelle un indice comportemental.

3.3 Le traitement à effectuer sur les données et informations

Quatre cas peuvent essentiellement se présenter (voir en 2.1.4), appelant un traitement des données d'une manière ou d'une autre :

- données existantes ou à rechercher par l'apprenant,
- données évidentes ou non,
- données parasites ou non,
- données à transformer ou non.

3.4 Le caractère significatif de la situation

Le caractère significatif d'une situation (voir en 2.4) est lié à de nombreux facteurs liés aux élèves et au contexte des apprentissages.

Certains facteurs sont cependant liés au support lui-même, comme les facteurs suivants :

- le caractère significatif est lié *au contexte*, comme le fait de toucher l'élève dans ce qu'il vit, dans ses centres d'intérêt ; pour certains élèves, ce pourrait être le cas avec des situations comme la situation (23) Ami.

- le caractère significatif est lié *aux informations*, comme le fait de mettre en évidence l'écart entre la théorie et la pratique, ou encore d'avoir accès à des informations intéressantes ; pour certains élèves, ce pourrait être le cas avec des situations comme les situations (2) Moustique, (18) Lieux saints, (32) Bijouterie...

- le caractère significatif est lié *à la fonction*, comme le fait de faire avancer l'élève dans un travail complexe, de déboucher sur une réalisation utile ; pour certains élèves, ce pourrait être le cas avec des situations comme les situations (29) Revue, (12) Châssis, (6) Magnétoscope...

- le caractère significatif est lié *à la tâche*, comme le fait pour l'apprenant de percevoir un défi ; pour certains élèves, ce pourrait être le cas avec des situations comme les situations (19) Craies, (31) Facteur, (5) Orangina...

Chapitre 5

Une bonne situation « cible »

Le chapitre consacré à la typologie des situations visait à décrire l'ensemble des possibles. Il se situait dès lors dans le registre descriptif. En revanche, ce chapitre est essentiellement de nature prescriptive. Pour le concepteur de situations, il aborde la question « quelle situation construire ? ». Pour l'utilisateur de situations, il aborde la question « quelle situation choisir ? ».

Mais avant toutes choses, est-il possible de définir ce qu'est une bonne situation ?

Une bonne situation n'existe pas dans l'absolu. Spontanément, on dirait que c'est celle qui « fonctionne » avec un maximum d'élèves, dans laquelle à la fois un maximum d'élèves se sentent bien, et progressent. On peut encore préciser ce qu'on entend par « un maximum d'élèves » : est-ce le maximum dans l'absolu, ou un maximum d'élèves faibles, ou en décrochage ?

Le fait qu'une situation « fonctionne » avec un maximum d'élèves est lié au support lui-même, mais aussi à de multiples facteurs contextuels, comme le moment où elle est proposée, le lieu dans lequel elle se réalise, le groupe d'élèves auxquels elle est présentée, la façon dont elle est exploitée etc.

Toutefois, au-delà de ces facteurs contextuels, on peut énoncer un certain nombre de qualités que pourrait posséder intrinsèquement une situation pour être qualifiée de « bonne situation ».

Ces qualités se regroupent en quatre axes différents :

- une véritable situation « cible » ;
- une situation utile aux apprentissages ;
- une situation motivante pour l'élève ;
- une situation dont la mise en œuvre est réaliste.

1.   UNE VÉRITABLE SITUATION « CIBLE »

Une bonne situation est tout d'abord une véritable situation « cible », au sens où nous l'avons définie. Ces caractéristiques découlent à la fois de la définition générale d'une situation, de la mise au point relative à la notion de « cible » (voir en 1.2) et de la notion de situations équivalentes, développée en 2.3.1.

1.1   Une situation d'intégration

Il s'agit d'une situation complexe, une situation d'intégration au sens de De Ketele, c'est-à-dire

« une situation complexe comprenant de l'information essentielle et de l'information parasite et mettant en jeu les apprentissages antérieurs (De Ketele, Chastrette, Cros, Mettelin & Thomas, 1989, p. 100). »

La situation n'est donc pas de l'ordre du geste, ou de la tâche élémentaire (comme appuyer sur le bouton de l'ascenseur, ou encore prendre une fourchette en main) : elle nécessite une mobilisation cognitive, gestuelle et/ou socio-affective de plusieurs acquis de l'élève.

Elle n'est pas non plus une simple application d'une règle, d'une formule, d'une loi, ni encore un exercice systématique. Elle n'a donc pas un caractère mécanique, ni dans sa présentation, ni dans les contenus qu'elle mobilise, ni dans la démarche utilisée.

Elle mobilise des savoirs et des savoir-faire acquis. Elle ne fait pas appel uniquement au « bon sens », comme dans les versions de base des situations (36) Clous et (22) Courant.

Enfin, elle n'est pas articulée autour d'un seul savoir, ou d'un seul savoir-faire, comme c'est le cas avec la version de base de la situation (34) Sida (un savoir unique).

Souvent, à l'image des situations que l'élève rencontrera dans la vie quotidienne ou professionnelle, une situation comprend des informations parasites, c'est-à-dire des informations dont il ne doit pas se servir pour résoudre la situation (voir en 2.1.4.4).

1.2   Une situation nouvelle

La notion même de résolution d'une situation-problème n'a de sens que si cette situation est nouvelle pour l'élève. Cela signifie qu'un obstacle nouveau soit se présenter à lui (elle), dans le sens de D'Hainaut (voir en 1.1.4.5) : une présentation nouvelle, un nouveau contexte, une nouvelle articulation des savoirs, savoir-faire, savoir-être. Elle doit surprendre l'élève, le déstabiliser, ne fût-ce qu'un moment, faire appel à des ressources connues de lui certes, mais qu'il doit commencer par identifier.

1.3   Une situation débouchant sur une production

Il y a une production attendue, clairement identifiable : un texte, la solution à un problème, un objet d'art, un objet fonctionnel, un plan d'action etc. La situation peut être fermée quand la production est unique, comme dans un problème fermé en mathématiques. Mais elle est le plus souvent ouverte, c'est-à-dire que l'élève y met une touche personnelle : elle est inattendue au départ, c'est-à-dire que l'on ne sait pas au départ ce qu'on va obtenir comme résultat.

Cette production peut être une production réelle, utile à quelqu'un, ou une production simulée, dont l'utilité ne dépasse pas le cadre de l'école (voir en 1.2.1).

1.4   Une situation dont l'élève est acteur

Dans la mesure où la situation est une occasion d'intégrer les acquis, la situation doit être rédigée de manière à ce que cette production soit individuelle [42] : lors de la résolution, c'est l'élève qui joue le rôle essentiel, et non l'enseignant, ou quelques bons élèves (voir en 1.1.5.6). Lorsqu'il s'agit pour l'élève de s'exercer à résoudre des situations complexes, c'est-à-dire d'apprendre à intégrer, l'enseignant peut jouer un rôle pour débloquer ponctuellement un élève, pour lui donner un petit coup de pouce — tout comme il peut par moments faire jouer les ressources du groupe — mais ce rôle reste transitoire, en attendant d'amener l'élève vers une autonomie complète de réalisation des situations. L'enseignant prépare la situation, il la présente aux élèves, mais lors de la résolution proprement dite, il reste en retrait autant que possible.

Il va de soi que, lorsque la situation est proposée à l'élève à des fins d'évaluation, l'enseignant s'abstient de toute intervention en cours de résolution, à moins que certaines conventions ne soient fixées au départ. Un exemple de convention pourrait être que l'enseignant puisse donner des aides

---

42.   Ou du moins qu'il y ait une possibilité de contribution individuelle si c'est une production collective.

quand un élève n'en sort pas, mais que ces aides entraînent une pénalité pour l'élève. Il serait en quelque sorte pénalisé sur un critère « autonomie ».

Cette caractéristique d'élève « acteur autonome » découle du fait que la situation est le témoin d'une compétence de l'élève, compétence qu'il s'agit d'acquérir individuellement.

2.   UNE SITUATION UTILE AUX APPRENTISSAGES

2.1   Une situation en adéquation avec les objectifs pédagogiques

C'est une situation en relation avec un objectif pédagogique, une compétence (voir en 1.3.2). C'est une situation pertinente par rapport à la compétence visée, c'est-à-dire une situation qui traduise bien cette compétence, une situation qui appartienne à la famille de situations de cette compétence, qui en mobilise les ressources.

> La version de base de la situation (28) Manuel est un exemple de situation qui n'est pas en adéquation avec la compétence visée.

Lorsqu'on se situe dans des disciplines langagières, il s'agit surtout d'une production qui se situe au sein d'une situation de communication, c'est-à-dire une situation qui se base au départ sur la compréhension d'un message oral ou écrit, qui nécessite un traitement de ce message, et pour laquelle la production constitue une réponse au message donné.

> C'est le cas de la situation (32) Bijouterie, présentée ci-contre, la variante de la situation (14) Thé, la situation (25) Concours de dessin, la situation (37) Hôtel, ou d'autres encore.

En effet, la grande majorité des productions orales et écrites de la vie quotidienne et professionnelle sont des productions qui reposent sur la compréhension d'un message oral ou écrit. Rares sont les cas dans lesquels on produit « ex nihilo ». C'est là le sens du terme « situation de communication ».

On peut également évoquer la production sous contrainte (voir en 2.1.5), qui permet de vérifier certains acquis langagiers particuliers.

> On peut citer à ce sujet les situations (37) Hôtel et (14) Thé.

Lorsque l'on se situe dans des disciplines scientifiques, orientées vers la résolution de problèmes (mathématiques, physique, biologie,…), il s'agit de

SITUATION 32	Bijouterie

Discipline : langue maternelle	*Niveau* : 12 — 15 ans	*Provenance* : Djibouti

Compétence visée : En s'appuyant sur la compréhension d'un message parlé ou écrit à dominante narrative, relater, à l'oral comme à l'écrit, un événement réel ou imaginaire dans un récit simple suivant l'ordre chronologique.

Bijouterie cambriolée sur la place Menelik
Une voiture pour enfoncer la vitrine

Samedi dernier, à six heures du matin, on entendit un violent fracas de vitres brisées place Menelik. Aussitôt après, une sonnerie d'alarme se mit à hurler. Une voiture venait d'enfoncer la vitrine principale de l'horlogerie-bijouterie Sofi, établissement bien connu de la place. Un passant eut à peine le temps de voir un individu bondir du véhicule, s'emparer de montres, de colliers, de bracelets avant de rejoindre précipitamment son complice qui était resté au volant de la voiture. La scène n'avait pas duré plus de quelques secondes.

Alertés par tout ce bruit, des voisins téléphonèrent à la gendarmerie. Mais les deux voleurs avaient déjà pris la fuite lorsque les gendarmes arrivèrent sur place.

L'horloger, M. Roufa, estime le montant du vol à plusieurs centaines de milliers de francs. Quant à la voiture qui a servi au cambriolage — un véhicule de marque Renault qui avait été volé la veille —, elle a été retrouvée à Balbala dans l'après-midi. Vide, bien sûr.

Le Journal du Golfe 12/5/02

Tu viens d'être témoin d'un vol. À la manière d'un journaliste, rédige un article d'une quinzaine de lignes en tenant compte des informations qui figurent dans le tableau ci-dessous. Tu n'oublieras pas de trouver un titre et un sous-titre.

32

L'événement	Agression d'une vieille dame
L'auteur de l'agression	Un jeune homme
Où ?	Au quartier 1
Quand ?	La nuit à 21h30
Comment ?	À l'arme blanche (couteau)
Pourquoi ?	Pour s'emparer de son sac à main

N.B. Il serait intéressant ensuite de comparer les productions pour voir si c'est bien du même fait divers dont on parle.

s'assurer que les situations exigent chez l'élève la mobilisation des savoirs et savoir-faire les plus importants et que, s'il y a plusieurs situations à résoudre, les ressources mobilisées soient complémentaires.

Lorsqu'on se situe dans les sciences humaines (histoire, géographie…), il s'agit de préciser quels sont les savoirs et les savoir-faire importants que l'on attend que l'élève mobilise, et construire une situation en conséquence.

Dans les autres disciplines, la question de base reste « qu'est-ce que je vais proposer à l'élève, compte tenu du profil que je vise à installer ? », ce qui renvoie également à la sélection des savoirs et savoir-faire les plus importants.

Quelle que soit la discipline, il faut veiller à ce que la situation présente un caractère de complexité suffisant, c'est-à-dire, entre autres choses :

- qu'elle mobilise plusieurs savoirs et savoir-faire, qui soient articulés, et pas simplement juxtaposés ;
- qu'elle ne se limite pas à de la restitution déguisée (voir en 2.1.3) ;
- qu'elle comprenne des données parasites.

2.2   Une situation d'un niveau adapté

C'est une situation dans laquelle les acquis à intégrer correspondent au niveau de progression des élèves. Il ne s'agit pas de lui proposer des situations plus compliquées que celles qu'ils ont rencontrées auparavant, c'est-à-dire des situations qui introduisent des difficultés nouvelles, mais de leur proposer des situations dans lesquelles ils peuvent mobiliser des ressources connues.

Il ne faut cependant pas penser que des situations d'intégration ne sont que des situations qui intègrent en fin d'apprentissages, loin de là. Certaines situations sont d'un niveau adéquat, parce qu'elles correspondent à un palier donné (voir en 2.3.4), à une progression déterminée au sein d'une même compétence.

> C'est le cas des situations (28) Manuel et (15) Hôpital, qui correspondent aux paliers progressifs de la compétence « *Produire une phrase simple à partir d'indices figurant sur une illustration* », à acquérir en fin de première année primaire.

L'adéquation du niveau joue sur deux facteurs simultanément :

- le niveau de difficulté des notions et savoir-faire mis en œuvre : c'est ce qui différencie une situation plus compliquée d'une autre moins compliquée (voir en 2.2.1) ;

- le niveau de complexité de la situation ; il est lié au contexte de la situation, à la nature et à la quantité de savoirs et savoir-faire mobilisés, ainsi qu'à la façon dont sont articulés des savoirs et savoir-faire connus (voir en 2.2.5).

C'est aussi une situation qui n'est ni en retard (intégration trop tardive), ni en avance (intégration trop précoce), ce qui découragerait l'élève.

Rappelons cependant qu'il n'existe pas un modèle unique d'intégration (voir en 1.3.3 les schémas différents). L'intégration peut par exemple avoir lieu de façon progressive. Elle peut même se faire à tous les moments d'un apprentissage, tout en apprenant des savoirs et des savoir-faire ponctuels, comme l'ébéniste qui apprend tout en faisant un meuble.

2.3 Une situation qui véhicule des valeurs positives

Il s'agit d'une situation qui, à travers le contexte dans lequel elle s'inscrit, contribue aux objectifs éducatifs plus larges, contribue à installer les valeurs qui fondent le système éducatif.

On doit évoquer ici les grandes problématiques de société que sont la préservation de l'environnement, l'éducation à la paix et à la citoyenneté, la lutte contre le sida, l'égalité des sexes, la mondialisation, et d'autres encore.

3. UNE SITUATION MOTIVANTE POUR L'ÉLÈVE

C'est une situation qui met l'élève en mouvement, qui lui donne l'envie de se mettre au travail. Pour cela, plusieurs conditions doivent être réunies dans l'idéal.

3.1 Une situation significative pour l'élève

Une situation significative est avant tout une situation qui parle à l'élève, qui suscite chez lui un lien affectif positif (voir en 2.4), et qui l'incite à se mettre au travail.

3.2 Une situation dont la présentation est accessible

3.2.1 *Une situation dont le but est évident*

Le niveau d'évidence du but, c'est la façon dont on voit tout de suite ce qui est demandé, indépendamment de la façon dont on va s'y prendre pour résoudre la situation [43].

---

43. Ce n'est jamais tout à fait indépendamment de la façon dont on s'y prend. Dans certains cas, c'est parce qu'on a une idée de la façon dont on va résoudre la situation que le but est évident.

Chacun d'entre nous a une image de ces situations « tordues », pour lesquelles il faut tout un temps pour déterminer ce qui est attendu de l'élève. Il doit relire plusieurs fois son énoncé, rien que pour cerner ce qui est attendu de lui, quand il ne doit pas poser la question à l'enseignant ou à un tiers. C'est le cas de situations que l'on ne rencontre que rarement, ou que seul le spécialiste rencontre, quand ce ne sont pas des situations tout à fait théoriques, c'est-à-dire entièrement construites par l'enseignant, en dehors de toute réalité. C'est aussi le cas de certaines situations pour lesquelles on pose un chapelet de petites questions et pour lesquelles n'apparaît pas immédiatement un « fil conducteur » clair qui trace la voie à l'élève.

Un but peut tout d'abord être évident parce que le type de situation s'y prête intrinsèquement : qu'il s'agisse de répondre à une petite annonce, dans le cadre d'un cours de langue maternelle ou de langue étrangère, d'établir un devis de réparation dans le cadre d'un cours de mathématiques ou de résoudre un cas, en médecine ou en sciences infirmières, l'élève peut tout de suite s'y mettre : point n'est besoin pour lui de relire cinq fois l'énoncé pour comprendre ce qu'il faut faire. C'est le cas de toutes les situations d'un type familier, bien connu de l'élève, soit parce qu'il a déjà travaillé ce type de situation, soit parce qu'il s'impose comme étant suffisamment courant.

Un but peut être évident parce qu'on a fait en sorte qu'il soit évident, par exemple :

- par un titre bien choisi et évocateur ;
- par une consigne simple et claire ;
- par une mise en évidence typographique de ce qui est demandé ;
- par la répétition ;
- par la simplicité de la rédaction de la situation.

> **Des exemples de situations dont le but est évident sont donnés par les situations** (37) Hôtel, (19) Craies, (38) Vaccination, (8) Borne kilométrique.
>
> **Des exemples de situations dont le but n'est pas évident sont donnés par la version de base de la situation** (39) Robinet, **la situation** (33) Menu, **la version de base de la situation** (40) Lait.

On peut dire en résumé qu'une situation dont le but est évident est une situation dans laquelle l'élève voit rapidement à quoi il doit arriver.

L'évidence du but peut parfois entrer en conflit avec le caractère significatif, comme dans la situation (31)borne kilométrique, limpide sur le plan de l'évidence du but, mais moins claire en ce qui concerne le caractère significatif. Loin de vouloir prescrire un type de situation idéale pour tous les niveaux et toutes les disciplines, on pourrait presque dire « peu importe, du moment que l'élève se mette au travail dans un esprit constructif ! », quitte à ce que parfois le caractère accessible, ou l'évidence du but l'emporte sur le caractère significatif.

Comment rendre un but plus évident ? Il s'agit essentiellement d'un travail en deux temps :

1. Travailler sur la fonction de la situation, en se demandant « À quoi sert ce que l'on demande à l'élève de faire ? ». On peut commencer par situer le contexte dans lequel se situe la situation (voir situation (33) Menu).

2. Exprimer ce but d'une façon évidente.

> **Un exemple concret de démarche pour rendre une situation plus évidente au niveau du but est proposé dans la situation (39) Robinet, dans le passage entre la version de base et la variante 1. Un autre exemple est donné dans la situation (33) Menu.**

Une situation dont le but est évident est notamment liée à la consigne : une consigne évidente, explicite, d'un niveau de lisibilité suffisant (voir en 2.1.6).

3.2.2 *Une situation dont de l'architecture générale est claire*

Outre l'évidence du but, l'architecture générale de la situation est importante, pour que l'élève puisse se concentrer sur la résolution proprement dite. La présentation de la situation doit permettre à l'élève de s'y retrouver aisément, du premier coup d'œil : la place des données, la place de la consigne, la place du titre, la place des illustrations etc. C'est une question de mise en page, mais c'est avant tout une question de structure de la situation, d'un ordre logique à respecter dans la présentation des différentes composantes de la situation.

Dans le cas d'un support destiné à être publié, il n'existe qu'un moyen de vérifier si l'architecture de la situation est claire pour les élèves : expérimenter le support, ne fût-ce qu'auprès de quelques élèves. Une fois de plus, la logique de l'adulte n'est pas toujours celle de l'élève.

3.2.3 *Un énoncé lisible*

Une situation accessible, c'est aussi une situation dont l'énoncé présente une lisibilité suffisante, à la fois sur le plan linguistique, et à la fois sur le plan typographique.

- La lisibilité d'un énoncé de situation est tout d'abord liée à différents éléments *de nature linguistique*, comme le vocabulaire utilisé, la longueur des phrases ou encore la clarté de la consigne.

En ce qui concerne le vocabulaire utilisé, un énoncé de situation devrait ne mobiliser que le vocabulaire fondamental, quand on sait qu'une consigne qui comprend un seul mot non connu de l'élève peut l'entraîner sur une voie erronée.

> Sur le plan du nombre de mots par phrase, on peut par exemple comparer les énoncés des situations (10) Voiturette, (16) Restaurant et (24) Fête (respectivement 4, 6 et 8 mots en moyenne par phrase) et ceux des situations (38) Vaccination et (26) Campagne de propreté (16 mots par phrase en moyenne).

Pour des élèves de 6 à 8 ans, des phrases de 6 à 8 mots constituent un point de repère intéressant pour un énoncé écrit. Pour des élèves de 8 à 10 ans, il est bon d'éviter des phrases de plus de 10 à 12 mots en moyenne.

Il faut également tenir compte du nombre de mots par page, et du nombre de mots nouveaux par page. Evoquons à ce sujet les normes proposées par Lieury (1991) à titre de point de repère :

Niveau	Nombre de mots par page	Nombre de mots nouveaux par page
initiation	25 à 30	2
1re année	45 à 60	3
2e année	75 à 100	4
3e année	115 à 145	5
4e année	165 à 195	7 à 8
5e année	220 à 250	7 à 8
6e année	275 à 325	7 à 8

- La lisibilité d'un énoncé est également liée à la *présentation typographique* de la situation, à sa présentation matérielle : police de caractères, taille des caractères, lisibilité de la copie, clarté des illustrations, qualité des photos…

Pour plus de détails sur ces notions, voir Gerard & Roegiers (2003).

3.3   Une situation valorisante pour l'élève

3.3.1   *Une situation perçue comme étant à sa portée*

Une situation valorisante pour l'élève, c'est tout d'abord une situation dans laquelle l'élève perçoit que la difficulté à vaincre est bien calibrée, c'est-à-dire que la marche à franchir apparaisse à ses yeux comme acceptable (voir en 2.2.6) :

Elle dépend de multiples facteurs, comme la confiance que l'élève a en ses acquis au moment où il prend connaissance de la situation, l'attention qu'il porte à la lecture de l'énoncé, le caractère familier de la situation, mais finalement surtout à ce qu'il comprend spontanément de la situation au moment où il en prend connaissance.

La représentation de l'accessibilité de la situation par l'apprenant dépend aussi de la possibilité qu'il perçoit d'un **accès à d'autres sources ou à d'autres ressources** que celles qui sont explicitement présentes dans l'énoncé de la situation. Il peut par exemple s'agir, selon les cas :

- de sources documentaires ;
- d'un matériel à utiliser ;
- d'un dictionnaire ;
- de notes de cours ;
- de ressources d'un groupe d'élèves ;
- etc.

Au contraire de l'accessibilité de l'énoncé (voir en 4.3.2), qui peut être objectivée, et qui varie peu d'un élève à l'autre, la perception du fait que ce qui est demandé est à sa portée varie très fort d'un élève à l'autre.

3.3.2 *Une situation qui permet une action rapide*

Une situation valorisante pour l'élève, c'est ensuite une situation dans laquelle l'élève peut rapidement agir, dans laquelle il peut exploiter des acquis, et dans laquelle il maximise ses chances de réussir au moins une partie significative.

C'est en particulier une situation dans laquelle l'élève entre rapidement dans la résolution, pour laquelle il acquiert rapidement un sentiment de maîtrise, fût-elle partielle.

C'est le cas dans la plupart des situations ouvertes, orientées vers une production originale.

S'il s'agit d'une situation fermée, il s'agit d'être prudent dans l'organisation de la situation. Idéalement, ce ne devrait pas être du « tout ou rien », mais une situation à plusieurs étapes, dont les étapes devraient présenter :

- soit des degrés de difficulté plus ou moins croissants, si les questions sont liées, de façon à ce que l'on puisse voir jusqu'où l'élève peut aller ;
- soit des parties complètement indépendantes, c'est-à-dire dont la résolution ne dépend pas des précédentes.

On aurait dès lors trois grandes catégories de situations à privilégier :
- les situations ouvertes ;
- les situations fermées à difficulté progressive ;
- les situations fermées à parties indépendantes.

3.3.3 *Une situation complète*

Une situation valorisante pour l'élève, c'est enfin une situation « complète », c'est-à-dire une situation pour laquelle l'élève n'a pas trente-six questions à se poser avant de démarrer.

4. UNE SITUATION DONT LA MISE EN ŒUVRE EST RÉALISTE

4.1 Une situation facile à exploiter pour l'enseignant

C'est une situation facile à mettre en œuvre au sein d'un groupe-classe, si elle a pour fonction de contribuer aux apprentissages, ou dont la résolution est facile à évaluer, si elle est utilisée à des fins d'évaluation. C'est à ce niveau que va jouer le nombre de critères, et la facilité d'utilisation de ceux-ci.

4.2 Une situation qui tient compte des conditions matérielles locales

Une situation dont la mise en œuvre est réaliste est aussi une situation qui tient compte des conditions locales d'enseignement :
- une situation qui part d'un support adapté (photocopie, affiche murale, dessin ou texte réalisé au tableau par l'enseignant...) ;
- une situation qui utilise un support de résolution adapté (résolue dans un cahier de l'élève, sur une feuille photocopiée, sur l'ardoise de l'élève...).

Lorsqu'elle est effectuée à un niveau national ou régional, la conception de situations doit tenir compte dès le départ de ces contraintes liées au contexte.

Chapitre 6

Préparer une situation
« cible »

L'objet de ce chapitre est de proposer des pistes pour préparer une situation « cible » : soit élaborer un nouveau support pour une situation « cible », soit améliorer un support existant.

Dans un premier temps, un ensemble de propositions seront émises, de manière générale.

Dans un deuxième temps, elles seront déclinées discipline par discipline, pour constituer un ensemble opérationnel pour les concepteurs, enseignants, chercheurs, ou auteurs de manuels scolaires. Quelques études de cas relatives à certaines disciplines seront également présentées. Elles mettront en évidence la façon dont on peut construire progressivement un support pour l'exploitation d'une situation.

1. DES PROPOSITIONS GÉNÉRALES

Les propositions ci-dessous suivent la structure du chapitre 5, relatif aux caractéristiques d'une bonne situation « cible ».

Ces propositions ne se veulent pas exhaustives, et encore moins scientifiquement validées. Elles sont issues de la pratique, dans des contextes divers, et ne sont que le reflet d'un ensemble d'expériences variées et complémentaires. Elles présentent par-là la richesse mais aussi la limite inhérente au travail de terrain.

1.1   Une situation d'intégration

Susciter l'intégration des savoirs et savoir-faire, non leur juxtaposition

Une situation « cible » est une situation dans laquelle l'élève doit montrer qu'il peut mobiliser plusieurs ressources en situation. Si on décompose la situation de manière à ce que l'élève réponde à des sous-questions, ou qu'il effectue un ensemble de petites tâches « pré-digérées », on passe à côté de ce que l'on voulait faire.

(voir aussi en 1.1.4, 5.1.1)

1.2   Une situation nouvelle

Garantir le caractère de nouveauté de la situation

Montrer sa compétence, c'est pouvoir résoudre une situation nouvelle. Ce n'est que si elle est nouvelle pour l'élève qu'une situation lui apprend à intégrer, ou permet de vérifier que l'élève peut intégrer adéquatement ses acquis. Sinon, c'est de la simple reproduction d'une situation résolue antérieurement.

(voir aussi en 2.3.1, 5.1.2)

Éviter la restitution déguisée

Certaines situations ne sont qu'un prétexte pour demander à l'élève de restituer de mémoire des savoirs qu'il a acquis. Il s'agit d'éviter cela, en demandant à l'élève non pas de restituer des savoirs, mais de les mobiliser dans un contexte nouveau, voire de les adapter. Il ne les redit pas, mais il est invité à les utiliser à bon escient dans un contexte donné, avec d'autres savoirs et savoir-faire.

(voir aussi en 2.1.3)

Travailler sur des documents inédits

Cette suggestion est surtout valable pour l'enseignement secondaire. Le fait de travailler sur des documents inédits est une excellente garantie pour que l'élève montre sa compétence, parce qu'on lui enlève toute possibilité de reproduire un raisonnement qui a été fait collectivement à l'occasion de l'exploitation d'un document en classe, ou de redire des choses qui ont déjà été dites à son propos.

(voir aussi en 2.3.1)

1.3 Une situation débouchant sur une production

Préférer une consigne à une question, ou à un ensemble de questions

Plus qu'une question, une consigne oriente souvent l'élève vers une production. Pourquoi rechercher la production ? La production est souvent le meilleur garant de la complexité : une production ne peut pas faire l'économie de la complexité, alors qu'une question (à réponse courte) n'en donne pas toujours les garanties.

(voir aussi en 2.1.6)

1.4 Une situation dont l'élève est acteur

Rendre la situation compatible avec le contexte de travail

L'enjeu est de donner la chance à chaque élève de la classe d'exécuter la consigne, de répondre aux questions. Il faut éviter que la situation ne soit rédigée d'une manière telle que l'enseignant, compte tenu des conditions dans lesquelles il travaille (manque de matériel didactique, absence de photocopieuse...), n'ait pas d'autre choix que de travailler collectivement. On est alors tout à fait à côté de ce qui doit être fait.

(voir aussi en 5.4)

S'adresser personnellement à l'élève

C'est chaque élève qui intègre, et non l'enseignant. La situation doit traduire cela, et s'adresser personnellement à l'élève, pour que ce dernier se sente concerné par la situation.

(voir aussi en 1.1.5.6, 5.1.4)

1.5 Une situation en adéquation avec les objectifs pédagogiques

Se situer au sein d'une situation de communication

Une situation de communication est une situation dans laquelle une personne émet — dans un but donné — un message auquel réagit une autre personne. Cette proposition vise surtout les situations en langue, quand on cherche à faire de la langue un outil fonctionnel. Il s'agit d'éviter de faire produire l'élève à partir de rien (en lui donnant uniquement un thème, une citation,...), mais de le faire produire à partir d'un message oral ou écrit, dont il doit prouver sa compréhension et en effectuer un traitement. On vérifie alors deux choses : s'il a compris le message, de façon fine, et s'il peut produire un message adéquat dans une langue correcte, à l'oral ou à l'écrit.

(voir aussi en 2.1.3, 2.1.5, 5.2.1)

Proposer une consigne en adéquation avec la compétence visée

Un enseignant poursuit toujours des objectifs pédagogiques, qui s'appellent objectifs, compétences ou autrement encore. Dans la mesure où une situation est une occasion d'exercer une compétence, ou d'en vérifier la maîtrise chez les élèves, il faut que celle-ci corresponde bien à la compétence qu'on veut installer, ou qu'on veut vérifier. Par exemple, il faut éviter que la situation ne développe qu'un aspect particulier de la compétence que l'on cherche à installer.

(voir aussi en 1.3.2, 5.2.1)

Éviter la dérive littéraire

Cette proposition s'adresse surtout aux disciplines autres que les disciplines de langue, dans lesquelles on demanderait à l'élève, en guise de situation, de produire un texte structuré : il s'agit d'éviter qu'une situation en histoire, en sciences… ne devienne une situation dont la principale difficulté est la maîtrise de la langue d'enseignement. Il est incontestable que ces disciplines constituent une occasion intéressante pour exercer la langue, mais il ne faut pas en faire l'obstacle principal, sinon on pénalise doublement les élèves qui éprouvent des difficultés dans la maîtrise de la langue. Mieux vaut privilégier des réponses schématiques, rédigées si possible dans un langage scientifique, fonctionnel (réponses synthétiques, tableaux etc.). Et si l'on demande malgré tout une production littéraire plus consistante, il faut éviter que la qualité de la langue ne constitue un critère essentiel pour la réussite.

(voir aussi en 2.1.5)

1.6   Une situation d'un niveau adapté

Donner à la situation le niveau de difficulté voulu

Il s'agit d'ajuster les savoirs et les savoir-faire que l'on cherche à faire mobiliser par l'élève. Il ne faut pas que la situation introduise de nouveaux savoirs et savoir-faire. Mais il faut pas non plus que la situation soit évidente, et puisse être résolue seulement avec un peu de bon sens : une situation est une occasion de vérifier si l'élève peut mobiliser des savoirs et des savoir-faire précis et ciblés (tel concept, tel fait historique, telle règle etc.).

(voir aussi en 2.2.3, 2.2.4)

Ajuster les données, et la façon de les fournir à l'élève

Il s'agit tout d'abord de savoir si on donne toutes les données à l'élève, ou s'il doit les rechercher par lui-même. Il s'agit également de se demander quelles sont les données parasites que l'on introduit. Il s'agit enfin de déterminer dans quel ordre, et sous quelle forme on fournit les données : sous forme littéraire, sous forme de tableaux, de schémas, d'illustrations..., de manière à faciliter la tâche de l'élève — sans trop lui mâcher la besogne —, ou de lui présenter la situation sous une forme plus brute.

(voir aussi en 2.1.4)

Ajuster le niveau par les contraintes

La notion de contrainte pose la question suivante : quand on demande à l'élève d'effectuer une production, le laisse-t-on produire librement, avec l'avantage d'encourager sa créativité, mais avec l'inconvénient qu'il peut éviter certaines difficultés dont on cherche à vérifier la maîtrise, ou lui impose-t-on certaines contraintes, pour s'assurer qu'il peut mobiliser tels savoirs ou tels savoir-faire qu'il a appris.

(voir aussi en 2.1.5, 2.2.3, 4.2.3)

1.7   Une situation qui véhicule des valeurs positives

Véhiculer des valeurs positives

Une situation n'est jamais neutre. Selon le contexte que l'on choisit, le type de consigne que l'on donne à l'élève, le but que l'on donne à la situation, il est possible d'induire certaines valeurs, de promouvoir certaines attitudes que l'on cherche à développer à l'école. Il s'agit là d'une occasion à ne pas manquer.

(voir aussi en 2.1.3, 5.2.3)

1.8   Une situation significative pour l'élève

Donner à la situation un but opérationnel

Il existe des situations théoriques, qui tournent sur elles-mêmes, des situations qu'on peut qualifier de « scolaires ». Dans l'optique de l'intégration des acquis, on cherche au contraire des situations significatives, c'est-à-dire des situations qui tentent de produire du sens, qui mettent les savoirs, les savoir-faire en lien avec la vie quotidienne, la vie professionnelle. La fonction opérationnelle est un élément important dans la mesure où elle pose, aux yeux de l'élève, la question « Quel sens cela a-t-il de résoudre cette situation qu'on me soumet ? ».

(voir aussi en 2.1.2)

Choisir un contexte qui parle à l'élève

La question du sens est également liée au contexte dans lequel on se situe quand on propose à l'élève de résoudre une situation. Est-ce un contexte qui lui est familier, ou est-ce un contexte qui ne lui parle pas, qui n'a pas de sens pour lui, soit parce qu'il lui est inconnu, soit parce que c'est un contexte rattaché au monde des adultes ?

(voir aussi en 2.1.3)

Illustrer

Cette suggestion concerne essentiellement le niveau de l'école primaire, où l'illustration est non seulement un des tout premiers éléments de motivation de l'élève à se mettre au travail, mais aussi une aide à comprendre la situation ou la consigne, en particulier pour les élèves qui n'ont qu'une maîtrise imparfaite de la langue.

Introduire des données qui soient, sinon réelles, du moins vraisemblables

Cette proposition est surtout pertinente pour les sciences, les mathématiques, l'éveil. Un des enjeux de l'école est de préparer l'élève à la vie. L'introduction de données réelles, si possible à travers le support de documents réels, constitue une des composantes de cette préparation à la vie. Si, pour une raison ou l'autre, il n'est pas possible de procurer des données réelles, elles devraient au moins être vraisemblables.

(voir aussi en 2.1.4)

Travailler sur des documents authentiques

Cette suggestion est le pendant de la précédente pour les disciplines de sciences humaines, que ce soit l'histoire, la géographie, l'éducation civique, les sciences sociales ou d'autres disciplines encore comme la langue ou l'éducation religieuse : documents issus de sources fiables, données mises à jour, documents témoins de la société actuelle etc.

Le travail sur des documents authentiques ne se limite toutefois pas exclusivement à ces disciplines. Il concerne également les mathématiques et les sciences, dans la mesure où ce type de documents facilite souvent la préparation de situations significatives (voir ci-dessus).

1.9   Une situation dont la présentation est accessible

Rendre lisible la présentation de la situation

Il faut que, du premier coup d'œil, l'élève puisse y voir clair dans la situation : le titre, la consigne, les données, les illustrations. Il s'agit de veiller à la cohérence dans la présentation, pour éviter d'introduire des distracteurs inutiles, ou de détourner l'attention de l'élève de l'essentiel. En effet, s'il est souhaitable qu'il existe des distracteurs sur le plan du contenu (données parasites), il faut éviter à tout prix de faire écran à la compréhension de la situation.

Une question revient souvent : comment présenter une situation de façon limpide, tout en n'en réduisant pas la complexité, et en tombant pas dans le « tout ou rien » ?

(voir aussi en 5.3.2)

Proposer une consigne claire

Toute consigne doit être très claire. Cette proposition est valable pour tous les niveaux, mais en particulier pour les petites classes. L'idéal est une consigne courte, lisible. Si nécessaire, il ne faut pas hésiter à couper en deux ou trois parties une consigne trop longue. La consigne doit aussi se dégager de façon claire, sur le plan de la mise en page, et sur le plan typographique, en figurant par exemple dans un cadre, ou encore en lettres grasses ou en italiques.

(voir aussi en 2.1.6, 5.3.2)

Éviter des supports trop verbeux

Il s'agit d'éviter les situations trop « bavardes », les formulations trop lourdes : il faut préférer au contraire des phrases claires, courtes, directes. Toute économie d'écrit est la bienvenue, que ce soit un passage inutile, un texte qui peut être exprimé sous la forme d'une illustration, d'un tableau, d'un schéma.

Une exception importante : les cas où, en langue, on donne à l'élève un texte inducteur, c'est-à-dire un texte que l'élève doit lire et comprendre en vue d'effectuer une production.

1.10   Une situation valorisante pour l'élève

Rendre les consignes/questions indépendantes

Le principe est simple : quand un élève répond à une question, exécute une consigne, il ne faut pas qu'une réponse erronée constitue un handicap pour répondre à d'autres questions, pour exécuter d'autres consignes. Il s'agit donc d'éviter que l'élève ne soit pénalisé deux fois pour une erreur qu'il a commise à un moment donné.

(voir aussi en 4.2.4).

2. LES PROPOSITIONS DISCIPLINE PAR DISCIPLINE

Selon les caractéristiques de chaque discipline, ces propositions, non seulement se déclinent de façon différente, mais constituent des enjeux différents. Nous suggérons ici, pour quelques disciplines, un ensemble de propositions à prendre en compte plus particulièrement lors de l'élaboration du support d'une situation « cible » dans la discipline. Ce choix de propositions est loin d'être exhaustif, et ne constitue qu'un ensemble indicatif, compte tenu de pratiques particulières.

Nous ne reprendrons pas la proposition « s'adresser personnellement à l'élève », tellement cette proposition paraît évidente, quelle que soit la discipline et le niveau.

L'un ou l'autre exemple de situations commentées accompagne ces propositions à titre d'étude de cas.

2.1 Les situations en éveil et en sciences

2.1.1 L'éveil dans l'enseignement primaire

En éveil, la difficulté est de combiner le caractère significatif — voire authentique — d'une situation et son niveau de complexité, lié à la nécessité de mobiliser quelques savoirs et savoir-faire déterminés qui sont du niveau des élèves. En effet, naturellement, une situation significative donnée va souvent requérir certains savoirs et savoir-faire du CP, d'autres qui relèvent du CE et d'autres encore du CM. Que faire quand on se situe au CP, ou au CE ? On peut limiter les savoirs et les savoir-faire, mais alors la situation perd de son caractère significatif. On peut aussi fournir à l'élève certains de ces savoirs et savoir-faire sous la forme de données, mais on alourdit alors l'énoncé. On peut simplifier la consigne, mais on risque de retomber dans un simple exercice. On peut proposer à l'enseignant de gérer la situation collectivement, du moins en partie, mais alors l'élève n'est plus au centre de la situation... Entre ces différentes contraintes, la bonne formule n'est pas toujours facile à trouver. Le recours à un thème donné (une visite au jardin zoologique, la culture d'un potager...), autour duquel on articule plusieurs questions, peut constituer une formule intéressante dans certains cas, du moment que les questions gardent un caractère intégrateur (qu'elles ne soient pas de la restitution déguisée par exemple).

Dans ce sens, les principales propositions à prendre en compte seraient les suivantes.

- Susciter l'intégration des savoirs et savoir-faire, non leur juxtaposition
- Garantir le caractère de nouveauté de la situation
- Éviter la restitution déguisée
- Préférer une consigne à une question, ou à un ensemble de questions

* Rendre la situation gérable compte tenu du contexte local
* Donner à la situation le niveau de difficulté voulu (savoirs, savoir-faire à mobiliser)
* Véhiculer des valeurs positives
* Donner à la situation un but opérationnel
* Illustrer
* Éviter des supports trop verbeux

2.1.2 *Les sciences dans l'enseignement moyen*

En sciences dans l'enseignement secondaire inférieur, il existe deux dérives fréquentes lorsqu'il s'agit de préparer une situation « cible » qu'il s'agisse des sciences de la vie et de la terre, de la physique, de la chimie, ou d'une autre discipline. La première est celle de proposer une situation qui n'est qu'un prétexte pour amener de la restitution pure et simple de notions étudiées.

La deuxième se situerait à l'extrême inverse : c'est celle de confondre une situation-problème didactique, et une situation « cible ». Elle consiste à proposer à l'élève une démarche nouvelle, des savoirs nouveaux, plutôt que de les amener à mobiliser des savoirs et savoir-faire acquis. Par exemple la situation (2) Moustique ne peut être utilisée comme situation « cible » que si le cycle de vie d'un insecte proche du moustique a déjà été rencontré, si le lien entre l'eau bouillie et la présence d'oxygène a été posé, si les propriétés de l'huile (densité…) ont été fixées et si le mécanisme de la respiration chez les insectes a été abordé. Si tel n'est pas le cas, il faut — pour ne pas piéger l'élève — réorienter la situation, soit en changeant de situation, soit en lui donnant une information supplémentaire qui lui permet de gérer la situation avec ce qu'il sait et avec ce qu'on lui donne.

Une autre difficulté est de trouver une situation dans laquelle l'élève puisse mobiliser plusieurs savoirs et savoir-faire, situés dans des chapitres différents. De même qu'en mathématiques (voir ci-dessus), deux options sont possibles : soit proposer plusieurs situations-problèmes plus restreintes, soit développer une situation vue davantage comme un thème autour duquel plusieurs questions sont posées (comme dans la situation (39) Robinet), en évitant toutefois de tomber dans la juxtaposition de savoirs et de savoir-faire.

Les propositions suivantes reprennent ces difficultés relatives à la préparation de situations en sciences.

* Susciter l'intégration des savoirs et savoir-faire, non leur juxtaposition
* Garantir le caractère de nouveauté de la situation
* Éviter la restitution déguisée
* Éviter la dérive littéraire
* Donner à la situation le niveau de difficulté voulu (savoirs, savoir-faire à mobiliser)

- Ajuster les données, et la façon de les fournir à l'élève
- Ajuster le niveau par les contraintes
- Introduire des données qui soient, sinon réelles, du moins vraisemblables
- Éviter des supports trop verbeux
- Rendre les consignes/questions indépendantes

Outre les études de cas ci-dessous, voir les situations (5) Orangina, (2) Moustique, (22) Courant.

2.1.3 *Quelques études de cas*

SITUATION 33	Menu

Discipline : éveil	*Niveau* : 8 — 10 ans	*Provenance* : Non identifiée

Compétence visée : identifier, comparer et classer des objets de la vie quotidienne ou des éléments pris dans le monde animal et végétal, en utilisant tous ses sens (voir, écouter, sentir, palper, goûter),

1. VERSION DE BASE

Sur un plateau, sont disposés les aliments suivants :

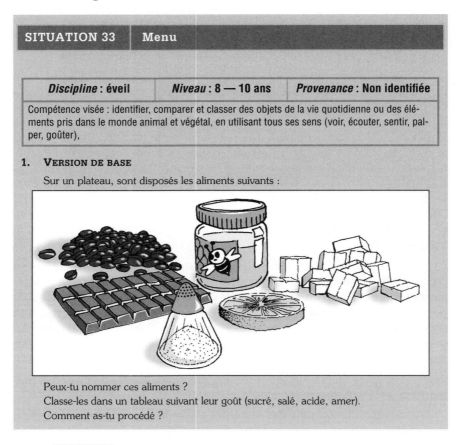

Peux-tu nommer ces aliments ?
Classe-les dans un tableau suivant leur goût (sucré, salé, acide, amer).
Comment as-tu procédé ?

A. Donner à la situation un but opérationnel

Cette situation relève trop de l'exercice scolaire. Pour se départir de cet aspect scolaire, on peut travailler sur **le caractère significatif** de la situation, en se posant par exemple la question « Pourquoi est-on amené à identifier le caractère sucré, salé... des aliments ? »

EXEMPLES DE RÉPONSES :

(1) pour des raisons de goût

(2) pour des raisons médicales

(3) pour des raisons diététiques (des successions d'aliments à éviter, des types d'aliments à associer...)

En fonction de ces raisons, on peut faire apparaître **des buts** possibles pour une situation, ou encore la fonction opérationnelle de la situation.

Chacun de ces buts donne une piste pour une situation plus significative :

- associer différents menus (ou ensembles d'aliments) à différentes personnes, en fonction de la description de ce qu'elles aiment ou non, de ce qu'elles supportent ou non ;

- ajuster un menu donné au goût d'une personne (dire ce qu'il faut ajouter ou retirer à un menu donné) ;

- des ingrédients étant donnés, composer un menu correspondant au goût d'une personne ;

- choisir parmi différents menus celui qui peut convenir à une personne en fonction de caractéristiques données ;

- adapter un menu aux prescriptions médicales relatives à une personne donnée ;

- adapter une recette ;

- choisir des ingrédients dans un magasin etc.

B. Donner à la situation le niveau de difficulté voulu

Ces buts donnent également des idées quant à d'autres aspects relatifs à la compétence que l'on pourrait travailler en parallèle, et donc des idées pour complexifier la situation de départ, en travaillant sur d'autres savoirs et savoir-faire à introduire.

33

EXEMPLES :

- la notion de menu équilibré (vitamines, sucres, graisses etc.) ;

- la valeur nutritionnelle d'un repas ;

- la composition d'aliments (lipides, glucides, protides, conservants etc.)

Ces savoirs et savoir-faire devront bien entendu correspondre à un niveau de compétence attendu dans une année ou un cycle donné.

C. Choisir un contexte qui parle à l'élève

Un autre élément du caractère significatif de la situation est **le contexte** dans lequel s'inscrit cette situation, en vue de la rendre plus significative aux yeux de l'élève :

- des amis à recevoir pour un repas ;
- quelqu'un que l'on aime bien qui est tombé malade ;
- les enfants apprennent la cuisine lors d'un camp de jeunes ;
- ce qu'on mange à la cantine scolaire ;
- …

En combinant ces différentes exigences, cela peut donner par exemple une situation du type suivant.

2.   VARIANTE

Sandrine invite quelques amis pour un pique-nique. Aide-la à préparer le repas, en sachant que Thomas, qui vient de se faire opérer, ne peut pas manger d'aliments trop salés, et que Gwenaëlle ne peut pas consommer d'aliments sucrés.
Voici ce qu'il y a en ce moment à la maison :

Propose-lui deux autres aliments qu'elle pourrait aller chercher.

D. Ajuster le niveau par les contraintes

Eventuellement, on peut donner des contraintes pour les deux autres aliments : par exemple, un aliment doux et un aliment amer.

SITUATION 34	Sida

Discipline : éveil	*Niveau* : 6 — 8 ans	*Provenance* : non identifié

1. **VERSION DE BASE**

   Justin s'est blessé avec une seringue utilisée.
   Consigne : relie la seringue à la maladie qu'elle peut donner.

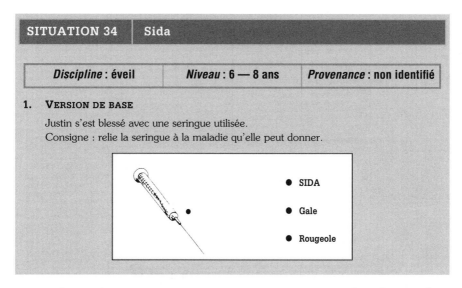

Cette situation présente a priori un caractère significatif. Toutefois, elle possède un double inconvénient :

- elle relève plus d'un exercice scolaire que d'une situation d'intégration ;
- elle n'est pas vraiment complexe, dans la mesure où elle ne fait intervenir qu'un savoir unique.

A. Donner à la situation le niveau de difficulté voulu

Une première amélioration, relative au nombre de savoirs mis en œuvre, peut être apportée par l'adjonction de deux autres éléments aux côtés de la seringue, dont un élément pertinent (l'acarien, pour la gale), et un élément parasite (les lunettes).

2. **VARIANTE 1**

   Justin s'est blessé avec une seringue utilisée.
   Consigne : relie chaque maladie à l'élément qui peut transmettre cette maladie.

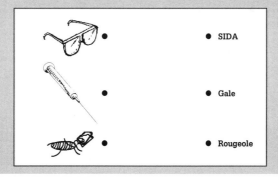

34

B. Rendre lisible la présentation de la situation

On peut aussi inverser les maladies et les éléments, pour retrouver l'ordre logique de la consigne.

3. VARIANTE 2

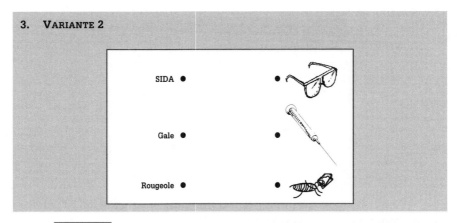

C. Susciter l'intégration des savoirs et savoir-faire, non leur juxtaposition

Une deuxième amélioration peut être apportée pour que la situation réponde davantage à une situation complexe, dans laquelle les savoirs et savoir-faire sont mis en relation les uns avec les autres, ainsi qu'avec un contexte, qu'à un simple exercice, dans lequel l'élève se contente de mobiliser de façon juxtaposée les savoirs relatifs à différentes maladies.

4. VARIANTE 3

A. Dans une vieille caisse, Justin a trouvé trois choses qu'il ne connaît pas : une seringue, une paire de lunettes et un tout petit insecte qu'il n'a jamais vu.

« Attention, lui dit Maman, deux de ces choses peuvent donner des maladies graves. » Quelles sont ces maladies ? Relie les objets aux maladies qu'elles peuvent transmettre.

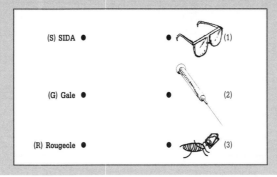

D. Rendre la situation gérable compte tenu du contexte local

Pour que l'élève puisse répondre facilement sur son ardoise, on peut ajouter des chiffres et des lettres.

La réponse est simple à indiquer sur l'ardoise : S2, G3.

E. Donner à la situation un but opérationnel

Le but opérationnel dans cette situation consiste à amener l'élève à prendre les mesures de prudence qui s'imposent lorsqu'il trouve des objets qu'il ne connaît pas. Ce but était déjà présent dans la première partie de la situation, il se précise encore davantage dans cette deuxième partie.

B. Quel conseil donnerais-tu à Justin lorsqu'il trouve des objets qu'il ne connaît pas ? Choisis parmi les trois conseils suivants.
- Mettre l'objet en bouche pour voir ce qu'il goûte
- Jouer avec l'objet comme si c'était un jouet
- Demander à un adulte ce qu'est l'objet et à quoi il sert

F. Rendre la situation significative pour l'élève

Cette situation est non seulement plus significative (l'élève voit le sens des liens qu'il doit établir, et le fait de parler de choses qu'il ne connaît pas le motive à chercher), mais elle est aussi plus complexe (choix à poser entre trois conseils).

Il faut noter que le niveau de difficulté reste le même (ce n'est pas plus compliqué en soi), mais la situation est plus complexe (il y a davantage d'éléments dont il faut tenir compte).

SITUATION 35	Hygiène

Discipline : sciences — SVT	*Niveau* : 15 ans	*Provenance* : (non identifiée)

1. Version de base

Tu es sollicité par le service d'hygiène de ton établissement pour proposer un projet d'éducation sanitaire destiné aux adolescents en vue d'assurer la bonne santé et le bien-être de l'organisme.

Basée sur une idée intéressante et significative, cette situation présente quelques lacunes dans sa formulation.

A. Proposer une consigne claire

Tout d'abord, la consigne ne dit pas clairement le type de production attendue : jusqu'à quel point de détail le projet doit-il aller ? Sous quelle forme doit-il être rédigé ?

B. Éviter la dérive littéraire

Il y a risque de tomber dans une production langagière, dont les principaux obstacles sont ceux de la langue, et non une production de type scientifique, ceci d'autant plus qu'il n'y a pas d'obligation de mobilisation d'un vocabulaire spécifique appris au cours, ou encore de savoir-faire acquis par l'élève. La situation peut être résolue par un élève qui n'a aucun acquis scolaire, mais qui a un peu de bon sens. Avec une telle consigne, que pourrait dire l'enseignant à un élève qui répond « Il faut les encourager à faire du sport chaque jour, et à se nourrir convenablement. » ?

C. Éviter la restitution déguisée

Enfin, dans ce type de situation, le risque de restitution déguisée est important : sous le couvert d'une situation, les élèves pourraient purement et simplement restituer quelques règles d'hygiène apprises par cœur. Pour éviter que ce soit de la restitution déguisée, il faut davantage contextualiser la situation.

Pour répondre à ces différentes faiblesses, on peut proposer d'aider les élèves à orienter leur production écrite pour que le produit attendu apparaisse plus clairement, pour que la production soit plus scientifique, et pour que l'aspect « rédaction » proprement dit ne soit pas prépondérant.

2. **VARIANTE**

Voici les résultats d'une enquête sur certaines habitudes des élèves dans l'établissement en matière de santé et d'hygiène.

Document : résultats de l'enquête

- Identifie les 3 problèmes principaux qui, selon toi, se posent dans l'établissement, en les soulignant dans le document, et en les repérant par un chiffre 1, 2 et 3,
- Pour chaque problème, émets une proposition pour remédier au problème. Argumente chacune d'elles par une règle d'hygiène vue au cours. Travaille dans le tableau suivant.

Problème	Proposition	Justification
1.	...	...
2.	...	...
3.	...	...

3. **OU ENCORE...**

Structure ta réponse en trois colonnes : le problème qui se pose, ta proposition et une justification par une règle d'hygiène argumentée, vue au cours.

Tu peux t'inspirer de ce tableau, qui est un exemple de projet élaboré dans un autre établissement, à propos de mesures pour protéger l'environnement.

Problème qui se pose	Proposition	Justification
Le contenu des poubelles, ramassé dans les classes, va dans des grands sacs poubelle qui ne sont pas acceptés par le ramassage des ordures.	Organiser un tri sélectif dans les classes, au moins pour les papiers, les bouteilles et les plastiques.	Les papiers, les bouteilles et les plastiques se recyclent de façon différente.
Les plantes mises au fond de la classe dépérissent.	Rapprocher ces plantes de la fenêtre.	Une plante chlorophyllienne a besoin de lumière pour effectuer les synthèses de matière organique (photosynthèse).
On utilise des engrais chimiques pour le potager de l'école.	Préparer un compost. Recourir à d'autres engrais naturels, comme le guano.	Les nitrates polluent les eaux souterraines.
...		

35

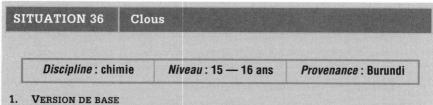

SITUATION 36 | **Clous**

Discipline : chimie | *Niveau* : 15 — 16 ans | *Provenance* : Burundi

1. VERSION DE BASE

Charles veut construire une maison. Il achète des clous mais n'a pas encore d'autres matériaux de construction. Il dépose les clous tout près de sa maison. Sa femme n'est pas d'accord avec le lieu de conservation car, dit-elle, on est en saison des pluies. Prends position en argumentant.

A. Donner à la situation le niveau de difficulté voulu

La situation est significative, mais elle ne fait apparaître qu'un seul savoir, l'oxydation des métaux (la rouille). Elle ne mobilise pas suffisamment les savoirs et savoir-faire acquis par l'élève, correspondant à son niveau d'études. De plus, la réponse est assez évidente, parce que la raison se trouve tout près de la question (saison des pluies). La situation a dès lors un caractère de complexité très relatif : elle pourrait d'ailleurs être résolue par quelqu'un qui n'aurait suivi aucun cours mais qui aurait un peu de bon sens.

B. Éviter la dérive littéraire

De plus, la consigne « prends position en argumentant » est assez vague, et conduit plus à une production littéraire qu'à une réponse de type scientifique.

2. VARIANTE

Charles est un paysan de ton âge. Il va au marché, muni d'une veste car on est en pleine saison des pluies. Il achète différents articles ménagers :

- du sel de cuisine
- de l'alcool à brûler
- des clous
- de la farine
- des haricots secs

Ayant déchargé son paquet, sa maman se rend compte de la situation suivante :

- Le sel se déverse dans une cuvette d'eau
- La bouteille d'alcool à brûler est à moitié vide, mais on n'a pas de traces de l'endroit où l'alcool se serait déversé.
- Les clous sont posés devant la maison, dans un morceau de journal.
- La farine s'est mélangée avec les haricots.

> Explique à Charles
>
> 1. comment séparer ce dernier mélange
> 2. où est passé l'alcool à brûler manquant, et le phénomène qui s'est produit
> 3. comment récupérer le sel
> 4. le problème qui risque de se poser avec les clous.
>
> Le soir, sa petite sœur trouve qu'après avoir allumé la lampe à alcool pendant 10 minutes, le niveau d'alcool a diminué dans la lampe. Explique à Charles la raison de cette diminution, et la différence avec la première diminution.

Cette situation mérite d'être encore travaillée, au moins dans trois sens.

C. Éviter des supports trop verbeux

Tout d'abord, elle est fort verbeuse. Elle gagnerait à être agrémentée de supports différents (illustrations, tableaux,…)

D. Susciter l'intégration des savoirs et savoir-faire, non leur juxtaposition

De plus, si elle propose de mobiliser plusieurs savoirs et savoir-faire, ces derniers sont davantage juxtaposés que véritablement intégrés.

E. Éviter la dérive littéraire

La production demandée n'est pas précisée, et peut apparaître a priori comme très littéraire. Il serait plus adéquat d'orienter la production vers une production plus scientifique : rapport succinct de recherche, tableau à compléter, schéma etc.

2.2 Les situations en langues

2.2.1 *Les langues dans l'enseignement primaire*

Dans les petites classes, ou plutôt dans les premières années de langue, il existe une difficulté importante dans la préparation d'un support d'une situation dans le domaine de l'écrit : l'élève n'a pas encore un bagage suffisant pour appréhender une situation complexe, surtout lorsque la consigne ou des informations sont données par écrit. Pour éviter de retomber sur des exercices « type » (exercices à trous, exercices d'accord,…), le concepteur n'a souvent pas d'autre choix que de proposer une situation consistant en une production guidée, par exemple en donnant quelques mots « support » pour constituer une phrase, comme dans la situation (1) Papiers. On peut éventuellement compléter la situation par l'un ou l'autre exercice en lien avec cette production. L'illustration joue un rôle majeur en tout début d'apprentissage, mais, par la suite, l'illustration peut devenir un handicap dans la mesure où l'élève peut être incité à analyser une illustration au lieu de lire un écrit.

Pour l'oral, la difficulté principale est d'éviter la restitution, c'est-à-dire de permettre une production originale par chaque élève.

Dans les plus grandes classes, c'est le caractère significatif de la situation, et l'ajustement du niveau, qui constituent souvent les principales difficultés.

Les propositions suivantes sont les principales propositions à prendre en compte lors de la préparation de situations « cibles » en langue.

- Garantir le caractère de nouveauté de la situation
- Préférer une consigne à une question, ou à un ensemble de questions
- Rendre la situation gérable compte tenu du contexte local
- Se situer au sein d'une situation de communication
- Donner à la situation le niveau de difficulté voulu (savoirs, savoir-faire à mobiliser)
- Ajuster le niveau par les contraintes
- Rendre la situation attrayante pour l'élève
- Illustrer
- Rendre lisible la présentation de la situation
- Proposer une consigne claire

Outre les études de cas ci-dessous, voir les situations (17) Pharmacie, (16) Restaurant, (28) Manuel, (15) Hôpital, (1) Papiers, (23) Ami, (24) Fête, (10) Voiturette, (9) Petit mot, (25) Concours de dessin, (26) Campagne de propreté, (6) Magnétoscope, relatives à l'enseignement primaire.

2.2.2 *Les langues dans l'enseignement moyen*

Comme dans le primaire, la **production par l'élève** est certainement le maître–mot des situations « cibles » en langues dans l'enseignement secondaire, en particulier dans l'enseignement moyen. Mais quelle production, et comment amener cette production ? Comment vérifier si l'élève peut mobiliser des outils de langue bien déterminés : telle forme de la phrase, telle conjugaison, telle forme grammaticale etc. ? Pour y arriver, il y a tout d'abord le texte support, à partir duquel l'élève doit réagir adéquatement : la façon dont ce texte support est rédigé, et la réaction que l'on demande à l'élève peuvent être orientées judicieusement de manière à induire ces particularités de la langue sur lesquelles on veut mettre l'accent. De façon, plus générale, il y a la production sous contrainte (voir en 2.1.4), qui oblige l'élève à mobiliser tel ou tel savoir ou savoir-faire.

Rappelons également l'importance de lier la **compréhension d'un texte** à la production (voir en 2.1.4).

Ces deux différences distinguent essentiellement une situation « cible » de ce que l'on a coutume d'appeler « rédaction », ou — plus tard —

« dissertation », qui est une production plus ouverte, qui poursuit d'autres visées.

- Susciter l'intégration des savoirs et savoir-faire, non leur juxtaposition
- Éviter la restitution déguisée
- Travailler sur des documents inédits
- Préférer une consigne à une question, ou à un ensemble de questions
- Se situer au sein d'une situation de communication
- Proposer une consigne en adéquation avec la compétence visée
- Donner à la situation le niveau de difficulté voulu (savoirs, savoir-faire à mobiliser)
- Ajuster le niveau par les contraintes
- Véhiculer des valeurs positives
- Choisir un contexte qui parle à l'élève

Outre les études de cas ci-dessous, voir les situations (32) Bijouterie et (14) Thé, relatives à l'enseignement moyen.

2.2.3 *Quelques études de cas*

SITUATION 37	Hôtel

Discipline : langue	**Niveau** : 12 — 14 ans	**Provenance** : Djibouti

1. VERSION DE BASE

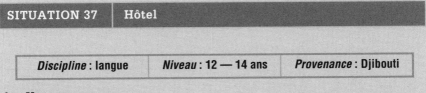

> **AVIS DE CANDIDATURE**
>
> Un grand hôtel de la place cherche
> pour une activité temporaire (juillet et août)
>
> Une personne chargée de la réception de la clientèle
> • ayant une maîtrise des langues nationales (afar, somali, arabe)
> • parlant et écrivant correctement le français (niveau 3ᵉ)
> • ayant des facilités de communication
> • disponible le week-end à temps plein
>
> Adresser une lettre de motivation à la boîte postale n° 426 - DJIBOUTI

37

Tu es intéressé par cet avis de candidature publié dans le journal La Nation.
Rédige une lettre d'une page environ pour exposer les raisons qui t'amènent à présenter ta candidature.

Cette situation, assez générale, permet des productions assez ouvertes, y compris des productions assez pauvres, mais que l'enseignant va être obligé d'accepter dans la mesure où la consigne est respectée.

A. Donner à la situation le niveau de difficulté voulu (savoirs, savoir-faire à mobiliser)

B. Ajuster le niveau par des contraintes

Si l'on veut vérifier des savoirs et des savoir-faire précis, on peut ajouter des contraintes, comme dans cette première variante, qui propose 4 lettres de candidature.

Les 4 lettres seront rédigées selon l'aspect que l'on veut mettre en évidence.

Par exemple, si l'on veut travailler la compréhension fine d'un message, on essayera de déguiser les critères d'embauche derrière des tournures indirectes, au lieu d'exprimer les critères de la même façon que dans l'annonce de départ.

Si l'on veut travailler la forme interrogative lors de la production, on rédigera les 4 lettres de façon à ce que l'élève soit obligé de poser des questions pour obtenir plus de précisions etc.

---

2. VARIANTE 1

AVIS DE CANDIDATURE

Un grand hôtel de la place cherche
pour une activité temporaire (juillet et août)

Une personne chargée de la réception de la clientèle répondant
à trois conditions au moins parmi les conditions suivantes

- ayant une maîtrise des langues nationales (afar, somali, arabe)
- parlant et écrivant correctement le français (niveau 3e)
- ayant des facilités de communication
- disponible le week-end à temps plein

Adresser une lettre de motivation à la boîte postale n° 426 - DJIBOUTI

Tu es le directeur de l'hôtel. Quatre personnes ont envoyé leur candidature pour cette avis de candidature.

Choisis-en deux de ton choix, et écris-leur une courte réponse (5 ou 6 phrases) dans laquelle tu leur dis s'ils répondent aux critères, les informations qu'il te manque etc..

Bonjour,
Je m'appelle Silah Eddine. J'ai 18 ans, et je n'ai jamais travaillé dans un hôtel, mais cela m'intéresse, surtout que j'ai déjà une expérience de travail comme responsable d'un camp de vacances, et on dit de moi que j'ai des facilités de communication. J'ai beaucoup de disponibilités pour travailler quand cela vous convient. Je suis libre chaque semaine le jeudi, le vendredi et le samedi, sauf pendant les deux semaines du camp de vacances dont je vous ai parlé.
Ah, oui, j'oubliais, je parle aussi l'arabe et j'ai des notions d'anglais. Je reste à votre disposition pour des renseignements complémentaires.

Cher Monsieur, chère Madame
Je vous écris suite à l'annonce que vous avez fait passer dans le journal « La Nation ». Je serais intéressée par le poste, et je vous donne quelques renseignements me concernant. J'ai été pendant 5 ans vendeuse dans un magasin, où j'étais chargée des relations avec la clientèle.
Mon père est somali, ma mère est afar, et à la maison je m'adresse à chacun de mes parents dans sa langue d'origine. Je suis allée pendant plusieurs années à l'école coranique, ce qui me donne une assez bonne maîtrise de la langue arabe. J'ai une cousine qui habite en Mauritanie, et je communique régulièrement avec elle en arabe.
Je peux me libérer un week-end sur deux pendant les périodes d'école, et tous les week-end pendant les vacances scolaires. Au plaisir de vous lire.
Fozia.

Chérami,
Je remercie vous pour annonse dans journal. Moi parler afar et somali, mais pas parlé arabe. Je libre les week-end, mais parfois dois visiter grand-père à l'obital le vendredi ou le samedi. Je bon contact avec clients de restoran, et boucou aimer rire. Si vous m'écrire, moi venir tout de suite.
Merci et à plu tar.
Farida

Madame, Monsieur,
En réponse à votre petite annonce parue ce mercredi dans le journal, je voudrais poser ma candidature au poste proposé, surtout que j'ai déjà une expérience de 5 ans comme réceptionniste dans un grand hôtel à Addis-Abbeba. On était très content de mes services. Sachez avant tout que je suis très motivé par le poste. Je suis de nationalité éthiopienne, et je m'exprime parfaitement en français et en anglais.
Merci d'avance. Mustapha

Dans une deuxième variante, présentée à la page suivante, c'est un autre type de contrainte que l'on impose à l'élève : le fait de se présenter, et présenter sa famille, ou encore le fait de raconter une expérience dans l'hôtellerie.

3. VARIANTE 2

AVIS DE CANDIDATURE

Un grand hôtel de la place cherche
pour une activité temporaire (juillet et août)

Une personne chargée de la réception de la clientèle répondant
à trois conditions au moins parmi les conditions suivantes

• ayant une maîtrise des langues nationales (afar, somali, arabe)
• parlant et écrivant correctement le français (niveau 3e)
• ayant des facilités de communication
• disponible le week-end à temps plein

Adresser une lettre de motivation
à la boîte postale n° 426 - DJIBOUTI

Tu es intéressé par cet avis de candidature publié dans le journal La Nation.
Rédige une lettre d'une page environ pour exposer les raisons qui t'amènent à présenter ta candidature.
Dans cette lettre, tu dois en particulier te présenter, ainsi que ta famille. Tu dois aussi raconter une expérience imaginaire que tu as eue l'an passé dans l'hôtellerie

Comme contrainte, on pourrait aussi demander à l'élève de mobiliser certains mots de vocabulaire au choix, pris parmi une liste de mots de vocabulaire vus au cours.

EXEMPLE

« Parmi les 5 mots proposés ci-dessous, utilise 4 mots au choix dans ta lettre. »

Affluence — momentanément — excessif — hôtelier — informatisé.

C. Donner à la situation le niveau de difficulté voulu

On peut aussi cibler de façon plus précise encore le niveau de difficulté visé, en partant d'une production à ajuster, comme dans la troisième variante, présentée à la page suivante.

1. Ce type de production plus « fermée » permet en particulier de travailler des aspects que l'on veut voir travailler par l'élève : des accords verbe-sujet particuliers, des formes de phrases bien précises (interrogative, négative, ...) etc.

Si l'on veut atténuer ce caractère « fermé », on peut demander, en complément, d'imaginer une partie de la production : « Ensuite, rédige le paragraphe introductif ».

4. VARIANTE 3

AVIS DE CANDIDATURE

Un grand hôtel de la place cherche
pour une activité temporaire (juillet et août)

Une personne chargée de la réception de la clientèle répondant
à trois conditions au moins parmi les conditions suivantes

- ayant une maîtrise des langues nationales (afar, somali, arabe)
- parlant et écrivant correctement le français (niveau 3e)
- ayant des facilités de communication
- disponible le week-end à temps plein

Adresser une lettre de motivation
à la boîte postale n° 426 - DJIBOUTI

Ta sœur est intéressée par cet avis de candidature publié dans le journal La Nation. Elle a rédigé la lettre suivante qu'elle te demande de lire. Améliore cette lettre.

Cher Monsieur et Madame

Je vous écris parce que l'annonce que vous avez fait passé dans le journal « La Nation ». Je serais intéressée par le poste, et je vous donne quelques renseignements me concernant. J'ai été pendant 5 ans vendeuse dans un magasin, où j'étais chargé des relations avec le clientèle.

Mon père est somali, ma mère est afar, et à la maison je m'adresse à chacun de mes parents dans sa langue originale. Je suis allée pendant plusieurs années à l'école coranique, ce qui me donne maîtrise une assez bonne de la langue arabe. J'ai une cousine qui habite Mauritanie, et je communique régulièrement avec elle en arabe.

Je peux être libre un week-end sur deux pendant les périodes d'école, et tous les week-end pendant les vacances de l'école.

J'attendrai des nouvelles de vous. Fozia.

---

2. Il ne faut pas trop souvent recourir à ce procédé qui consiste à débusquer des erreurs dans un texte, pour que l'élève ne soit pas trop souvent soumis à des textes rédigés de façon incorrecte. Il vaut même mieux identifier les passages à corriger, en les mettant en italique par exemple, de manière à ce qu'il n'hésite pas sur tous les mots, y compris ceux qui sont orthographiés correctement, et sur toutes les phrases, y compris celles dont la tournure est correcte.

SITUATION 38	Vaccination

Discipline : langue	*Niveau* : 10 — 11 ans	*Provenance* : Burundi

1. VERSION DE BASE

Tu te trouves au centre de santé de ton village. Dans le coin se trouve affiché le calendrier de vaccination contre la coqueluche/diphtérie/tétanos, la tuberculose, la varicelle, la polio et la rougeole. Lis ce calendrier. Rapporte à tes condisciples, voisins, parents, des informations fournies par le calendrier de manière à ce qu'ils s'exécutent dans les délais, chacun en ce qui le concerne.

Informe par écrit ton condisciple qui se trouve sur une autre colline, et qui doit vacciner son enfant contre la tuberculose.

	Lundi	Mardi	Mercredi	Jeudi	Vendredi
8h — 10h	Coqueluche Dipthérie Tétanos	Polio	Varicelle	Polio	Tuberculose
10h — 12h	Tuberculose	Polio	Varicelle	Polio	Rougeole
13h — 15h	Rougeole	Tuberculose	Coqueluche Dipthérie Tétanos	Tuberculose	
15h — 17h	Rougeole		Coqueluche Dipthérie Tétanos		

Il s'agit d'une situation significative, dont le but est évident. Cette idée d'exploiter un tableau de vaccination peut cependant être déclinée de différentes façons, selon ce que l'on recherche exactement à développer chez l'élève.

D. Donner à la situation le niveau de difficulté voulu (savoirs, savoir-faire à mobiliser)

Une première variante, moins « littéraire », pourrait par exemple être proposée, si par exemple on cherche à donner à la situation un caractère interdisciplinaire, que ce soit avec l'éveil, ou encore les mathématiques (lecture de tableaux à double entrée) ; cette variante propose une nouvelle consigne d'une seule ligne, mais tout aussi efficace.

E. Proposer une consigne claire

2. VARIANTE 1

Voici le calendrier des vaccinations dans ton village.

	Lundi	Mardi	Mercredi	Jeudi	Vendredi
8h — 10h	Coqueluche Dipthérie Tétanos	Polio	Varicelle	Polio	Tuberculose
10h — 12h	Tuberculose	Polio	Varicelle	Polio	Rougeole
13h — 15h	Rougeole	Tuberculose	Coqueluche Dipthérie Tétanos	Tuberculose	
15h — 17h	Rougeole		Coqueluche Dipthérie Tétanos		

Voici l'état du carnet de vaccinations des 5 enfants de Madame Mivuba, qui habite le village voisin.

	Coqueluche Dipthérie Tétanos	Polio	Tuberculose	Rougeole	Varicelle
Antime	X	X	X		
Rosalie	X		X	X	X
Anne-Marie	X	X	X	X	X
Pierre	X	X		X	X
Nicaise		X	X	X	X

Propose à Madame Mivuba un plan de vaccination de ses enfants sur une semaine, en limitant ses déplacements au maximum.

F. Ajuster le niveau par des contraintes

Si au contraire, on veut davantage vérifier chez l'élève s'il a acquis une compréhension fine d'un message écrit, on peut au contraire renforcer le caractère littéraire de la situation, en introduisant des contraintes. Dans la variante qui suit, les contraintes sont liées à l'utilisation des connecteurs (ne…pas, et, ou, soit… soit).

38

3. VARIANTE 2

Voici le calendrier des vaccinations dans ton village.

	Lundi	**Mardi**	**Mercredi**	**Jeudi**	**Vendredi**
8h — 10h	Coqueluche Dipthérie Tétanos	Polio	Varicelle	Polio	Tuberculose
10h — 12h	Tuberculose	Polio	Varicelle	Polio	Rougeole
13h — 15h	Rougeole	Tuberculose	Coqueluche Dipthérie Tétanos	Tuberculose	
15h — 17h	Rougeole		Coqueluche Dipthérie Tétanos		

Choisis une des personnes suivantes. Écris-lui une lettre de convocation. Donne-lui les différentes possibilités.

- Madame Minani voudrait faire vacciner sa fille Eulalie contre la polio et la tuberculose, mais elle n'est pas libre le jeudi
- Monsieur Ndorere voudrait vacciner son fils Pascal contre la tuberculose et la rougeole. Il voudrait le faire le lundi, le mardi ou le mercredi.
- Madame Mivuba voudrait vacciner sa fille Agnès contre la tuberculose ou la polio, mais elle n'est libre ni le mardi, ni le jeudi ni le vendredi.

2.3   Les situations en mathématiques

2.3.1   *Les mathématiques dans l'enseignement primaire*

En mathématiques, l'orientation de base à donner aux situations « cibles » est claire : amener l'élève à résoudre une situation-problème complexe. Il ne s'agit pas d'un « problème », au sens traditionnel du terme. Il s'agit au contraire d'une situation située dans un contexte familier à l'élève, présentée de façon vivante, et dont le but apparaît clairement à ses yeux. Pour montrer comment, en mathématiques, on peut passer d'un problème traditionnel à une « situation-problème », on peut s'inspirer de l'exemple du problème de robinet, développé en 1.1.4.2.

Pour éviter que la langue ne constitue un obstacle, il faut veiller à formuler des phrases simples, courtes, et ne pas hésiter à recourir aux tableaux, schémas, illustrations, pour rendre l'énoncé le plus accessible possible, ceci quel que soit le niveau auquel on se situe.

Les principales propositions à prendre en compte sont les suivantes.

- Susciter l'intégration des savoirs et savoir-faire, non leur juxtaposition
- Rendre la situation gérable compte tenu du contexte local
- Donner à la situation le niveau de difficulté voulu (savoirs, savoir-faire à mobiliser)
- Ajuster les données, et la façon de les fournir à l'élève
- Donner à la situation un but opérationnel
- Illustrer
- Introduire des données qui soient, sinon réelles, du moins vraisemblables
- Rendre lisible la présentation de la situation
- Éviter des supports trop verbeux
- Rendre les consignes/questions indépendantes
- Travailler sur des documents authentiques

Ce dernier point est important. En effet, le problème qui se pose souvent dans les situations en mathématiques, est la tendance à retomber sur des énoncés verbeux et lourds. Une piste intéressante pour pallier à cette difficulté est le travail sur des documents authentiques : tableau de tarification postale, indicateur de chemins de fer, note de restaurant, facture, ticket de caisse etc. Ce travail basé sur des documents authentiques présente plusieurs avantages :

- il contribue à rend la situation significative ;
- il permet de disposer d'une information exacte, ce qui est non négligeable, dans la mesure où il est souvent demandé à l'élève de produire une réponse cohérente, vraisemblable, c'est-à-dire en lien avec la réalité ;
- il permet de donner une information accessible, voire même « didactisée », dans la mesure où souvent les documents ont été conçus pour s'adresser au grand public ;
- il permet de disposer d'une information à la fois riche, mais aussi présentée de façon condensée ; cela signifie que l'on peut, à partir d'un document, poser plusieurs questions indépendantes, c'est-à-dire des questions pour lesquelles une réponse erronée ne constitue pas un handicap pour répondre correctement aux questions suivantes (voir en 4.2.4).

Outre les études de cas ci-dessous, voir les situations (11) Rentrée scolaire, (29) Revue, (31) Facteur, (13) Porte-monnaie, (30) Budget, relatives à l'enseignement primaire.

2.3.2 *Les mathématiques dans l'enseignement moyen*

Préparer des situations en mathématiques dans le secondaire inférieur, c'est tout d'abord passer du « problème » traditionnel à la « situation-
problème », significative, complexe, intéressante pour l'élève. On peut à ce
sujet s'inspirer de l'exemple du problème de robinet, développé en 1.1.4.2.

Au-delà de cet état d'esprit, une des difficultés principales est d'amener l'élève à mobiliser plusieurs outils mathématiques à travers une situation
unique. Cela demande incontestablement de l'imagination, pour trouver un
thème qui s'y prête, un contexte « porteur ». Mais cela demande aussi de la
rigueur, parce qu'il faut que ce que l'on demande à l'élève traduise l'essentiel
de ses acquis. Deux options sont possibles. Une première option consiste à
poser une situation complexe unique, à plusieurs facettes, avec un but unique
et une consigne unique. L'avantage est le caractère intégrateur de ce type de
situation, mais la limite réside dans son caractère de « tout ou rien ». Pour pal-
lier à cet inconvénient, on peut proposer trois ou quatre situations complexes, mais alors moins longues. Une deuxième option consiste à partir d'un
thème donné, avec un but clairement posé, mais rédigé en plusieurs parties,
ce qui permet à l'élève d'avoir plusieurs chances pour montrer sa maîtrise
(voir la situation (30)lait, ci-après). L'inconvénient peut être que, lors de la
décomposition de la situation, on retombe dans une juxtaposition de savoirs
et de savoir-faire.

Les propositions suivantes, particulièrement pertinentes pour des
situations en mathématiques dans le secondaire, traduisent ces préoccupations.

- Susciter l'intégration des savoirs et savoir-faire, non leur juxtaposition
- Garantir le caractère de nouveauté de la situation
- Éviter la dérive littéraire
- Donner à la situation le niveau de difficulté voulu (savoirs, savoir-faire à mobiliser)
- Ajuster les données, et la façon de les fournir à l'élève
- Véhiculer des valeurs positives
- Donner à la situation un but opérationnel
- Introduire des données qui soient, sinon réelles, du moins vraisembla-bles
- Éviter des supports trop verbeux
- Rendre les consignes/questions indépendantes

Outre les études de cas ci-dessous, voir les situations (8) Borne kilométrique, (19) Craies, (20) Dévaluation, (21) Mésaventure, plutôt relatives à
l'enseignement moyen.

2.3.3 *Quelques études de cas*

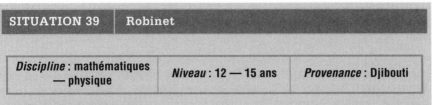

SITUATION 39	Robinet

Discipline : mathématiques — physique	*Niveau* : 12 — 15 ans	*Provenance* : Djibouti

1. VERSION DE BASE

Ali est furieux à la réception de la facture d'eau. Il pense que la forte consommation affichée sur la facture provient en partie d'un robinet de sa cour qui fuit goutte à goutte.

1. Avec quel instrument prélève-t-on le volume d'eau consommée à la maison ?
2. Calculer la quantité d'eau consommée par Ali en litres ($1m^3$= 1000 l).
3. Il souhaite maintenant évaluer le volume d'eau gaspillée par le robinet.
   a) Comment va-t-il procéder ?
   b) Sachant qu'un robinet qui fuit goutte à goutte, remplit un bidon de 25 litres par jour, quel volume d'eau est ainsi perdu au bout de deux mois ?
   c) Calculer la masse d'eau perdue ? (1g d'eau a un volume de 1 cm^3)
4. La fuite crée une flaque d'eau qui disparaît plus rapidement pendant l'été, expliquer ce phénomène.

L'idée qui préside à cette situation est bonne, mais présentée comme telle, elle évoque furieusement les problèmes de « robinets », que nous avons tous connus, et qui étaient d'un tel niveau d'abstraction que démarrer leur résolution exigeait un réel effort.

A. Véhiculer des valeurs positives

Aujourd'hui, les questions environnementales et économiques liées à l'eau, et en particulier la gestion de la rareté de l'eau, donnent à ces problèmes de robinets une autre dimension. Encore faut-il les présenter à l'élève de façon adéquate.

B. Donner à la situation un but opérationnel

Posons la question : « Comment rendre le but de cet énoncé plus évident ? ». C'est la question **du but**, ou de **la fonction** opérationnelle de la situation. Plusieurs questions sont posées à Ali, mais y a-t-il une question centrale qui émerge, à savoir un but à la situation-problème ? Il semble que ce soit la question de savoir si la surconsommation a été provoquée par le robinet de sa cour qui fuit goutte à goutte. On peut supposer qu'Ali hésite à réparer ce robinet, parce que la réparation coûte cher, et qu'il veut peser le pour et le contre de cette réparation.

39

Pourquoi ne pas proposer l'ensemble du raisonnement à l'élève ? L'amener à se mettre dans la peau d'Ali, en lui présentant la consigne suivante.

2. VARIANTE 1

Ali vient de recevoir sa facture d'eau. Elle montre une forte consommation. Croyant à une erreur, sa première réaction est d'être furieux. Et puis, il se demande : « Au fond, ne suis-je pas responsable ? La cause n'est-elle pas à mon robinet qui coule goutte à goutte ? Si c'est le cas, j'aurais peut-être avantage à le faire réparer. »

C. Illustrer

On peut même représenter cette situation par une illustration.

En tout état de cause, la trame de la situation est posée. L'élève a un fil conducteur, une idée de l'enchaînement logique des opérations qu'il va devoir mener.

Calcul du coût de l'eau perdue, puis comparaison avec le coût de la réparation, puis proposition d'une décision. La décision finale n'est sans doute pas importante en soi, et ce qui compte surtout, c'est le calcul de ce que perd Ali, mais néanmoins cette décision donne à la situation-problème une finalité concrète.

Notons que la situation-problème est relativement ouverte, puisque la solution se discute en termes de « il aura récupéré son investissement de la réparation du robinet au bout de tel laps de temps. » La décision est même plus large que cela, dans la mesure où il y a également un aspect de protection de l'environnement et de gestion de la rareté de l'eau, qui voudrait qu'il répare son robinet de toute façon, pour économiser de l'eau potable. En cela, la situation-problème a un aspect interdisciplinaire, puisque sa résolution recourt aussi à des notions d'éducation civique. C'est ce qui fait la richesse de telles situations.

C'est à ce stade que vient la question des étapes intermédiaires demandées, soit parce que l'on estime que l'élève doit franchir une trop grande « marche » en une seule fois (voir en 5.3.3), soit parce que l'on veut amener l'élève à mobiliser certains savoirs et savoir-faire, mais ces questions viennent s'articuler autour d'une colonne vertébrale qui a été fixée.

D. Ajuster les données, et la façon de les fournir à l'élève

Il y a tout d'abord **les données**.

Je peux (1) demander à l'élève de déterminer lui-même les données nécessaires, (2) lui demander de choisir les données pertinentes parmi un ensemble de données proposées, ou je peux les donner moi-même dans l'énoncé. Si je les donne moi-même, (3) est-ce que je donne strictement ce dont l'élève a besoin, (4) est-ce que je propose des données parasites, ou (5) est-ce que je laisse de côté des données que l'élève doit trouver lui-même ?

VARIANTE 1 (SUITE)

1. Écris les données dont tu as besoin pour déterminer si Ali a intérêt à réparer son robinet.

2. Parmi les données suivantes, précise lesquelles sont nécessaires pour déterminer si Ali a intérêt à réparer son robinet.

La quantité d'eau contenue dans la flaque d'eau en dessous de son robinet	6 litres
La quantité d'eau perdue par jour	un bidon de 25 litres
Le prix d'un mètre cube d'eau	60 F
Le nombre de gouttes qui coulent en une heure	12
Le prix de la réparation du robinet	2500 F

3. Pour déterminer s'il a intérêt à réparer son robinet, Ali a calculé qu'avec ce qu'il perd, il remplit un bidon de 25 litres par jour. Tu sais aussi qu'un mètre cube d'eau coûte 60 F, et que le prix de la réparation du robinet est de 2500 F.

4. Pour déterminer s'il a intérêt à réparer son robinet, Ali a calculé qu'une goutte tombe toutes les 5 secondes. Avec ce qu'il perd, il remplit un bidon de 25 litres par jour. Tu sais aussi qu'un mètre cube d'eau coûte 60 F, et que le prix de la réparation du robinet est de 2500 F.

5. Pour déterminer s'il a intérêt à réparer son robinet, Ali a calculé qu'avec ce qu'il perd, il remplit un bidon de 25 litres par jour. Tu sais aussi que le prix de la réparation du robinet est de 2500 F. *(le prix du mètre cube d'eau, il peut le lire sur la facture)*

On répète chaque fois le but : « Ali a-t-il intérêt à réparer son robinet ? »

E. Rendre les consignes/questions indépendantes

Il y a ensuite **les questions** que je vais poser à l'élève. Il y a un premier principe à respecter : les questions doivent être indépendantes les unes des autres. C'est globalement le cas dans l'énoncé tel qu'il est rédigé. En effet, la réponse à chaque question est indépendante de la réponse aux autres questions. Toutefois, si l'élève se trompe à la question 2 (transformation de litres en mètres cubes), il risque bien de se tromper également à la question 3, qui requiert le même type de transformation. De façon plus précise, les questions à proprement parler sont indépendantes, mais on mobilise à deux reprises le même objectif spécifique (la transformation de litres en mètres cubes). L'indépendance n'est pas totale.

F. Proposer une consigne en adéquation avec la compétence visée

Développons un autre aspect, lié à la réponse à la question 3a (« Comment va-t-il procéder ? »).

Cette question est évidente, si l'élève lit ce qui suit. Si on veut vraiment vérifier si l'élève peut poser une démarche, il faut donc le vérifier indépendamment, soit à travers une question ouverte, soit en lui proposant de choisir parmi plusieurs démarches possibles celles qui vont le conduire à un résultat.

EXEMPLE :

a) Calculer le nombre de gouttes qui tombent en une minute
b) Mettre un récipient gradué en dessous du robinet et voir quelle quantité d'eau est tombée dedans en une heure
c) Mettre une bouteille de 1 litre en dessous du robinet, et venir voir toutes les heures quand la bouteille est remplie
d) Placer un vieux tonneau rempli d'eau en dessous du robinet, et recueillir l'eau qui déborde du tonneau

G. Donner à la situation le niveau de difficulté voulu

Il y a donc des choix à poser, en fonction des priorités que l'on veut mettre. Si par exemple, on considère qu'il est important de vérifier si l'élève peut poser une démarche expérimentale, et qu'il est également important de vérifier s'il peut identifier lui-même des données manquantes, on pourra proposer la variante suivante.

3. VARIANTE 2

Ali vient de recevoir sa facture d'eau. Elle montre une forte consommation. Croyant à une erreur, sa première réaction est d'être furieux. Et puis, il se demande : « Au fond, ne suis-je pas responsable ? La cause n'est-elle pas à mon robinet qui coule goutte à goutte ? Si c'est le cas, j'aurais peut-être avantage à le faire réparer. »
Aide Ali à prendre la décision.

1. Commence par lui indiquer quelles sont, parmi les démarches suivantes, celles qui vont l'aider à résoudre son problème.
   a) Calculer le nombre de gouttes qui tombent en une minute
   b) Mettre un récipient gradué en dessous du robinet et voir quelle quantité d'eau est tombée dedans en une heure
   c). Mettre une bouteille de 1 litre en dessous du robinet, et venir voir toutes les heures quand la bouteille est remplie
   c) Placer un vieux tonneau rempli d'eau en dessous du robinet, et recueillir l'eau qui déborde du tonneau

2. Cherche maintenant si Ali a intérêt à réparer son robinet. Il a calculé qu'avec ce qu'il perd, il remplit un bidon de 25 litres par jour. Tu sais aussi que le prix de la

réparation du robinet est de 2500 F. Pour le trouver, tu devras également bien observer la facture.

(Éventuellement, donner ici des sous-questions)

3. Réponds maintenant aux deux questions suivantes.

   a) Avec quel instrument prélève-t-on le volume d'eau consommée à la maison ?

   b) La fuite crée une flaque d'eau qui disparaît plus rapidement pendant l'été. Explique ce phénomène.

| | **OFFICE NATIONAL DES EAUX DE DJIBOUTI** | | | | | **FACTURE** | | |

OFFICE NATIONAL DES EAUX DE DJIBOUTI
B.P. 1914 - Boulevard de la République
TELEPHONE: 35 11 59   TELEX: 5908 DJ
DEPANNAGE: HEURES OUVRABLE: 24 04 98
AUTRES HEURES : 34 15 32

FACTURE

REFERENCES A RAPPELER

CE	N°ABONNE	COMPTEUR	PAYEUR	EMISSION
2	11350441	545089	0	200106

NOM:

POINT DE LIVRAISON: AV. PAST. ANN CAP13P10027 BP:

CALIBRE: 15   TARIF: 1

MODE DE FACTURATION: NORMAL

DATE DE RELEVE: 10/07/2001

	PERIODE DE CONSOMMATION		
DU	AU		NOMBRE
01/05/2001	30/06/2001		2

RELEVE DU COMPTEUR			MINIMUM		
ANCIEN	NOUVEAU	VOL CONSOM	FACTURE	DEDUIT	VOL FACTURE
500	526	26			26

	TRANCHE 1	TRANCHE 2	TRANCHE 3	TRANCHE 4	TR5	PORTUAIRE	CHANTIER TR6	TOTAL
VOLUMEM3:	26	0	0	0	0		0	26
P.U.:	62	102	142	163	200		250	
MONTANT:	1612	0	0	0	0		0	1 612

N°FACTURE: 200106212284   DATE FACTURE: 14/07/2001

BANQUE: N°DE COMPTE:

DATE DE PRELEVEMENT: ABSENCES ANTERIEURES: 0

LOCATION COMPTEUR :	1 940
ENTRETIEN BRANCHEMENT:	1 940
MONTANT TOTAL A PAYER:	5 492

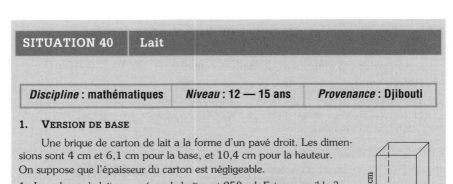

SITUATION 40	Lait

Discipline : mathématiques	*Niveau* : 12 — 15 ans	*Provenance* : Djibouti

1. VERSION DE BASE

Une brique de carton de lait a la forme d'un pavé droit. Les dimensions sont 4 cm et 6,1 cm pour la base, et 10,4 cm pour la hauteur.
On suppose que l'épaisseur du carton est négligeable.

1. Le volume de lait marqué sur la boîte est 250 ml. Est-ce possible ?

2. a) Calcule la somme des aires des faces de ce pavé droit.
   b) Pour obtenir l'aire de carton nécessaire, il faut ajouter 20% pour les joints. Quelle est l'aire, arrondie au centième, de carton nécessaire pour fabriquer une brique ?

3. On veut découper un patron de brique sans les joints dans une feuille de carton rectangulaire de 29 cm sur 15 cm. Dessine un patron convenable à l'échelle 1/2.

4. a) Pour la vente, on groupe les briques de lait par trois et on recouvre l'ensemble d'un plastique. Calcule l'aire, arrondie au centimètre carré, du film plastique nécessaire.

   b) On envisage maintenant de les grouper par 4 comme ci-contre.
   Calcule l'aire du film nécessaire pour la recouvrir.

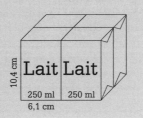

C'est une situation intéressante au départ. Elle présente plusieurs avantages :

- elle part d'une idée simple, relative à un objet que l'élève côtoie quotidiennement ;
- les questions posées sont indépendantes.

   On peut toutefois lui adresser quelques reproches :

- telle quelle, la situation n'est pas significative ; en particulier, on ne voit pas apparaître le but de la situation, sa fonction ;
- la mise en œuvre de critères n'est pas évidente, s'il s'agit de l'exploiter comme une situation d'évaluation. On ne voit pas de façon évidente comment appliquer plusieurs critères indépendants.

Comment améliorer le caractère significatif de cette situation ?

A. Donner à la situation un but opérationnel

Tout d'abord, il est nécessaire de se poser la question « Pourquoi aurait-on besoin de calculer une aire de carton et une aire de plastique ? ». Des exemples de réponse à cette question sont :

- pour une question de prix ;
- pour une question de poids ;
- pour une question d'environnement (déchets à recycler) ;
- etc.

B. S'adresser personnellement à l'élève

Ensuite, il est toujours plus significatif pour l'élève de s'adresser à lui personnellement, en utilisant le pronom « tu », plutôt que le « on », plus impersonnel.

C. Véhiculer des valeurs positives

En combinant ces deux impératifs, et en même temps évoquer le problème du conditionnement des aliments, on peut introduire la brique de lait de 1 litre, et la comparer à sa « petite sœur », une boîte plus petite, de 250 ml, notamment pour une question de poids de déchets à recycler, ceci d'autant plus qu'il est extrêmement difficile de recycler ce type d'emballage (il contient des couches de plastique, de carton, et de métal, difficiles à séparer).

D. Introduire des données qui soient, sinon réelles, du moins vraisemblables

On peut aussi réfléchir sur la vraisemblance de la quantité de plastique d'emballage, au centimètre près... Qu'est-ce qui importe, dans un emballage ? Par exemple que pour une même quantité de boîtes, il y a des emballages plus compacts que d'autres. On peut travailler cette particularité avec les élèves.

Comme pour la question de la quantité de carton, il est utile de revenir à la question « Pourquoi calculer une quantité de plastique ? ».

Enfin, une feuille de carton de 29 cm sur 15 cm n'est pas d'un format courant. Pourquoi ne pas prendre une feuille de format A4, et demander à l'élève d'estimer si le patron pourrait entrer dedans ? Quand c'est possible, il vaut toujours mieux travailler au maximum avec des données réelles.

40

2. Variante 1

    Tu connais bien ce carton de lait d'un litre, qui a la forme d'un pavé droit.

Pour le fabriquer, on a utilisé environ 700 cm² de carton.

En fait, ce n'est pas seulement du carton. L'emballage contient aussi du plastique et du métal, qui garantissent l'étanchéité et la conservation du lait.

Voici sa petite sœur, de 250 ml, qui a la même forme.

Ses dimensions sont 4 cm et 6,1 cm pour la base, et 10,4 cm pour la hauteur.

1. Montre qu'une telle boîte peut contenir 250 ml. (On suppose que l'épaisseur du carton est négligeable.)

2. Calcule à ton tour la quantité de carton nécessaire pour fabriquer cette boîte.

    a) Calcule d'abord l'aire des 6 faces, et additionne-les.

    b) Ajoute ensuite 20 % pour les joints.

    Quelle est l'aire, arrondie au centième, de carton nécessaire pour fabriquer une brique ?

3. Essaye de représenter, sur une feuille A4, la plus grande partie du patron de cette boîte, sans les joints.

4. Pour la vente, on décide de grouper les briques de lait par quatre, pour totaliser 1 litre, et on recouvre l'ensemble d'un film plastique.

Pour les deux dispositions ci-dessous, calcule la quantité approximative de plastique nécessaire, et tire les conclusions. Y a-t-il une disposition plus économique que l'autre ? Un dispositif plus respectueux de l'environnement que l'autre ?

Disposition 1   **Disposition 2**

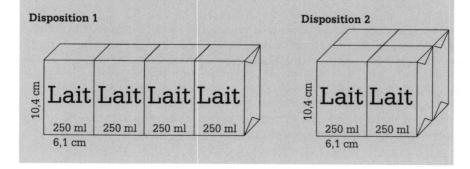

E. Proposer une consigne en adéquation avec la compétence visée

À l'intérieur des questions, des variantes sont possibles, selon ce que l'on souhaite vérifier.

- Dans la question 1, au lieu de donner le volume de la boîte, on peut par exemple demander à l'élève de retrouver, par calcul, s'il s'agit d'une boîte d'une contenance de 50 cl, 330 ml, 250 ml ou 200 ml, ou tout simplement d'en calculer la capacité.
- Dans la question 2, on peut, au lieu de donner la démarche, demander à l'élève de calculer la quantité de carton nécessaire, sans donner la démarche à suivre.

F. Adapter le support pour l'évaluation des acquis

Supposons que l'on ait décidé de prendre en compte quatre critères d'évaluation dans ce type de situation.

1. Interprétation du problème
2. Utilisation correcte des outils mathématiques en situation
3. Cohérence de la réponse
4. Précision

Il s'agit, dans la mesure du possible, de vérifier ces critères dans trois occasions indépendantes.

Dans la variante 1,

- le critère 1 ne se vérifie à aucun moment en tant que tel, c'est-à-dire qu'il n'y a pas de question posée qui permet de le vérifier de façon spécifique ;
- le critère 2 se vérifie à 6 reprises : à la question 1, 2a, 2b, 3, 4 (première et deuxième dispositions) ; on pourrait penser qu'il est « surreprésenté », mais ce qu'il faut voir, ce sont les outils mathématiques en jeu : par exemple, l'outil mathématique « calcul de l'aire extérieure » est représenté à 3 reprises, une fois à la question 2a et deux fois à la question 4 ;
- le critère 3 ne peut se vérifier qu'à l'ordre de grandeur des réponses données ;
- le critère 4 peut se vérifier à la question 3, lors du tracé du patron, mais il peut aussi se vérifier dans le détail des calculs que l'élève a posés (le nombre de décimales par exemple).

Il faut donc essayer d'affiner la situation du point de vue du critère 1 et du critère 3. Un exemple d'amélioration en ce sens est donné dans la variante ci-dessous.

Pour le critère 1, on aurait pu introduire des données parasites, et voir si l'élève peut les identifier, ou encore introduire des données manquantes, à compléter. On peut aussi lui demander ce qu'il faut comme données pour effectuer un calcul donné. C'est le choix qui a été posé dans la variante ci-dessous, où un exemple est donné à la question 1. Elle comprend trois sous-questions, qui sont trois occasions de vérifier si le critère est acquis.

Pour le critère 3, on peut introduire des questions comme les questions 2a, 4a et 5a, ci-dessous, qui font appel à l'estimation et au « bon sens », au-delà de l'aspect calcul proprement dit.

---

3. VARIANTE 2 (SITUATION POUR L'ÉVALUATION)

Situation pour l'évaluation de la compétence « *Résoudre une situation-problème faisant appel aux pourcentages, ainsi qu'aux calculs de périmètre, d'aire et de volume des cubes et parallépépipèdes rectangles* ».

Tu disposes de 45 minutes pour résoudre cette situation.

Tu connais bien ce carton de lait d'un litre, qui a la forme d'un pavé droit.

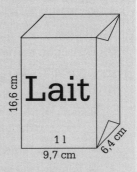

Pour le fabriquer, on a utilisé un emballage surtout constitué de carton, mais aussi de plastique et de métal, qui garantissent l'étanchéité et la conservation du lait. Malheureusement, c'est un déchet particulièrement difficile à recycler.

1. Parmi les données suivantes, quelles sont celles dont tu aurais besoin pour calculer :

   le volume de la boîte ? b) la quantité d'emballage à recycler ? c) l'aire de la face avant ?

   La hauteur de la boîte B La largeur de la boîte C. La profondeur de la boîte
   Le poids du lait E. La taille des joints utilisés pour assembler la boîte.

2. Voici sa petite sœur. Observe bien ses dimensions.

   a) D'après toi, quelle est sa contenance ?
      50 cl — 330 ml — 250 ml — 200 ml ?

   b) Vérifie-le en précisant le calcul que tu poses.
      (On suppose que l'épaisseur du carton est négligeable.)

3. Calcule la quantité de carton nécessaire pour fabriquer cette boîte.

   Calcule d'abord l'aire des 6 faces, et additionne-les.

   Ajoute ensuite 20% pour les joints.

   Quelle est l'aire, arrondie au centième, de carton nécessaire pour fabriquer cette brique ?

4. a) Penses-tu que l'on pourrait découper un patron de brique (sans les joints) dans une feuille de carton de format A4 de 29,7 cm sur 21 cm ?

   b) Si tu penses que oui, dessine ce patron. Si tu penses que non, dessine la plus grande partie possible de ce patron sur une feuille A4.

5. Pour la vente, on décide de grouper les briques de lait par quatre, pour totaliser 1 litre, et on recouvre l'ensemble d'un film plastique.

   a) Y a-t-il une disposition qui utilise moins de plastique que l'autre ? Laquelle ?

   b) Pour les deux dispositions ci-dessous, calcule la quantité approximative de plastique nécessaire, et tire les conclusions.

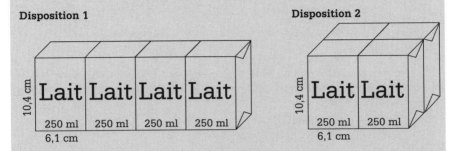

Disposition 1

Disposition 2

On peut ajouter un tableau établissant le lien entre les critères et les questions, comme dans le tableau suivant :

Critère 1	Critère 2	Critère 3	Critère 4
1a, 1b, 1c	2b, 3a, 3b, 5b	2a, 4a, 5a	4b

La longueur totale de l'énoncé est certes un peu plus importante, mais on a gagné en richesse dans la vérification des différents critères, et aussi dans le caractère significatif.

C'est le moment où on peut aussi se demander : « N'ai-je pas posé trop de questions ? Chacune d'entre elles est-elle nécessaire ? ». Dans l'exemple ci-dessus, on pourrait par exemple décider, pour raccourcir la situation, de supprimer la question 5, dont on a déjà vérifié auparavant toutes les composantes.

SITUATION 41	Marché

Discipline : mathématiques	*Niveau* : 10 ans	*Provenance* : Mauritanie [1]

Compétence : résoudre des problèmes de la vie courante nécessitant l'utilisation de l'addition, de la soustraction, de la multiplication et de la division simple de nombres inférieurs à 10 000.

1. SITUATION 1

Limame qui a 20 ans va au marché qui se trouve à 800 m de sa maison. Il part avec 5120 UM. Il achète d'abord deux chemises à 1250 UM pièce puis un tissu de 3 m qui coûte 970 UM.

1. Combien coûte une chemise ?

2. Combien d'argent Limame dépense-t-il ?

3. Combien d'argent lui reste-t-il en rentrant chez lui ?

1. Institut Pédagogique National (2001). *Mathématiques*, 4e année fondamentale, fichier du maître, Nouakchott, Mauritanie.

A. Ajuster les données, et la façon de les fournir à l'élève

Cette situation est manifestement orientée vers la gestion des données numériques. Tout d'abord, il y a une donnée parasite (il habite à 800 m du marché). La donnée « 20 ans » n'est pas une véritable donnée parasite, dans la mesure où il est peu probable que les élèves soient tentés de l'utiliser dans la situation.

Ensuite, la première question est une question liée à l'interprétation de la situation, et non à sa résolution.

B. Rendre les consignes/questions indépendantes

On peut aussi remarquer que, telles qu'elles sont formulées, les questions ne sont pas indépendantes : si l'élève se trompe à la question 2 (la somme dépensée), il se trompera inévitablement à la question 3 (la somme qui lui reste). Pour pallier à cette difficulté, on peut par exemple lui demander :

3. Combien d'argent lui reste-t-il avant d'acheter le tissu ?

Comme alternative, il est possible de garder la question telle quelle, mais alors il faut que l'enseignant soit attentif dans la correction, en partant de la réponse de l'élève à la question 2, même si elle est erronée. C'est intéressant, mais cela allonge le temps de correction.

2. SITUATION 2

Nasser part au marché avec deux billets de 1000 UM, trois billets de 200 UM et aucune pièce. Il achète 2 kg de tomates à 250 UM le kilogramme, 3 kg de viande pour 1500 UM et douze pains à 20 UM pièce.

1. Combien d'argent Nasser a-t-il au départ ?

2. Combien a-t-il dépensé pour tous ses achats ?

3. Combien d'argent lui reste-t-il ?

On peut travailler sur la présentation de l'énoncé, pour le rendre moins littéraire. On agit dans ce cas sur les trois propositions suivantes.

C. Illustrer

D. Rendre lisible la présentation de l'énoncé

E. Éviter des supports trop verbeux

Pour réduire cet aspect littéraire, on peut présenter une partie de l'énoncé sous la forme d'un dessin.

3. VARIANTE DE LA SITUATION 2

Nasser va au marché.

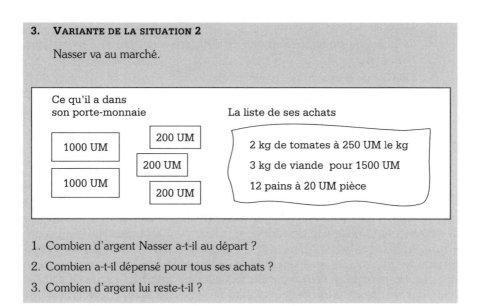

1. Combien d'argent Nasser a-t-il au départ ?

2. Combien a-t-il dépensé pour tous ses achats ?

3. Combien d'argent lui reste-t-il ?

On peut aussi travailler sur l'indépendance des questions (voir ci-dessus).

41

2.4   Les situations en histoire et en géographie

2.4.1 *L'histoire et la géographie dans l'enseignement primaire*

En histoire et en géographie, il y a également un équilibre difficile à trouver dans la préparation des situations : l'équilibre entre un utilitarisme à outrance, où — à la limite — le seul bon sens pourrait suffire (comme préparer un voyage), et une approche théorique désincarnée. Souvent, le fait de partir d'un ou deux bons documents, nouveaux pour l'élève, constitue un point de départ intéressant. La situation peut consister à inviter l'élève à mettre ces documents en lien avec différents savoirs et savoir-faire qui ont été abordés dans les cours. D'autres écueils à éviter sont également le fait de partir de supports textuels trop longs, de proposer des consignes trop verbeuses, d'énoncer un ensemble de petites questions qui sont de la restitution déguisée.

Les propositions suivantes résument les grands axes qu'il est intéressant de prendre en compte lorsque l'on produit de telles situations.

*   Susciter l'intégration des savoirs et savoir-faire, non leur juxtaposition
*   Garantir le caractère de nouveauté de la situation
*   Éviter la restitution déguisée
*   Préférer une consigne à une question, ou à un ensemble de questions
*   Rendre la situation gérable compte tenu du contexte local
*   Eviter la dérive littéraire
*   Donner à la situation le niveau de difficulté voulu (savoirs, savoir-faire à mobiliser)
*   Choisir un contexte qui parle à l'élève
*   Proposer une consigne claire
*   Éviter des supports trop verbeux

2.4.2 *L'histoire et la géographie dans l'enseignement moyen*

Tout comme dans d'autres disciplines du secondaire inférieur, un des obstacles majeurs dans la préparation de situations en histoire et géographie du secondaire réside dans la difficulté de combiner le caractère significatif de la situation et la nécessité de vérifier si l'élève peut mobiliser différents concepts, faits, savoir-faire déterminés. On est notamment à l'école pour apprendre des savoirs, des savoir-faire ciblés, et les situations proposées se doivent d'apprendre à l'élève à mobiliser ceux-ci, sinon on risque de tomber dans des situations dans lesquelles seul le bon sens suffit. Le secret d'une bonne situation réside certainement en grande partie dans les documents : des documents clairs, authentiques si possible, nouveaux pour l'élève si possible, à partir desquels on va amener l'élève à mobiliser des savoirs et savoir-faire qu'il a acquis. Il n'est pas interdit de proposer plusieurs consignes, de poser plusieurs questions à propos de ces documents, du moment que ces consignes ou questions gardent un caractère intégrateur, c'est-à-dire qu'elles n'induisent pas une restitution déguisée, et qu'elles ne se réduisent pas à l'exercice de savoir-faire élémentaires.

Les propositions suivantes traduisent ces orientations.

- Susciter l'intégration des savoirs et savoir-faire, non leur juxtaposition
- Éviter la restitution déguisée
- Travailler sur des documents inédits
- Préférer une consigne à une question, ou à un ensemble de questions
- Éviter la dérive littéraire
- Donner à la situation le niveau de difficulté voulu (savoirs, savoir-faire à mobiliser)
- Ajuster le niveau par les contraintes
- Véhiculer des valeurs positives
- Rendre les consignes/questions indépendantes
- Travailler sur des documents authentiques

En guise d'illustration, voir notamment les situations (4) Liberté, (18) Lieux saints, (3) Racisme, relatives à l'enseignement moyen.

2.5   Les situations dans les cours techniques

Dans les cours techniques, les choses se présentent généralement de la façon suivante. Il s'agit de proposer une situation suffisamment nouvelle, et complexe, pour traduire un certain niveau d'acquis, ni plus ni moins. La question de l'utilité des savoirs et des savoir-faire se pose rarement, dans la mesure où les situations s'imposent d'elles-mêmes, par une pratique quotidienne de référence ou par une activité professionnelle. Par contre, c'est dans la présentation et dans la mise en œuvre de la situation que l'on rencontre parfois des difficultés : comment présenter les données, que faut-il illustrer, que faut-il schématiser ? Comment exprimer une consigne de façon claire, tout en ne réduisant pas la complexité de la situation ? Une autre question est celle de l'indépendance des consignes/questions : comment permettre à un élève qui a pris un mauvais démarrage de se rattraper par la suite ?

Les propositions suivantes traduisent ces préoccupations.

- Garantir le caractère de nouveauté de la situation
- Préférer une consigne à une question, ou à un ensemble de questions
- Rendre la situation gérable compte tenu du contexte local
- Éviter la dérive littéraire

- Donner à la situation le niveau de difficulté voulu (savoirs, savoir-faire à mobiliser)
- Ajuster les données, et la façon de les fournir à l'élève
- Ajuster le niveau par les contraintes
- Donner à la situation un but opérationnel
- Éviter des supports trop verbeux, proposer un support concret
- Rendre les consignes/questions indépendantes

En guise d'illustration, voir notamment les situations (7) Appel d'offres, (12) Châssis, (27) Garage, relatives à l'enseignement technique et professionnel.

Pour l'enseignement technique, voir également certaines situations en sciences dans l'enseignement moyen : (5) Orangina, (2) Moustique, (22) Courant

2.6   Les situations dans les autres disciplines

Voici quelques indications sur les propositions les plus pertinentes dans quelques autres disciplines.

	Education physique	Education religieuse et morale	Education civique	Informatique	Education manuelle et artistique
Susciter l'intégration des savoirs et savoir-faire, non leur juxtaposition	X	X	X		X
Garantir le caractère de nouveauté de la situation	X	X	X	X	X
Éviter la restitution déguisée		X	X		X
Travailler sur des documents inédits				X	
Préférer une consigne à une question, ou à un ensemble de questions		X	X	X	X
Rendre la situation gérable compte tenu du contexte local	X				
Proposer une consigne en adéquation avec la compétence visée	X		X		X
Éviter la dérive littéraire		X	X		
Donner à la situation le niveau de difficulté voulu	X		X	X	X
Ajuster le niveau par les contraintes					X
Véhiculer des valeurs positives		X	X		
Donner à la situation un but opérationnel	X			X	
Choisir un contexte qui parle à l'élève		X	X		X
Illustrer					
Travailler sur des documents authentiques		X	X		
Proposer une consigne claire	X			X	X
Éviter des supports trop verbeux		X	X	X	
Rendre les consignes / questions indépendantes					

Glossaire

Compétence

Une **compétence** est la possibilité, pour un élève, de mobiliser un ensemble de savoirs, de savoir-faire et de savoir-être pour résoudre des situations appartenant à une famille de situations.

L'élève exerce une compétence en résolvant des situations. Pour vérifier si l'élève a acquis la compétence, l'enseignant lui soumet une situation nouvelle qui est le témoin de la compétence.

Complexe (situation)

Une **situation complexe** est une situation qui, pour être résolue, fait appel à plusieurs éléments (ressources) qui ont déjà été abordés par l'élève, mais de façon séparée, dans un autre ordre, dans un autre contexte. Une situation complexe n'est pas une simple application d'une notion, d'une règle, d'une formule.

La complexité est principalement liée au contexte, à la quantité de ressources à mobiliser, tandis que le caractère compliqué est plutôt lié à la nouveauté des contenus qui interviennent dans la situation.

Compliquée (situation)

Une **situation compliquée** est une situation qui mobilise des acquis d'un niveau cognitif, affectif ou gestuel élevé pour l'élève, parce que peu connus par lui, insuffisamment maîtrisés par lui, ou qui lui sont peu familiers.

La notion de situation compliquée est relative à chaque élève, en fonction de ses acquis.

Consigne

La **consigne** est l'ensemble des instructions de travail qui sont données à l'apprenant de façon explicite.

Contexte

Le **contexte** est l'environnement dans lequel se déroule une situation.

Donnée

Une **donnée** est une information susceptible d'intervenir dans la résolution d'une situation.

Équivalentes (situations)

Des **situations équivalentes** sont des situations de même niveau de difficulté, c'est-à-dire des situations interchangeables.

Évaluation certificative

Une **évaluation certificative** est une évaluation débouchant sur une décision d'acceptation ou de refus dans une classe supérieure, ou sur une décision de classement.

Dans une optique d'intégration des acquis, une évaluation certificative se déroule sur la base de la résolution de situations, plutôt que sur la base d'une somme d'items isolés (évaluation sommative)

Évaluation formative

Une **évaluation formative** est une évaluation qui a pour but de détecter les difficultés de l'élève afin de lui venir en aide.

Au contraire de l'évaluation certificative, qui a une fonction administrative, l'évaluation formative a une fonction pédagogique.

Famille de situations

Une **famille de situations** est un ensemble des situations de niveau de difficulté équivalent qui traduisent une même compétence.

Chaque compétence est définie par une famille de situations. Pour exercer la compétence de l'élève ou pour évaluer s'il a acquis cette compétence, l'enseignant lui soumet une situation nouvelle, mais qui appartient à la famille de situations.

Fermée (situation)

Une **situation fermée** est une situation-problème qui possède une solution unique, déterminée au départ.

L'élève dispose de l'ensemble des données nécessaires pour y arriver, et il doit aboutir à cette solution quelle que soit la démarche choisie : la même réponse est attendue de l'ensemble des élèves.

Fonction opérationnelle (d'une situation)

La **fonction opérationnelle** d'une situation, c'est le « pourquoi » de cette situation, le besoin auquel elle est censée répondre dans la réalité.

Fonction pédagogique (d'une situation)

La **fonction pédagogique** d'une situation, c'est son utilité sur le plan des apprentissages.

Les trois fonctions pédagogiques principales sont (1) une fonction didactique pour de nouveaux apprentissages (2) une fonction d'intégration des acquis (3) une fonction d'évaluation, formative ou certificative.

Habillage

L'**habillage** d'une situation est la forme sous laquelle la situation est présentée à l'élève.

L'habillage constitue un écran à l'approche de la situation qui, selon les cas, lui facilite le travail ou au contraire complique celui-ci.

Intégration

L'**intégration** des acquis est la mobilisation conjointe de plusieurs savoirs et savoir-faire pour résoudre une situation complexe.

La pédagogie de l'intégration vise à faire acquérir à l'élève des compétences de résolution de situations complexes plus que des acquis séparés.

Interdisciplinaire (situation)

Une **situation interdisciplinaire** est une situation qui fait appel à plusieurs disciplines, mais dont la contribution n'est pas identifiée au départ.

C'est souvent une situation qui comprend une consigne ou une question unique, dont les éléments de réponse sont à rechercher dans plusieurs disciplines.

Module d'intégration

Un **module d'intégration** est un module au cours duquel l'élève a l'occasion d'exercer une compétence, c'est-à-dire d'utiliser dans des situations plusieurs savoirs, savoir-faire et savoir-être qu'il a acquis.

La durée indicative d'un module d'intégration est d'une semaine. Il n'est pas pertinent dans la mesure où l'enseignant amène les élèves à intégrer progressivement leurs acquis.

Multidisciplinaire (situation)

Une **situation multidisciplinaire** est une situation qui fait appel à plusieurs disciplines dont la contribution est bien identifiée au départ, comme une situation comprenant plusieurs questions, relevant de disciplines différentes.

Naturelle (situation)

On appelle **situation naturelle** une situation qu'offre la vie quotidienne et professionnelle, dans toute sa diversité, une situation qui répond à un besoin réel.

On oppose une situation naturelle à une situation construite à des fins pédagogiques.

OTI (objectif terminal d'intégration)

Un **objectif terminal d'intégration** est une macrocompétence qui reprend les principaux acquis d'une année ou d'un cycle

L'OTI intègre l'ensemble des compétences du cycle. Il se définit également à travers une famille de situations.

Ouverte (situation)

Une situation **ouverte** est une situation-problème qui possède plusieurs solutions, a priori toutes aussi valables les unes que les autres.

Palier

Un **palier d'une compétence** est un niveau intermédiaire de l'atteinte de cette compétence.

Un palier peut se définir sur la base de contenus, de plus en plus compliqués, sur lesquels on exerce des mêmes activités, ou sur la base d'activités de plus en plus compliquées que l'élève est appelé à exercer sur des mêmes contenus.

Paramètre (d'une famille de situations)

Les **paramètres** d'une famille de situations sont les caractéristiques que doivent respecter toutes les situations qui se rapportent à une compétence.

Ce sont eux qui permettent de garantir que l'ensemble des situations d'une même famille sont équivalentes, du moins a priori.

Parasite (donnée, information)

Une **donnée parasite** est une donnée présente dans l'énoncé d'une situation, mais qui n'intervient pas dans la résolution minimale de cette situation.

C'est une donnée que l'élève ne devra pas utiliser, mais qu'on introduit dans l'énoncé pour l'obliger à distinguer ce qui est utile à la résolution de ce qui ne l'est pas.

Problème

Un **problème** est une question à résoudre, un obstacle, un écart à surmonter entre une situation attendue et une situation actuelle.

Dans le cadre scolaire, le problème est souvent vu comme un support brut, qui consiste en un contexte, une tâche et des informations.

Ressource

Le terme **ressource** désigne l'ensemble des savoirs, savoir-faire, savoir-être, savoirs d'expérience... que l'apprenant mobilise pour résoudre une situation.

Les ressources dépendent de la situation posée, mais sont aussi relatives au processus cognitif de l'élève : celles qu'un élève va mobiliser pour résoudre une situation problème ne sont pas nécessairement les mêmes que celles que mobiliserait un autre élève, et elles ne sont pas mobilisées dans le même ordre.

Savoir

Le terme **savoir** est utilisé comme synonyme de « contenu », « connaissance ». Les savoirs constituent une des catégories de ressources que l'apprenant mobilise pour résoudre une situation.

Un savoir s'exprime par un substantif.

Savoir-être

Un **savoir-être** est une attitude de l'élève, qui est passée dans l'habituel, et, de façon plus générale, tout savoir-faire passé dans l'habituel. Les savoir-être constituent une des catégories de ressources que l'apprenant mobilise pour résoudre une situation.

On reconnaît qu'un savoir-être est acquis par l'élève au fait que ce dernier le met en œuvre spontanément, sans que l'enseignant ne doive le lui dire.

Savoir-faire

Un **savoir-faire** est l'exercice d'une activité sur un savoir, sur un contenu ; poser un geste précis, utiliser une technique de calcul, appliquer une règle... Les savoir-faire constituent une des catégories de ressources que l'apprenant mobilise pour résoudre une situation.

Un savoir-faire s'exprime à l'aide d'un verbe à l'infinitif. Dans une optique d'intégration des acquis, on apprend à l'élève à maîtriser des savoir-faire, d'abord séparément, et puis on l'invite à exercer les savoir-faire acquis dans des situations plus complexes.

Significative (situation)

Une **situation significative** pour un élève est une situation avec laquelle il entretient une relation affective positive, une situation qui lui donne l'envie de se mettre en mouvement.

Elle peut être une situation proche d'une situation naturelle, ou encore un défi qui intéresse l'élève et qui le motive.

Situation

Dans cet ouvrage, le terme **situation** désigne le support finalisé d'une situation-problème que l'enseignant prépare de manière à le présenter à ses élèves dans le cadre des apprentissages, en vue de leur faire résoudre.

Une situation a le niveau de complexité d'une situation de vie. Elle doit être significative pour l'élève. C'est une occasion d'exercer une compétence, ou d'évaluer celle-ci.

Situation « cible »

Une **situation « cible »** est une situation-problème qui représente l'image de ce qui est attendu comme performance de la part de l'élève au terme d'un ensemble d'apprentissages de savoirs et de savoir-faire. Les termes « situation d'intégration », ou « situation de réinvestissement » sont des synonymes.

Une situation « cible » peut être utilisée à des fins d'intégration des acquis de l'élève, ou à des fins d'évaluation.

Situation-problème

Une **situation-problème** désigne un ensemble contextualisé d'informations à articuler, par une personne ou un groupe de personnes, en vue d'une tâche déterminée, dont l'issue n'est pas évidente a priori.

On distingue les situations-problèmes didactiques, à des fins d'apprentissage de nouveaux savoirs, savoir-faire ou savoir-être, et les situations « cibles », pour intégrer et évaluer des acquis.

Situation-problème « didactique »

Une **situation-problème « didactique »** est une situation-problème que l'enseignant organise pour l'ensemble d'un groupe-classe, en fonction de nouveaux apprentissages : nouveau(x) savoir(s), nouveau(x) savoir-faire etc.

Une situation-problème didactique vise à favoriser de nouveaux apprentissages (notions, procédures...), en vue d'une meilleure appropriation de ceux-ci par les élèves. Elle se distingue en cela de la situation « cible ».

Support

Le **support** d'une situation représente l'ensemble des éléments matériels qui sont présentés à l'élève : un contexte, des informations (des données), une fonction, une consigne.

*On distingue le support brut (le contexte, les informations, la fonction, du **support finalisé**, qui est le support brut préparé à des fins pédagogiques, en fonction de ce que l'enseignant veut en faire dans une suite d'apprentissages : une exploitation collective, une exploitation par petits groupes, une exploitation individuelle, une évaluation etc.*

Tâche

La **tâche** est l'image de ce que l'on attend de l'élève quand il résout une situation : un processus à mettre en œuvre, mais surtout un produit à obtenir : la réponse à la situation-problème, une production personnelle, l'exécution d'une tâche courante, une proposition d'action etc.

On peut dire qu'elle est l'anticipation du produit à obtenir.

Bibliographie

ASTOLFI, J.-P., PETERFALVI, B. (1993). Obstacles et construction de situations didactiques en sciences expérimentales. *Aster*, n° 16.

BARBIER, J.-M. (1998). *Voies nouvelles de la professionnalisation.* Communication au symposium du REF 1998.

BARBIER, J.-M., BERTON, F., BORU, J.-J. (1996). *Situations de travail et formation.* Paris, Montréal : L'Harmattan.

BOULHAN, N. (coord.). (2002). *Guide d'intégration Français 1ᵉ année.* Djibouti : CRIPEN.

BOULHAN, N. (coord.). (2002). *Guide d'intégration Français 2ᵉ année.* Djibouti : CRIPEN.

BROUSSEAU, G. (1986). Fondements et méthodes de la didactique des mathématiques. *Recherches en didactique des mathématiques*, 7 (2), 33-115.

BROUSSEAU, G. (1990). Le contrat didactique, le milieu. *Recherches en didactique des mathématiques*, 9 (3), 309-336.

CARRAHER, T.N., CARRAHER, D.W., SCHLIEMANN, A.D. (1985). Mathematics in the Streets and in School. *British Journal of Developmental Psychology*, vol. 3, p. 21-29.

Centre National Pédagogique (2002). *Le français... pas à pas*, Guide méthodologique, 3ᵉ année de l'enseignement de base, Ministère de l'Éducation et de la Formation, République tunisienne.

CARLIER, G. (2002). *Une école visant la construction de compétences : une chance à saisir pour les professeurs d'éducation physique.* In : PAQUAY, L., CARLIER, G., COLLÈS, L., HUYNEN, A.-M. (Éd.) (2002). L'évaluation des compétences chez l'apprenant. Louvain-la-Neuve : UCL Presses universitaires de Louvain.

CHEVALLARD, (1985). *La transposition didactique : du savoir savant au savoir enseigné.* Grenoble : Éditions de la Pensée sauvage.

CHEVRIER, J. (2000). Dialogue sur le sens et la place du style d'apprentissage en éducation. *Education et francophonie — Revue scientifique virtuelle.* Le style d'apprentissage, Volume XXVIII, N° 1, printemps-été 2000. Université du Québec à Hull.

DALONGEVILLE, A. & HUBER, M. (2001). *(Se) former par les situations-problèmes Des déstabilisations constructives.* Lyon : Chronique sociale.

DE KETELE, J.-M. (1996). L'évaluation des acquis scolaires : quoi ? pourquoi ? pour quoi ?, *Revue Tunisienne des Sciences de l'Éducation*, 23, 17-36.

DE KETELE, J.-M., CHASTRETTE, M., CROS D., METTELIN, P. & THOMAS, J. (1989). *Guide du formateur*. Bruxelles : De Boeck Université.

DE KETELE, J.-M. & ROEGIERS, X. (1993). *Méthodologie du recueil d'informations*. Bruxelles : De Boeck Université.

DESCAVES, A. (1992). *Comprendre des énoncés, résoudre des problèmes*. Paris : Hachette Education.

DEVELAY, M. (1992). Savoirs savants, savoirs scolaires, In : DEVELAY, M. (Ed), *De l'apprentissage à l'enseignement. Pour une épistémologie scolaire*. Paris : ESF.

DEVELAY, M. (1995). Le sens d'une réflexion épistémologique, In : DEVELAY (Ed). *Savoirs scolaires et didactiques des disciplines : une encyclopédie pour aujourd'hui*. Paris : ESF.

D'HAINAUT, L. (1983). *Des fins aux objectifs*, Bruxelles-Paris : Labor-Nathan.

GERARD, F.-M. & ROEGIERS, X. (2003). *Des manuels scolaires pour apprendre*. Bruxelles : De Boeck Université.

GOGUELIN, P. (1967). *La pensée efficace. Tome 2 : la problémation*. Paris : S.E.D.E.S.

Institut Pédagogique National (2001). *De la dune au fleuve*, Méthode de français, 4ᵉ année fondamentale, Nouakchott, Mauritanie.

Institut Pédagogique National (2001). *Mathématiques*, 4ᵉ année fondamentale, Fichier du maître, Nouakchott, Mauritanie.

JADOULLE, J.-L. & BOUHON, M. (2001). *Développer des compétences en classe d'histoire*. Louvain-la-Neuve : Unité de didactique de l'Histoire à l'Université catholique de Louvain.

LE BOTERF, G. (1995). *De la compétence : essai sur un attracteur étrange*. Paris : Editions d'Organisation.

LIEURY, A. (1991). *Mémoire et réussite scolaire*. Paris : Dunod.

MAINGAIN, A., DUFOUR, B. & FOUREZ, G. (2002). *Approches didactiques de l'interdisciplinarité*. Paris-Bruxelles : De Boeck Université.

MARTINAND, J.-L. (1986). *Connaître et transformer la matière*. Berne : Peter Lang.

PAQUAY, L., CARLIER, G., COLLÈS, L., HUYNEN, A.-M. (Éd.) (2002). *L'évaluation des compétences chez l'apprenant*. Louvain-la-Neuve : UCL Presses universitaires de Louvain.

POIRIER PROULX, L. (1999). *La résolution de problèmes en enseignement. Cadre référentiel et outils de formation*. Paris-Bruxelles : De Boeck Université.

RAYNAL, F. & RIEUNIER, A. (1997). *Pédagogie : dictionnaire des concepts clés*. Paris : ESF.

RIEUNIER, A. (2001). *Préparer un cours. 2 — Les stratégies pédagogiques efficaces*. Paris : ESF.

ROEGIERS, X. (1997). *Analyser une action d'éducation ou de formation*. Paris-Bruxelles : De Boeck Université.

ROEGIERS, X. (2000). *Une pédagogie de l'intégration*. Paris-Bruxelles : De Boeck Université.

SAINT ARNAUD, Y. (1992). *Connaître par l'action*. Montréal : PUF.

SCULIER, D. & WATERLOO, D. (2001). *Sciences et compétences au quotidien.* Bruxelles : De Boeck.

SOTTO, I. (1992). *Mathématiques dans la vie quotidienne chez les paysans chiliens.*(Thèse non publiée). Université Catholique de Louvain-la-Neuve : Faculté de Psychologie et des Sciences de l'Éducation.

TARDIF, J. (1999). *Le transfert des apprentissages.* Montréal : Editions logiques.

VAN LINT, S. (2001). *Cracks en Maths 4e année*, fichier d'apprentissages. Bruxelles : De Boeck.

VAN LINT, S. (2002). *Cracks en Maths 5e année*, fichier d'apprentissages. Bruxelles : De Boeck.

WOLFS, J.-L. (1998). *Méthodes de travail et stratégies d'apprentissage.* Paris-Bruxelles : De Boeck Université.

Index des concepts

Index des situations

Table des matières

Chapitre 6